权威·前沿·原创

皮书系列为

“十二五”“十三五”“十四五”时期国家重点出版物出版专项规划项目

BLUE BOOK

智库成果出版与传播平台

中国社会科学院创新工程学术出版资助项目

亚太蓝皮书

BLUE BOOK OF ASIA-PACIFIC

亚太地区发展报告（2022）

ANNUAL REPORT ON DEVELOPMENT OF ASIA-PACIFIC (2022)

中国社会科学院亚太与全球战略研究院
主　编／沈铭辉

社会科学文献出版社
SOCIAL SCIENCES ACADEMIC PRESS (CHINA)

图书在版编目（CIP）数据

亚太地区发展报告．2022／沈铭辉主编．--北京：社会科学文献出版社，2023.12
（亚太蓝皮书）
ISBN 978-7-5228-2901-2

Ⅰ.①亚…　Ⅱ.①沈…　Ⅲ.①经济发展-研究报告-亚太地区-2022 ②政治-研究报告-亚太地区-2022
Ⅳ.①F114.46 ②D730.0

中国国家版本馆 CIP 数据核字（2023）第 238893 号

亚太蓝皮书
亚太地区发展报告（2022）

主　　编／沈铭辉

出 版 人／冀祥德
责任编辑／王晓卿
责任印制／王京美

出　　版／社会科学文献出版社·当代世界出版分社（010）59367004
地址：北京市北三环中路甲 29 号院华龙大厦　邮编：100029
网址：www.ssap.com.cn
发　　行／社会科学文献出版社（010）59367028
印　　装／三河市东方印刷有限公司

规　　格／开 本：787mm×1092mm　1/16
印 张：18.75　字 数：280 千字
版　　次／2023 年 12 月第 1 版　2023 年 12 月第 1 次印刷
书　　号／ISBN 978-7-5228-2901-2
定　　价／168.00 元

读者服务电话：4008918866

主编简介

沈铭辉 经济学博士，中国社会科学院亚太与全球战略研究院副院长、研究员，中国社会科学院大学（研究生院）教授、博士生导师。主要研究方向为国际经济学、区域经济一体化、FTA。主要学术代表作有《跨太平洋伙伴关系协定：基于FTA战略视角的研究》（专著）、《跨太平洋伙伴关系协议（TPP）的成本收益分析：中国的视角》（论文）、《美国的区域合作战略：区域还是全球？——美国推动TPP的行为逻辑》（论文）、《“一带一路”、贸易成本与新型国际发展合作——构建区域经济发展条件的视角》（论文）等。

摘 要

2021年，新冠疫情仍在全球肆虐蔓延，亚太经济体经济增长出现差异和分化，应对疫情和恢复经济成为本地区各经济体共同而紧迫的任务。受新冠疫情影响，地区供应链受到较大冲击，亚太各经济体纷纷推出政策措施积极应对供应链断裂问题。与此同时，新冠疫情客观上推动了本地区数字经济、数字贸易的发展，数字经济日益成为本地区经济发展的新动能。随着成员国陆续完成国内审批程序，《区域全面经济伙伴关系协定》（RCEP）作为全球最大自由贸易协定于2022年1月1日正式生效，为亚太区域经济合作创造了新的契机和平台。

2021年，大国博弈以及主要行为体间的关系重构是影响亚太地区格局的关键变量。区别于特朗普时期，美国拜登政府更为重视盟友与伙伴关系重建，试图构筑美英澳三边安全伙伴关系（AUKUS）、美日印澳“四边机制”（QUAD）等安全机制。同时，拜登政府还计划出台“印太经济框架”（IPEF），以补足“印太战略”的经济“短板”。美国加大对华“战略竞争”力度深刻影响地区局势发展，导致地区事务安全化，地区秩序走向不确定性增加。一方面，日本、韩国、澳大利亚、印度等国家持续调整安全战略，中美、中印、中日、俄印、日俄、日韩等地区主要力量间的关系呈现进一步复杂化态势；另一方面，面对日益加剧的大国竞争，东南亚国家“选边站队”的压力陡然增大，客观上冲击了东盟的“中心地位”，使现有以东盟为中心的地区安全架构面临何去何从的抉择。

2021年，尽管受到疫情等诸多不确定性因素影响，亚太地区大多数国家仍保持了政局平稳和有效的国家治理。地区内发展中国家疫情防控模式调整受到疫苗接种率低的限制，导致其抵御风险的能力下降，经济社会脆弱性凸显。同时，地区内不少发达国家反全球化思潮、民粹主义与种族主义倾向有所上升。与此相应，价值观外交正在成为关联地区内国家国内政治和国际关系的重要影响因素。

2021 年，亚太地区秩序呈现较为明显的不确定性，处于坚持合作还是走向分化、聚焦区域经济发展还是回归地缘竞争的关键节点。受新冠疫情、大国博弈、地缘政治竞争等因素影响，亚太地区供应链出现断裂压力，传统安全与非传统安全挑战进一步上升。与此同时，地区经济体推动区域经济合作取得一定进展。展望未来，亚太地区经济有望在曲折中走上复苏之路，但集团政治和安全领域的“集团化”现象有所显现，部分国家存在政局动荡的潜在风险，地区合作的路径竞争色彩将更为凸显。

关键词： 亚太地区　供应链　印太战略　RCEP　大国博弈

目 录

I 总报告

II 分报告

III 区域合作

Ⅳ 大国关系

Ⅴ 地区热点

皮书数据库阅读使用指南

总报告

General Report

B.1

2021年亚太地区形势与展望

沈铭辉 等*

摘　要： 2021年，新冠疫情仍在持续，亚太经济体增长出现差异和分化，但地区通胀水平保持可控，出口也出现强劲反弹。亚太地区政治形势总体稳定，个别经济体发生政局动荡。亚太主要经济体持续调整各自安全战略，地区安全正处于转折性的“十字路口”。受新冠疫情、中美战略博弈等因素影响，亚太地区供应链出现断裂压力，各经济体意识形态分歧增加，地区传统安全与非传统安全挑战进一步上升，区域经济合作的深度和广度则有所拓展。展望2022年，亚太经济有望在曲折中复苏，部分国家存在社会矛盾、政局动荡等叠加风险，地区安全不确定性增加，地区合作的路径竞争色彩更为凸显。

* 沈铭辉，经济学博士，中国社会科学院亚太与全球战略研究院副院长、研究员，主要研究方向为国际经济学、区域经济一体化、FTA；董向荣，历史学博士，中国社会科学院亚太与全球战略研究院亚太政治研究室主任、研究员，主要研究方向为亚太政治研究；张洁，历史学博士，中国社会科学院亚太与全球战略研究院亚太安全外交研究室主任、研究员，主要研究方向为中国-东南亚关系、南海问题、周边安全；张中元，经济学博士，中国社会科学院亚太与全球战略研究院国际经济关系研究室副主任、研究员，主要研究方向为国际经济学、区域合作。

关键词： 亚太地区　区域合作　新冠疫情　中美关系

一　2021年亚太地区总体形势

总体来看，2021 年亚太地区经济形势有所好转，地区政治局势和安全形势较为稳定。不过，拜登政府执政后，由于美国发起对华“战略竞争”，亚太力量重组进程持续深化，地区的不稳定性、不确定性仍然显著。

（一）亚太经济形势有所好转，地区通胀水平处于可控范围

新冠疫情给亚洲经济发展带来了较长时期的不利影响，亚洲地区的新冠疫苗接种进展高度不平衡，导致亚洲经济体经济增长出现差异。相较于美国和欧洲，亚洲地区通胀水平保持可控。与此同时，亚洲经济体出口出现强劲反弹。

第一，亚太经济体增长存在差异和分化。直到 2021 年 9 月，亚洲地区的新冠感染率才开始稳步下降。截至 11 月 30 日，亚洲发展中经济体每日平均新增病例已降至约 5 万例，较 8 月的峰值下降 71%，较 5 月最严重的峰值下降 88%。亚洲地区新冠疫苗接种进展不平衡，亚洲经济体经济增长出现差异。2021 年上半年，中国、新加坡等经济体迅速推出了新冠疫苗，并成功控制了疫情，实现了较高水平的经济增长；而印度尼西亚、菲律宾和泰国等经济体出现的新一波疫情和疫苗接种进展缓慢阻碍了经济复苏。

根据亚行在 2021 年 9 月更新的《2021 年亚洲发展展望》，亚洲发展中经济体在 2021 年和 2022 年的经济增长率预计略有下降，分别为 7. 14%和 5. 37%，其中，东亚在 2021 年的经济增长率预计上调，在 2022 年的经济增长率预计有较大幅度的下降，即由 2021 年的 7. 57%下降到 2022 年的 5. 12%；中国的经济增速预计将放缓，2021 年增长 8. 10%，2022 年增长 5. 50%；南亚在 2021 年的经济增长率预计由 9. 53%下调至 8. 85%，而 2022 年的经济增长率预计为 7. 01%；印度在 2021 的经济增长率预计为 10. 00%，2022 年为 7. 50%；在

第三季度的经济增速放缓后，东南亚在2021年的经济增长率预计为3.12%，但2022年的经济增长率预计上升到4.95%。而太平洋岛国在2021年的经济增长率收缩至-0.58%，2022年的经济增长率为4.78%（见表1）。

表1 亚太经济体经济增长率（2020~2022年）

单位：%

	2020年	2021年		2022年	
		原数据	更新后数据	原数据	更新后数据
东亚	1.82	7.39	7.57	5.15	5.12
中国	2.30	8.06	8.10	5.50	5.50
韩国	-0.85	3.50	4.00	3.10	3.10
南亚	-5.60	9.53	8.85	6.64	7.01
孟加拉国	3.51	6.80	5.47	7.20	6.80
印度	-7.25	10.96	10.00	6.99	7.50
巴基斯坦	-0.47	2.00	3.94	4.00	4.00
斯里兰卡	-3.57	4.14	3.41	3.62	3.44
东南亚	-3.98	4.40	3.12	5.12	4.95
文莱	1.20	2.49	1.83	3.03	3.50
柬埔寨	-3.14	4.00	1.87	5.50	5.50
印尼	-2.07	4.50	3.50	5.00	4.80
老挝	-0.53	4.00	2.26	4.50	4.00
马来西亚	-5.65	6.00	4.70	5.70	6.10
缅甸	3.30	-9.80	-18.40	—	—
菲律宾	-9.57	4.50	4.50	5.50	5.50
新加坡	-5.39	6.00	6.50	4.10	4.10
泰国	-6.10	3.00	0.80	4.50	3.90
越南	2.91	6.70	3.80	7.00	6.50
太平洋岛国	-5.27	1.45	-0.58	3.76	4.78
亚洲发展中经济体	-0.09	7.27	7.14	5.35	5.37

资料来源：Asian Development Bank, "Asian Development Outlook 2021 Update Transforming Agriculture in Asia," September, 2021。

第二，亚洲地区的通货膨胀率仍在可控范围。亚洲经济体的财政和货币政策继续支持经济复苏。2021年，一些经济体的财政政策保持宽松，货币政策在很大程度上是扩张性的，大多数亚洲国家的央行在2020年下调政策利率后都没有再次提高政策利率，导致许多经济体的实际利率处于低水平或负值，宽松货币政策支持了流动性。一些亚洲发展中经济体的消费者物价指数有所上升，能源和食品价格上涨。2021 年上半年，国际大宗商品价格持续上涨的趋势可能会加剧亚太经济体的通货膨胀，预计 2021 年亚太地区通胀率将保持在 2.2%，2022 年将增至 2.7%。在全球范围内，2021 年，运输瓶颈和半导体等关键零部件短缺导致交货延迟，供应中断加剧了一些经济体的通货膨胀。相较于美国和欧洲，亚洲地区供应中断的情况并不算太严重，因而该地区通胀水平保持可控，增幅较小。

东亚地区的预测通胀率较低，2021 年的预测值为 1.39%，2022 年稍有提高，达到 2.18%。其中，2021 年 1~10 月，中国的消费者物价指数同比平均上涨 0.7%，低于上年同期的 3.0%。因此，2021 年，中国通胀率预期较低，为 1.3%。随着食品价格上涨，2022 年，消费者物价指数预计将上升，预测中国 2022 年通胀率为 2.3%。相比之下，自 2021 年 4 月以来，由于石油产品和服务的加速增长，1~10 月，韩国的平均通胀率为 2.2%，每月都超过韩国银行确定的 2.0%的目标。韩国在 2021 年的通胀率预计为 2.0%，到 2022 年为 1.6%。在全球粮食和其他商品价格上涨的预期下，2021 年，南亚的通胀率预计为 5.78%，2022 年为 5.14%。印度在 2021 财年前 7 个月的平均通胀率为 5.2%，随着芯片短缺推高半导体价格，预计印度在 2021 年的通胀率达到 5.5%。能源关税调整和全球大宗商品价格上涨对巴基斯坦国内商品价格产生上行压力，预计 2021 年通胀率达到 8.9%。在东南亚地区，预计 2021 年的通货膨胀情况保持温和。亚行在 2021 年 12 月公布的补充资料显示，印尼 1~11 月的平均通胀率为 1.5%，远低于央行确定的 2%~4%的目标。预计 2021 年印尼通胀率为 1.5%，低于之前预测的 1.7%，即使 2022 年经济活动有所回升，通货膨胀情况也可能保持温和，通胀率预计为 2.7%。马来西亚在 2021 的通胀率预计为 2.5%，2022 年略降至 2.3%（见表 2）。新加坡在 2021 年 10 月的通胀率上升至 3.2%，2021 年 1~10 月，新加坡的平均通货膨胀率提高至 2.0%；7~10 月，食品价格快速上涨，燃料价格上涨带动运输价格上涨，提高了 2021 年的新加坡预期通胀率。

表 2 亚太经济体通货膨胀率（2020~2022 年）

单位：%

	2020 年	2021 年		2022 年	
		原数据	更新后的数据	原数据	更新后的数据
东亚	2. 15	1. 46	1. 39	2. 17	2. 18
中国	2. 50	1. 50	1. 30	2. 30	2. 30
韩国	0. 54	1. 30	2. 00	1. 50	1. 60
南亚	6. 50	5. 54	5. 78	5. 13	5. 14
孟加拉国	5. 65	5. 80	5. 55	5. 80	5. 80
印度	6. 20	5. 20	5. 50	4. 80	4. 80
巴基斯坦	10. 74	8. 70	8. 90	7. 50	7. 50
斯里兰卡	4. 56	4. 50	5. 10	5. 00	5. 30
东南亚	1. 24	2. 40	2. 22	2. 43	2. 40
文莱	1. 90	0. 70	1. 30	0. 70	0. 70
柬埔寨	2. 94	3. 10	2. 86	3. 00	2. 67
印尼	2. 03	2. 40	1. 70	2. 80	2. 70
老挝	5. 11	4. 50	3. 70	5. 00	4. 50
马来西亚	-1. 14	1. 78	2. 50	2. 04	2. 30
缅甸	5. 70	6. 20	6. 20	—	—
菲律宾	2. 63	4. 10	4. 10	3. 50	3. 50
新加坡	-0. 18	1. 00	1. 60	1. 20	1. 39
泰国	-0. 85	1. 10	1. 10	1. 00	1. 00
越南	3. 23	3. 80	2. 80	4. 00	3. 50
太平洋岛国	3. 35	3. 73	3. 56	3. 91	4. 08
亚洲发展中经济体	2. 77	2. 28	2. 25	2. 72	2. 72

资料来源：Asian Development Bank，"Asian Development Outlook 2021 Update Transforming Agriculture in Asia," September，2021。

第三，亚洲经济体出口强劲反弹。主要发达经济体经济的强劲增长支持亚洲经济体的出口持续增长，2021 年初，外部需求的复苏推动了亚洲经济体的出口。受益于全球对与疫情有关的商品和电子产品的强劲需求，中国、马来西亚、韩国、越南等经济体的出口水平稳定提升。

在东亚地区，中国对外贸易强劲。2021 年上半年，中国对美国、欧盟以及东南亚三大贸易伙伴的出口全面强劲增长。因商品价格上涨和国内需求改善，中国商品进口增长 36. 6%；得益于全球对机械和电气产品以及服装和鞋类等消费品的高需求，中国商品出口增长了36.4%。2021年1~10月，中国商品出口增长32.0%，进口增长31.0%；虽然2021年第四季度出口增速放缓，但出口增长继续支持产业复苏。得益于半导体出口强劲，韩国国内经济明显复苏，所有商品和服务进出口都出现较快增长。2021年上半年，由于强劲的出口增长超过进口增长，国际收支经常账户盈余扩大到相当于GDP的14.6%，如果全球经济复苏进一步加快，韩国电子产品出口增长将超过预期，贸易可能会出现更大的扩张。

在南亚地区，芯片短缺阻碍了印度汽车和电子产品的生产和销售，2021财年前4个月，商品出口反弹，同比增长71.1%，超过疫情前数额，而进口增长88.7%。2021财年第一季度，印度商品贸易逆差扩大到GDP的4.4%，但服务贸易顺差同比增长8.1%。在孟加拉国，黄麻制品、农产品、皮革和皮革制品以及工程产品的出口大幅增长，2021财年（截至2021年6月30日），出口增长15.4%。由于全球服装需求激增，出口和进口增长超过了亚行在9月的预测。2021财年，进口增长19.7%，进口额达到656亿美元，其中约1/3的增长是由于石油和石油产品价格大幅上涨。更快的进口增速扩大了贸易逆差，2021财年的贸易逆差扩大至228亿美元，占GDP的6.4%。

在东南亚地区，印尼商品贸易活跃，持续出现贸易顺差。印尼在2021年上半年以美元计的出口同比增长35.8%，原油、石油和天然气以及矿产的出口强劲。2020年7月至2021年7月，印尼主要商品出口价格翻了一番以上。2021年上半年，商品进口同比增长29.6%，消费品、原材料和中间投入以及资本品三大类均实现了两位数的增长。2021年上半年，印尼实现贸易顺差157亿美元。随着印尼感染人口减少和疫情管控放松，第三季度，出口和进口的增长依然强劲，净出口对增长贡献了1.2%。自2021年初以来，马来西亚出口持续增长，前6个月平均增长38.2%。进口增长了36.5%。由于出口超过进口，上半年，贸易平衡情况有所改善，国际收支经常账户盈余占GDP的3.6%。2021年上半年，菲律宾商品贸易恢复，出口实际增长17.1%，进口实际增长19.6%。与2020年的暴跌相比，印尼服务出口萎缩了 5.0%。2021 年上半年，随着商品出口的复苏，泰国商品贸易出现顺差；由于旅游业的崩溃，经常账户余额占 GDP 的比例出现了约 3.4%的赤字。2021 年上半年，越南商品出口增长 29.0%，进口增长 36.2%，商品贸易顺差从 2020 年上半年的相当于 GDP 的 9.3%缩小到 2021 年上半年相当于 GDP 的 3.2%。由于服务业净收入减少，经常账户余额从 2020 年上半年相当于 GDP2.5%的盈余变成了 2021 年上半年相当于 GDP2.3%的赤字。

（二）亚太政治形势总体稳定，个别国家政局动荡

2021 年，亚太地区政治局势总体稳定，政局出现动荡的缅甸、阿富汗、美国等国是其中的特例。造成美国与缅甸政局动荡的直接原因是 2020 年大选。特朗普质疑美国大选结果引发的政治余波不断扩散，他以“选举存在舞弊”为由拒绝接受选举结果，其支持者更是暴力闯入国会制造骚乱。缅甸军方采取行动直接掌握政权，整个国家陷入紧急状态，大规模示威游行引发社会动荡。在阿富汗，美国撤军后塔利班快速掌权，政局不确定性上升，临时政府架构、对女性平等的态度、与恐怖主义的关系、国内经济恢复等问题影响该国国内局势走向。缅甸和阿富汗已经成为地区安全热点，引发国际社会高度关注。

缅甸是本地区政局频繁出现动荡的国家。西方民主模式在缅甸推行的数十年间屡次受挫。2020 年缅甸大选，受军方支持的联邦巩固与发展党（简称“巩发党”）竞选失败，这是引发该国 2021 年政局混乱的直接原因。2020 年 11 月 14 日公布的大选结果表明，民盟再次在大选中取得压倒性胜利，而巩发党则遭遇失利：476 个民选议席中，昂山素季领导的民盟获得了 396 席，在所有议席中占 83.2%，较上届大选增加 6 个议席；军方支持的巩发党则只获得 33 个议席，只占总议席的 6.9%，较上届大选减少 9 个议席；11 个少数民族政党共获得 47 个议席。大选结束后，缅甸军方及其支持的巩发党对大选结果提出疑问，认为大选中存在严重舞弊与选民名单错误的情况，民盟政府与缅甸联邦选举委员会则予以否认，并拒绝

对大选结果进行调查。2021 年 1 月 26 日，缅甸军方在发布会上表示，若缅甸联邦选举委员会未能达到军方的调查要求，军方将不排除“发动政变”的可能性。2021 年 1 月 28 日，缅甸联邦选举委员会发表声明，称此次大选严格按照相关规定执行，大选中不存在计票舞弊及重复投票的行为。2021 年 2 月 1 日，缅甸军方扣押国务资政昂山素季、总统温敏及多名民盟高层领导人，宣布国家进入紧急状态。由于国内游行示威不断，缅甸军警为控制局势而展开维持和平的行动。围绕缅甸政治变局的定性，各方表态不同。缅甸军方认为此次行动是“依法掌握国家权力”，西方国家则称之为“军事政变”，还有一些国家未表态。东盟等外部力量对缅甸国内政局所能施加的影响非常有限，缅甸国内处于政治力量重新分配权力与构建新平衡的阶段。到目前为止，缅甸军政府的合法性尚未得到其他国家的广泛承认。

阿富汗问题长期以来是南亚地区的一个热点问题。随着美军撤出，阿富汗国内与地区秩序经历深刻的变革调整。美国与塔利班于 2020 年 2 月 29 日在卡塔尔首都多哈签署和平协议，意在结束持续多年的阿富汗战争。根据协议，美国计划在 14 个月内逐步削减驻军规模并最终从阿富汗完全撤军；塔利班则承诺不允许任何个人和组织利用阿富汗领土威胁美国及其盟友的安全。拜登就任后宣布从 2021 年 5 月开始撤离最后一批驻阿美军，西方多国部队也随之撤离。塔利班展开全国反攻，在政府军几乎未进行有效抵抗的情况下于 2021 年 8 月 15 日攻入喀布尔。2021 年 9 月 7 日，塔利班宣布建立临时政府，公布了“阿富汗伊斯兰酋长国”的政权架构，其最高领导人阿洪扎达以“埃米尔”身份领导国家。阿富汗政局在 20 年后重回“塔利班时代”。国际社会对塔利班掌权后的政府组成、性别平等、恐怖主义等问题保持高度关注。但临时政府的所有核心职位由阿塔内部的不同派系占据，其政权架构并未体现国际社会所希望的包容性。此外，各界对塔利班现政权在性别平等问题上的态度相当重视。因塔利班在此前掌权时期出台过一些限制妇女受教育与外出工作等政策，国际社会将阿富汗塔利班对待女性的态度和政策视作检验其是否发生变化的重要指标。阿富汗临时政府成员名单中没有一名女性，其政权架构在性别构成上并未体现包容性。有观点认为，塔利班与恐怖主义之间尚未彻底划清界限，使其有悖于同美国签署的协议及其他国家政府声明的希冀，即实现塔利班与恐怖主义完全切割。美国撤出阿富汗使后者从全球性大国博弈的热点国家转变为区域性大国的关注焦点，其国内局势在短时间内难以实现稳定。对美国而言，撤离是止损之举，从长远来看，美国在阿富汗由“局内人”变为“局外人”，有助于其灵活使用离岸平衡手段，减轻战略负担，加快全球战略调整。

美国在2021年初陷入政治动荡。受2020年11月美国总统大选的影响，2021年美国陷入政治混乱，表明美国国内政治撕裂已经相当严重。谋求连任的共和党候选人特朗普以选举存在舞弊为由拒绝承认选举结果，并将此次选举称作美国历史上最腐败的选举。特朗普竞选团队向多州提出选举诉讼。美国总统就职典礼国会联席委员会甚至否决了一项承认拜登为当选总统的决议。特朗普的支持者在包括首都华盛顿在内的多个城市举行大规模示威游行，并在2021年1月6日闯入国会大厦制造大规模骚乱，严重冲击美国政治秩序。特朗普没有按照惯例出席于2021年1月20日举行的第46任总统就职仪式，表明他仍未接受选举结果，预示着近年内美国国内政治将围绕2024年总统选举出现多重政治矛盾叠加的趋势。

（三）亚太安全形势加速演变，阵营对抗风险显著上升

受中美战略博弈的影响，2021年，主要亚太国家持续调整各自安全战略，组建、参与或强化不同地区安全机制，谋求以结盟或中立的方式最大化保护自身利益，这引发整个亚太安全秩序的加速重构。亚太各次区域的安全态势具有差异性，东北亚的紧张状态加强；南亚的阵营化对抗趋于严峻；在东盟的领导下，东南亚试图坚持大国平衡，维护本地区的中立。概言之，部分国家合作意愿下降，防范与对抗氛围浓厚，整个地区处于转折性的“十字路口”。

一方面，地区各国加速调整安全战略与对外安全关系。美国不是严格意

义上的亚太国家，但是长期在亚太拥有绝对的军事优势，对本地区的安全形势具有重要影响。2021年拜登政府执政后，美国发起对华“战略竞争”，全领域实施“印太战略”，意在维护自身的地区秩序主导权。拜登政府强调所谓“多边主义”，重点修复、加强与盟友以及伙伴国家的关系，构建以美国为核心的地区安全架构，包括双边军事同盟、美日印澳“四边机制”（QUAD）、美英澳三边安全伙伴关系（AUKUS）等。此外，美国加强盟伴体系的全球联动，邀请英国、欧盟国家参与亚太地区的军事活动。2021年8月，英国“伊丽莎白”号航母编队穿越巴士海峡。对此，一些亚太国家批评美国加剧了本地区的“军事化”与不稳定状态，但也有一些国家欢迎拜登政府领导下的美国“回归”，认为这体现了美国可以长期为亚太地区提供安全保障，对于亚太地区力量失衡现状具有重要的制衡作用。

俄罗斯加强在亚太地区的战略布局，夯实双多边合作机制。2021年7月，俄罗斯出台新版《俄罗斯联邦国家安全战略》,[①] 从多个角度重新评估俄罗斯面临的外部环境并提出应对之策。新版《俄罗斯联邦国家安全战略》将亚太置于重要地位，主张发展与中国的全面战略协作伙伴关系，发展与印度的特殊与特惠战略伙伴关系，以及基于不结盟思想在亚太建立保障地区安全稳定的可靠机制。2021年是《中俄睦邻友好合作条约》签署20周年。2021年6月，中俄两国首脑举行视频会晤并决定将《中俄睦邻友好合作条约》延期。此后，双方举行多次军事演习，在太平洋西北部的海上联合巡航、在日本海和东海上空的联合空中战略巡航是两军合作的重要事件。[②] 俄罗斯还与朝鲜、蒙古国、越南、印度等亚太传统伙伴实现了首脑会晤，全面

---

① УКАЗ ПРЕЗИДЕНТА РОССИЙСКОЙ ФЕДЕРАЦИИ О Стратегии национальной безопасности Российской Федерации，http：//pravo. gov. ru/proxy/ips/？ docbody = &firstDoc = 1&lastDoc = 1&nd = 602263723，最后访问时间：2022年1月21日。

② 根据报道，中俄联合编队从彼得大帝湾出发，横渡日本海，穿越津轻海峡，经西太平洋南下，穿越大隅海峡进入东海。巡航期间，中俄联合编队组织了联合航渡、联合机动、实际使用武器等科目演练。大隅海峡和津轻海峡是国际海峡，国际法允许外国舰艇通航。但是日本认为，中俄舰艇编队几乎绕日本列岛一周的行为或可看作对日美等国的对抗，是中俄发出的警告。参见《中俄舰艇编队几乎绕日本列岛一周》，《产经新闻》2021年10月24日。

推动各领域的合作。其中最受国际社会关注的是，2021 年底，俄罗斯总统普京"闪电"式访问印度。访问期间，双方举行年度峰会与首次外长和防长"2+2"会谈，签署涉及能源、国防等领域的十余项协议，内容包括俄罗斯在印度生产约 60 万支 AK-203 突击步枪以及在 2022 年向印度供应 200 万吨石油等。此外，俄罗斯还加强对多边机制的参与。2021 年 10 月，普京以视频方式出席东亚峰会和俄罗斯-东盟峰会；11 月，中俄印外长举行第 18 次会晤，提出支持东盟在地区架构中的中心地位，欢迎东盟参与大欧亚伙伴关系建设；12 月初，俄罗斯与东盟进行首次海上联合军演，东盟十国全部参加。上述举措表明，俄罗斯希望通过与上海合作组织、欧亚经济联盟、东盟等地区组织的合作，更多地参与亚太区域一体化进程，以成为抗衡美国盟伴体系的"一极"力量。

作为美国同盟体系中的南北"双锚"，日本、澳大利亚在 2021 年显著加强对美战略协调，积极投入，构建与美国的同盟体系。日本始终将美日同盟置于本国外交的核心地位。拜登政府上台后，日本积极修复对美关系，日美外长与防长在 2021 年 3 月举行"2+2"会谈；时任日本首相菅义伟在 4 月访问美国，在 9 月再度赴美参加 QUAD 峰会。在对华关系上，日本担心在国际话语权、区域产业链、海上安全等问题上受制于中国，倾向于依托美国主导的西方联盟体系加强对华制衡，这种结构性关系短期内不会发生根本性改变。[①] 随着拜登政府的回归，日本加强与美国的战略协同，跟随美国炒作涉华议题，肆意抹黑中国的国际形象。4 月，日美发表的共同声明提到了台湾问题，这是日美共同声明时隔 52 年再次涉及台湾问题。[②]

近年来，尽管长期以来中澳两国在经贸关系上相互依赖，但是随着澳大利亚对华负面认知不断强化，贸易反而成为中澳双方摩擦的主要发力点，2021 年，中澳之间出台了一系列贸易限制措施。同时，澳大利亚全面充当美国反华的"急先锋"。2021 年 5 月，澳大利亚称，不应低估"台海地区发

① 卢昊：《日美首脑会谈：日美战略互动与中日关系走向》，《世界知识》2021 年第 9 期。

② 庞中鹏：《"岸田外交"走向与局限》，《世界知识》2021 年第 21 期。

生冲突的可能性”。[①] 9月，澳大利亚撕毁与法国签订的军备购买合同，和美英成立 AUKUS，从而将自身捆绑在美国的战车上，进一步丧失了军事自主性。未来，在 QUAD 与 AUKUS 双机制的“加持”下，澳大利亚在美国同盟体系中的重要性更为突出。

印度对华、对美政策出现两极分化，即在加强对美合作的同时，对华安全竞争进一步泛化。边界问题是影响中印关系的原因之一，受 2020 年边界冲突爆发、多点对峙形成的影响，中印关系急转直下，2021 年，双边关系基本延续这一态势。同时，印度的对华安全政策出现泛化，表现为陆上边界问题向海上安全领域扩展，边界问题与双边经贸关系挂钩等。与之形成对比的是，美印关系进一步加强，印度对 QUAD 的态度更为积极主动。截至 2020 年，美印已经完成四个基础性防务合作文件[②]的签署工作，标志着美印建立了“准盟友”关系。就 QUAD 合作而言，印度认为其是应对“印太战略”竞争和地缘政治挑战的重要方式之一。[③] 2021 年，印度再次邀请澳大利亚参加“马拉巴尔”联合军演，推动 QUAD 合作走实走深。[④]

综上所述，2021 年，亚太地区主要力量加快分化组合，地区秩序仍处于深度调整与重构阶段。面对中美博弈的加剧，日本、印度与澳大利亚联美遏华态势明显，俄罗斯加大与地区国家的战略协作力度，整个亚太地区阵营化趋势逐步形成。

另一方面，各次区域安全态势的差异性增大。亚太地区主要包括东北

---

① 《国防部：澳方不要在错误的道路上越走越远》，中华人民共和国国防部网站，2021 年 5 月 27 日，http：//www.mod.gov.cn/info/2021-05/27/content_4886674.htm，最后访问时间：2021 年 11 月 30 日。

② 具体包括《一般军事信息安全协议》《后勤交流协定备忘录》《通讯兼容和安全协议》《地理空间合作基本交流与合作协议》。

③ “Foreign Secretary's Remarks on ‘Quad and Future of the Indo-Pacific’ at the 5th India-US Forum,” Ministry of External Affairs, Government of India, December 2, 2021, http://www.mea.gov.in/Speeches-Statements.htm?dtl/34571/foreign+secretarys+remarks+on+quad+and+future+of+the+indopacific+at+the+5th+indiaus+forum，最后访问时间：2022 年 3 月 2 日。

④ 参见吴兆礼《印度莫迪政府对华政策调整与中印关系展望》，载张洁主编《中国周边安全形势评估（2021）》，世界知识出版社，2021，第 108~113 页。

亚、东南亚和南亚三个次区域，影响各次区域安全态势的力量主要有三类：一是中美战略博弈，这是全局性的；二是各次区域传统大国，如印度在南亚、中美日在东北亚、中美在东南亚；三是各次区域主要中小国家，它们与大国的关系以及彼此间的互动对各次区域的安全形势产生深刻影响。

东北亚地区出现“阵营化”趋势。2021 年，拜登政府全面提升美韩同盟关系，拉升韩国的国际地位，同时加强美日韩三边联动，力图将美韩同盟纳入“印太战略”，将东北亚地区打造为美国遏华的前沿和支点。同时，拜登政府倾向于将朝核问题边缘化，维持和强化对朝制裁。

南亚的“阵营性”对抗也在加剧。美国试图将更多南亚国家纳入“印太战略”，拉拢印度是美国的外交重点，新版《美国印太战略》明确支持印度成为“南亚和印度洋的领导者”。① 印度则在中美之间选择美国的倾向日益明显。印度希望遏制中国在南亚的影响力，公开批评中巴经济走廊和中国与斯里兰卡的合作，对中国与孟加拉国、尼泊尔、马尔代夫等国的合作表示担忧。但是，美印的“努力”尚未在南亚形成“一边倒”的态势。中国积极推进与南亚各国的友好合作，妥善统筹“一带一路”建设与疫情防控合作，为南亚和平稳定贡献“正能量”。印巴问题等固有矛盾在一定程度上限制了印度的地区影响力。未来，随着印度继续倒向美国阵营，南亚地区面临的“阵营化”对抗风险将增加。

东南亚是中美博弈的战略要地，东盟高度关注美国对华“战略竞争”态势，担心中美竞争冲击其中心地位与统一性。② 拜登政府执政后，重申“支持东盟中心地位”，改善与菲律宾、泰国的条约盟友关系，加强与新加坡、越南等伙伴关系的建设，承诺为东南亚国家提供经济、军事、公共卫生

① Indo-Pacific Strategy of the United States, February 2022, https://www.whitehouse.gov/wp-content/uploads/2022/02/U.S.-Indo-Pacific-Strategy.pdf，最后访问时间：2022 年 3 月 2 日。

② Lee Hsien Loong, “Keynote Address by Prime Minister Lee Hsien Loong 18th at the IISS Shangri-La Dialogue,” IISS, May 31, 2019, https://www.iiss.org/-/media/files/shangri-la-dialogue/2019/speeches/keynote-address-lee-hsien-loong-transcript.ashx，最后访问时间：2021 年 12 月 2 日；Lee Hsien Loong, “The Endangered Asian Century: America, China, and the Perils of Confrontation,” *Foreign Affairs*, July/ August, 2020。

等多个领域的援助。同时，QUAD 的升级与扩容、AUKUS 的成立大有争夺东盟地区话语权之势，这引发了东盟主要国家的担忧，因此，维护东盟在地区架构中的中心地位以及东盟内部的统一性成为东盟最迫切的任务。

中国与东盟进一步加强全方位合作。2021 年，中国与东盟继续互为最大贸易伙伴，双边贸易保持了良好的发展势头。2021 年 11 月，在中国与东盟建立对话关系 30 周年纪念峰会上，双方宣布建立全面战略伙伴关系。同时，中国提出共建和平家园、安宁家园、繁荣家园、美丽家园、友好家园的倡议，得到东盟的积极回应，从而确立了双方未来合作的总体方向。[①] 在中国、东盟的共同推动下，《区域全面经济伙伴关系协定》（RCEP）在 2022 年初正式生效实施，标志着全球人口最多、经贸规模最大、最具发展潜力的自由贸易区正式落地。

二 2021年亚太地区形势的基本特征

新冠疫情对亚太地区的产业链和供应链、各国治理构成严峻挑战。在疫情的严重冲击下，部分亚太国家出现通货膨胀、失业率上升、经济增长率下滑等问题，这严重影响这些国家的社会和政治稳定。2021 年亚太地区形势的突出特点是中美战略博弈对地区的影响进一步加大，军事冲突的风险增加，地区非传统安全治理赤字更加严重。

（一）受新冠疫情、中美贸易竞争影响，地区供应链出现断裂压力

亚太地区供应链是在竞争优势和经济效益基础上构建的系统性分工链，各环节从复杂到简单、从高到低相互交融与配合。经过几十年的发展，亚太地区各国通过产业链、供应链紧密相连，已形成“你中有我，我中有你”的产业分工格局。但受新冠疫情、中美贸易竞争等因素影响，亚太地区供应链开始出现断裂压力。

---

① 《习近平在中国—东盟建立对话关系 30 周年纪念峰会上的讲话（全文）》，中华人民共和国外交部网站，2021 年 11 月 22 日，https：//www.fmprc.gov.cn/web/zyxw/202111/t20211122_10451226.shtml，最后访问时间：2021 年 12 月 31 日。

首先，由新冠疫情所导致的贸易紧缩使供需不匹配，加剧了供应链的紧张状态。新冠疫情持续冲击各行业的供应链，给亚太经济系统带来了沉重的压力，疫情带来的最大变化就是很多工厂的业务发展变得不可预测，无法做到对开工率、运输、成本等环节的明确管理和控制，强化供应链韧性的重要性愈加凸显。2021 年 4~5 月，越来越多的亚太经济体遭受不断升级的新冠疫情冲击，许多亚洲国家实施封控措施或宣布进入紧急状态，这严重影响了亚洲的跨境贸易和经济活动，汽车、能源、运输及电子信息产品等领域都在不同程度上受到新冠疫情的影响，很多企业被迫延迟交付订单，使得亚洲内产品的零部件生产受到冲击。2021 年，亚太地区的服务活动继续受到流动限制的阻碍，但服务支出的减少没有像美国和其他一些发达经济体那样促进商品购买。供应链不稳定导致供给减少，暴露了供应链的脆弱性。

其次，运输瓶颈和快速上涨的运输成本减缓了贸易流动，使货物运输无法及时满足海外需求，加剧了疫情期间供应链中断的风险。2021 年，亚太地区经济体对域外全球市场的出口出现强劲增长。2020 年末，全球对集装箱运输需求激增；2021 年上半年，全球对集装箱租赁需求量呈明显上升趋势，全球集装箱严重短缺，在亚洲地区尤为显著。集装箱短缺造成亚洲主要运输航线的运费飙升，集装箱新箱出租率及二手箱价格、租金水平等较 2020 年同期增长明显。疫情及由各国对制造业货物的需求增加而导致的港口拥堵，阻碍了正常的进出口货物流动。美国长滩港口和欧洲鹿特丹、汉堡等港口的严重拥堵情况频频成为头条新闻，由于集装箱船运力因港口拥堵而受到严重限制，漫长的等待时间使大部分集装箱船陷入停顿，港口拥堵与延误成为运价上涨的主要原因。2020 年 12 月，亚洲到北欧和美国西海岸的海运航线的即期运费同比大幅增加。2021 年 1 月，中国至美国和欧洲的海运航线每箱货物的即期运费从通常的 1200 美元上涨至 6000 美元，比 2020 年 3 月的运输成本上涨 300%。[①] 此外，疫情期间，一些亚洲经济体的港口的出

① 《集装箱短缺致使海运成本增 300%》，搜狐网，2021 年 1 月 26 日，https：//www. sohu. com/a/446760018_ 162758。

入限制以及对海员和港口工人的检疫要求，也是航运成本急剧上升的原因。

最后，受中美贸易竞争和新冠疫情叠加影响，芯片短缺催生了亚太地区供应链断裂的风险。芯片是电子设备的重要组成部分，但芯片生产具有高度复杂的价值链，每个阶段都需要专业化的技术，只有特定经济体才能进行生产。规模经济有助于降低芯片的生产成本，然而，这导致每个生产阶段的地理集中度较高，单点故障就可能导致大规模供应中断，使整个产业链系统变得脆弱。受中美贸易竞争和新冠疫情叠加影响，全球性远程工作和网上购物的转型推动了各国对电子产品需求的持续增长，特别是对消费电子产品的需求激增。汽车制造业、智能手机生产成为受芯片短缺影响严重的主要行业。随着新冠疫苗接种计划的推进和封锁措施的解除，全球对汽车的需求开始缓慢增长。芯片的生产通常需要 2~3 个月，订单通常至少提前 1 年确定。尽管芯片制造商几乎满负荷运行，但由于芯片供应短缺的持续，汽车制造商难以购买到芯片，许多汽车制造商因芯片短缺而停产。一些制造商囤积芯片，使芯片短缺情况更加严重，对制造业供应链构成干扰，进一步加剧了亚太地区相关产业面临的电子产品供应链断裂风险。

（二）亚太各国治理理念、意识形态分歧增加，极端社会思潮有所抬头

新冠疫情继续对各国治理构成严峻挑战。在疫情的严重冲击下，各国普遍出现通货膨胀、失业率上升、经济增长率下滑等问题，这严重影响社会和政治稳定。

第一，面对新冠疫情，亚太各国防控政策呈现分化态势。亚太地区的美国、新加坡等部分发达经济体，在实现较高疫苗接种率的基础上实行“与病毒共存”的新模式。韩国在 2021 年 11 月尝试“与病毒共存”，而每天新增 7000 多个确诊病例的现实情况给医疗卫生体系带来巨大压力，迫使其恢复较为严格的社会防控措施，第一次“与病毒共存”尝试受挫。

发展中经济体的疫情防控模式调整受到疫苗接种率低的严重限制。由于

疫苗资源短缺与全球分配不公造成“免疫鸿沟”，在竞争中处于劣势的诸多发展中经济体的疫苗接种率远低于世界平均水平。截至 2021 年 11 月 27 日，阿富汗的疫苗接种率只有 11%；截至 2021 年 11 月 30 日，缅甸的疫苗接种率只有 30.7%；截至 2021 年 12 月 16 日，巴基斯坦的疫苗接种率只有 38.6%，远低于世界平均水平（56.7%）。① 疫苗虽无法完全终结新冠疫情，却是最重要的免疫屏障，疫苗接种率低和新冠病毒的连续变异对发展中经济体后续疫情防控提出了严峻挑战。在疫情的冲击下，这些发展中经济体是最容易出现问题的薄弱环节，脆弱性显而易见。联合国粮农组织在 2021 年 8 月发布的报告中指出，受新冠疫情影响，缅甸粮食安全状况恶化，叠加自然灾害频发、军队和民间武装团体冲突爆发等因素，缅甸国内出现人口流离失所、农业生产秩序破坏、人道主义援助不足等情况，许多在若开邦、钦邦、克钦邦、掸邦的流离失所者处于粮食短缺状态。② 国际货币基金组织预测，2021 年，缅甸经济下滑 17.9%。③ 民生环境恶化与经济大幅下滑极大地增加了国家政治与社会运行风险，对国家治理能力不足的发展中经济体构成巨大挑战。

第二，亚太地区极端社会思潮涌动，民粹主义上升、种族主义抬头。当前，新自由主义倡导的全球政治经济秩序和全球化进程正遭受前所未有的挑战。经济全球化是非中性的，对各个参与者的影响并不相同。在生产要素在全球配置的过程中，一些经济体从全球化进程中受益较多，而另一些经济体或者其内部某些群体受益较少，甚至出现权益受损或相对受损的现象，这种现象加剧了社会不平等，激化了国家间和国家内部不同群体之间的矛盾。在

---

① “Share of People Vaccinated against COVID-19,” https：//ourworldindata.org/explorers/coronavirus-data-explorer? zoomToSelection=true&facet=none&pickerSort=asc&pickerMetric=location&Interval=7-day+rolling+average&Relative+to+Population=true&Align+outbreaks=false&country=PAK~OWID_ WRL~AFG~MMR&Metric=People+vaccinated+%28by+dose%29，最后访问时间：2021 年 12 月 17 日。

② FAO，“GIEWS-Global Information and Early Warning System,” https：//www.fao.org/giews/countrybrief/country.jsp? code=MMR，最后访问时间：2021 年 12 月 1 日。

③ IMF，https：//www.imf.org/，最后访问时间：2021 年 12 月 17 日。

新的社会经济条件下，民粹主义作为对国家内部贫富分化现象的政治体现，具有反建制、反精英、亲平民、反全球化等特征。民粹主义的发展过程中伴随着新媒体普及化与平民化，一些能够吸引大批信众的领导人应运而生。在印度，近年来，民粹主义上升势头明显。出身草根阶层的总理莫迪，没有强大的政治世家背景做支撑，却凭借印度教民族主义和民粹主义赢得民众支持。在对外关系中，民粹主义者倾向于施加压力影响中国与其他国家的互动过程。

一般而言，作为全球化规则的制定者与众多国际组织的核心管理者，美国等发达经济体一贯是全球化的受益者，而相对落后的国家在全球化过程中获得的利益相对较少甚至可能面临利益受损的情况，因此，其对全球化持反对态度或者对国际经济秩序不满。当前出现了一种对全球化新的不满的情况，如像美国这样的发达经济体对全球化不满，反全球化浪潮从相对落后的发展中经济体向发达经济体蔓延。① 这是令全球始料未及的新现象。随着资本在全球布局、国内产业升级和服务业占比提高，美国等发达经济体内部原有的制造业领域失去优势，导致失业率提高，出现“产业空心化”的情况和相对受损的“失败者”群体。从国家整体角度来看，美国是受益的，但其内部出现了“南北分化”与社会撕裂，这成为严重的社会不稳定因素。反全球化思潮、民粹主义、极端民族主义甚至种族主义和排外情绪伴随着经济社会变化逐渐蔓延，一些欧美政客趁势利用言语蛊惑民众，将本国问题归因于与他国的竞争，通过抹黑一些从经济全球化中受益明显、相对地位上升的国家来发泄愤怒，在其国内得到了不少民粹主义者的欢迎和盲随。

对于反全球化思潮、民粹主义与种族主义，在新冠疫情的催化下，发达经济体中产生了一股强烈的排华、排亚裔的社会思潮。2020 年以来，以特朗普为代表的美国政客，不顾世界卫生组织的建议与基本科学精神，

---

① 〔美〕约瑟夫·E. 斯蒂格利茨：《全球化逆潮》，李杨等译，机械工业出版社，2019，前言、第二章。

在推特等新媒体上，多次利用新冠病毒污蔑中国，导致美国国内种族主义矛盾激化，排外情绪高涨，针对亚裔群体的违法犯罪事件频发。在澳大利亚也是如此。2021 年 7 月发布的《新冠疫情种族主义事件报告》指出，澳大利亚在过去 15 个月内发生了 541 次种族主义事件，其中表示个人遭遇与疫情相关的受访者就占 90%；表示被冠以种族主义的名称或侮辱性的称谓的受访者占 1/3。这份报告还显示，针对其他亚洲社区的种族主义事件也在上升。① 疫情下种族主义和排外情绪的上升，在一定程度上导致新冠疫情发生之后各主要发达经济体进行的民调显示，其对华好感度出现下滑。②

第三，亚太地区各国间的意识形态对抗明显加剧。亚太国家间的意识形态竞争主要表现为中美之间的战略博弈，这在美国强力推动价值观外交之际尤其突出。虽然中国没有同美国展开意识形态竞争的主观意图，但中美博弈仍被外界视为“意识形态竞争”。美、日等国政府利用价值观外交对亚太地区国际关系施加影响。

相较于特朗普政府，拜登政府更加注重用价值观划分世界，这种价值观是建立在美国标准之下的。2021 年 12 月，多个国家和地区在线上参与了由美国组织的“民主峰会”。东亚地区的日本、韩国与南亚地区的印度以及印尼等国受邀参会。尽管美国打着“民主”的旗号力图引领被其认定为“民主”的国家与地区，但近年来美国难掩“民主衰败”的现实。号称“民主灯塔”的美国即使在西方国家也早已不复辉煌。英国《经济学人》的民主

① “The Asian Australian Alliance (AAA) and Per Capita’s Osmond Chiu, The COVID-19 Racism Incident Report Survey 2021,” July 23, 2021, https://www.abc.net.au/news/2021-07-23/covid-19-racism-australia-report-racial-hatred-pandemic/100316184，最后访问时间：2021 年 12 月 1 日。

② Laura Silver, Kat Devlin, Christine Huang, “Americans Fault China for Its Role in the Spread of COVID-19: Unfavorable Views of China Reach New Historic High, and a Majority Supports Taking a Tougher Stand on Human Rights,” July 30, 2020, https://www.pewresearch.org/global/2020/07/30/americans-fault-china-for-its-role-in-the-spread-of-covid-19，最后访问时间：2021 年 12 月 1 日。

指数显示，美国民主只能属于“有瑕疵的民主”。① 美国在民主已然呈衰败之势的现实条件下举办所谓的“民主峰会”，并以意识形态划界、孤立其他国家，其主观意图显而易见。

当前世界形势发生新变化，价值观外交正在成为关联国内政治与国际关系的重要因素。日本首相岸田文雄上任以来，围绕价值观外交方面推行了许多具体外交政策，包括加强 QUAD、倡导所谓的“自由开放的印太设想”，对亚太地区局势产生了负面影响。

（三）中美战略博弈加剧，亚太传统安全与非传统安全挑战进一步上升

区别于特朗普政府时期美国“印太战略”的“单打独斗”、侧重安全领域等特点，拜登政府时期美国的“印太战略”更为重视动员盟友与伙伴关系，更为重视在政治、经济、安全等领域实施“印太战略”，从而形成对华“战略竞争”态势。由于美国所具有的强大地区“动员力”和政策外溢效应，整个地区受到中美战略博弈的影响显著提升。

首先，加快布局地区安全新框架是美国“印太战略”最为重要且最具长远影响的议程。拜登政府在 2021 年的主要举措如下。第一，QUAD 完成升级与扩容。2021 年 3 月，在美日的积极策动下，QUAD 举行首次线上首脑会议，各国根据各自优势，将合作议程从安全领域扩大到新冠疫苗、气候变化、经济、科技等领域，并进行分工合作，至此，QUAD 作为“印太战略”的支柱性机制的地位初步确立。第二，AUKUS 于同年 9 月成立，三国宣布，美英将首先通过提供技术帮助澳大利亚建造 8 艘核动力潜艇，② 这表明了 AUKUS 作为传统军事合作机制的基本定位，也凸显了美英澳三国以备战

---

① The Economist Intelligence Unit, “Democracy Index 2020: In Sickness and in Health?” https://www.eiu.com/n/campaigns/democracy-index-2020/#mktoForm_anchor，最后访问时间：2021 年 11 月 30 日。

② “Remarks, the 2021 ASPI Sydney Dialogue,” https://www.pm.gov.au/media/remarks-2021-aspi-sydney-dialogue，最后访问时间：2021 年 11 月 29 日。

遏制中国的意图。第三，试图打通“印太”地区内部以及实现“印太”与大西洋的盟伴体系互动。除了 QUAD 与 AUKUS 之外，美国还强调发挥“五眼联盟”、G7 等机制的作用，这两个机制均以域外国家为主。同时，美国强调 AUKUS 连接大西洋伙伴与太平洋伙伴，以新方式将美国与现有盟友和伙伴连接起来，提升共同协作能力，尤其是推动与东盟、QUAD 等机制对接。①

拜登政府重点弥补“印太战略”的经济议程。第一，试图说服本地区国家与中国的供应链、产业链“脱钩”，警告和威胁本地区国家减少在关键性、敏感性基础设施领域及高科技领域与中国开展合作。第二，重点扩展 QUAD 合作议程，通过年内举办两次峰会成立新冠疫苗、重要新兴技术、气候变化三个工作组，加强与日本、澳大利亚在“高质量基建”等领域的合作，强化“印太战略”的区域经济治理功能。第三，2021 年 10 月，拜登宣布将尽快启动“印太经济框架”，进一步充实“印太战略”的经济议程。此后，美国官员多批次出访亚太国家，就“印太经济框架”具体议程与日本、新加坡、马来西亚等地区盟友与伙伴展开密集磋商，寻求达成合作共识。

鉴于美国以遏制中国为主要目标的政策外溢效应，地区主要国家与组织普遍面临“选边站队”的压力，各国不得不纷纷调整自身战略加以应对，从而推动地区力量加速分化组合，使各国外交与安全政策更为不稳定，地区形势更为复杂多变。

其次，传统安全重新占据地区安全优先议程。长期以来，中美处于接触与竞争共存状态，亚太地区的传统安全问题相对稳定，各国面临恐怖主义、人口贩卖、毒品走私、灾难救援等更多非传统安全的挑战。随着中美博弈的加剧，美国对中国军事实力的负面认知不断固化。2021 年 11 月，美国陆军

---

① 《拜登总统、澳大利亚总理莫里森和英国首相约翰逊宣布建立美英澳三边合作关系【摘译】》，美国驻华大使馆和领事馆网站，2021 年 9 月 17 日，https：//china. usembassy-china. org. cn/zh/https-china-cn-mwp-usembassy-gov-remarks-by-president-biden-prime-minister-morrison-of-australia-and-prime-minister-johnson-of-the-united-kingdom-announcing-the-creation-of-auku-cn/，最后访问时间：2021 年 12 月 3 日。

参谋长联席会议主席马克·米利（Mark Milley）在公开演讲中指出，中国在40年的时间内从世界第七大经济体变成了世界第二大经济体，中国在太空、网络、陆上、海上、空中、水下都具备实力，对美国构成了“区域性挑战”，将是美国未来10~20年面临的“真正的、非常重要的挑战”。①

正是基于类似“中国威胁论”的对华认知，美国在亚太的军事活动日益具有实战性、威慑性和针对性，不仅增加了中美发生军事冲突或摩擦的风险，也引发本地区发生军备竞赛乃至核扩散的危险。

一是美国在亚太地区继续保持军事力量上的绝对优势。军事力量是美国实施“印太战略”的基石，在大量部署军事人员、用先进武器装备亚太地区的同时，美国力推“一体化威慑”概念，将军事与非军事手段相结合，将既有能力与发展新能力相结合，协调自身力量与盟友力量，通过网络化的方式加以运作，在整个亚太地区形成慑止能力。“一体化威慑”不是针对亚太地区提出的，但亚太是其付诸实施的重点区域。

二是全面恢复在亚太地区的军事活动。2020年，受新冠疫情影响，美国暂停或减少了各类军事演习。2021年，美国不仅与日本、韩国、菲律宾等地区盟友修复或签署新的军事合作协议，举行各类“2+2”对话，恢复或增加联合军演，并且部分军事演习规模更大，挑衅度显著提高。例如，2021年8月美国海军举行的“大规模演习2021”，在海军舰队司令部、太平洋舰队司令部、海军欧洲司令部三个责任区开展，共有2.5万人参演，创下40年来美国海军和海军陆战队演习规模之最。

三是推高各类军事活动的实战性与对抗性。自2015年以来，美军加紧为应对各种规模的冲突做准备。针对南海问题与台海问题，美国在部分地区国家建立联合后勤、保障和维修企业，支持这些地区的高端作战和联合军事行动，通过加强与亚太地区盟友的互操作性等多种途径，实现军事行动的针对性和威慑性。同时，美菲“肩并肩”等年度军事演习增加了夺岛、两栖

① “Milley Addresses Aspen Security Forum on Today's Military Challenges,” https://www.defense.gov/News/News-Stories/Article/Article/2832397/milley-addresses-aspen-security-forum-on-todays-military-challenges/，最后访问时间：2021年11月26日。

作战等科目内容。中国在加强自身海空军事演习、海上维权等行动的同时，加大与俄罗斯的战略协作力度，有针对性地开展各类联演联训。2021 年 8 月，中俄首次在中国境内举行“西部·联合-2021”演习，旨在拓展两军联合反恐作战领域深度，展示共同维护国际和地区安全稳定的决心与实力；[①] 10 月，中俄举行“海上联合-2021”演习和首次海上联合巡航，两军联合舰艇编队穿越津轻海峡和大隅海峡；11 月，两国空军在日本海、东海有关空域组织实施联合空中战略巡航。

四是传统安全热点问题凸显大国博弈色彩。拜登政府上台后，推动南海问题军事化、司法化、国际化与舆情化，导致南海问题在事实上成为本地区最大的热点问题。美国的根本目的是借助炒作南海问题，把所谓“维护航行与飞越自由”、遵守“基于规则的国际秩序”作为 QUAD、AUKUS 以及美日韩、美日澳等小三边对话的“黏合剂”。美国对南海问题的干涉虽不致引发中美双方大规模海上冲突，但导致更多域外国家介入南海问题，鼓动南海相关国家的投机与冒进行动，从而提高了南海意外摩擦发生的概率。例如，2021 年 10 月，美国“康涅狄格”号核潜艇在南海海域撞到海底山导致严重受损，此次事故的根源在于美军舰艇在亚太地区进行大范围、高频度的抵近侦察、干扰挑衅、炫武示强等军事活动，这不仅会增加各国间的战略误判，而且会引发核泄漏等意外事件，极大地加剧了亚太地区的不稳定和不安全。

最后，非传统安全的合作治理供需不平衡，增加地区形势的不稳定性。除了上文谈到的传统安全挑战之外，非传统安全问题仍然是本地区中小国家面临的主要挑战。其中，新冠疫情的肆虐是亚太各国面临的极大考验。新冠疫情凸显了非传统安全问题的巨大破坏力和杀伤力，疫情不仅造成大规模人员死亡，而且导致全球产业链、价值链中断，世界经济遭受重创，全球保护主义和单边主义盛行。疫情冲击、全球经济低迷以及美国主

---

① 《“西部·联合-2021”演习正式开始》，中华人民共和国国防部网站，2021 年 9 月 8 日，http：//www. mod. gov. cn/action/2021-08/09/content_ 4891392. htm，最后访问时间：2021 年 11 月 30 日。

导的产业链、供应链“脱钩”多种因素相互交织，使整个亚太地区的社会稳定、经济复苏面临严峻考验，也使非法移民、恐怖主义、粮食安全等非传统安全挑战更为复杂和棘手。2021 年 4 月，德尔塔变异毒株、奥密克戎变异毒株导致包括亚太地区在内的全球疫情多次反复出现。2021 年 11 月，日本政府再次宣布采取“封国”政策。同月，中亚多国调整入境防疫措施，严防病毒输入。

与此同时，亚太地区的网络犯罪、跨国犯罪、毒品走私等非法活动并未因疫情而明显减少。相反，各国政府因应对疫情而对上述问题的治理有所减弱，从而造成了此消彼长的态势。巴基斯坦境内连续发生暴恐袭击事件，造成十数名中巴人员伤亡。未来，巴基斯坦境内的恐怖主义活动仍具有进一步活跃的趋势。

自疫情暴发以来，中国通过“10+1”“10+3”等合作机制为东南亚国家提供了大量疫苗以及防疫抗疫物资、人员培训等援助，美国通过 QUAD 提出到 2022 年底为亚太地区国家提供 20 亿剂疫苗的计划，但是地区中小国家还是普遍希望大国能够跳出地缘政治思维，更多聚焦地区气候变化、粮食安全、公共卫生安全治理，提供更多的地区公共产品以维护地区的稳定与促进地区繁荣发展。

（四）以应对疫情挑战为契机，亚太经济合作的深度和广度均大幅拓展

新冠疫情暴发后，各国相继采取社交隔离、限制出口、关闭边界等措施，给跨境经贸和人员往来造成很大影响。在这一背景下，RCEP 的签署和落地有利于促进亚太地区经济、贸易、金融、产业链与供应链、人文交流等方面的恢复。值得注意是，尽管美国提出的“印太经济框架”设想包含排斥中国的意图，但其同样关注供应链、数字经济发展与环境等，体现出亚太经济合作的深度和广度不断拓展。

第一，亚太区域内经济链接得到巩固和提升。为了保障区域生产网络的可持续发展，减少疫情等外部冲击对亚太区域供应链的影响，亚太地区需要

进一步加快经济一体化进程，从制造基地向制造和消费基地转型，形成亚太区域内生性增长动力。RCEP 大幅取消缔约方之间的关税和其他贸易壁垒，在内部实施区域累积原产地规则，这意味着本地区经济体之间要素流动成本将进一步下降，地区产业链、供应链关系将得到进一步巩固，有助于增强抵御新冠疫情外部冲击的能力，构建区域内部大市场，降低对传统外部市场的依赖，促进亚太区域经济可持续发展。

RCEP 的签署是亚太地区经济一体化的重大胜利，这是第一个让中国、日本和韩国三大经济体建立自贸联系的重要机制安排，结束了区域内长期没有统合贸易协定的历史。中国、日本和韩国是东北亚地区的经济重心，国内生产总值（GDP）分别位居世界第二、第三和第十一，三国之间的紧密联系主要建立在投资贸易链条基础上，面向亚太和世界市场。按照目前的增长态势，即使印度不重返 RCEP，地区内部的贸易规模仍有望超过该地区与北美、欧洲的贸易规模总和。

第二，服务贸易在亚太经济合作中的重要性愈加凸显。新冠疫情前，虽然全球经济总产出及贸易量持续增长，但几乎所有商品生产价值链中的贸易强度都呈下降态势。与此同时，服务贸易却强劲增长，物流、通信等服务的发展降低了贸易成本，商贸服务、金融服务和研发服务的发展为国际分工提供了支持，全球经济服务化是大势所趋。目前，RCEP 所代表的区域贸易协定将服务贸易作为区域合作的重要领域，不仅涉及旅游、运输等传统服务领域，还涉及金融保险等跨境服务领域。这些领域的开放不仅显示了亚太地区一体化水平进入更深层次，也将进一步推动本地区经济发展。

以金融服务为例，RCEP 的金融服务附件明确了新金融服务、金融信息转移和处理、支付和清算系统等领域的国民待遇原则。在新金融服务领域，附件第三条规定如果某一缔约方的金融机构能够在国内无须通过新法律或者修订现行法律的情况下提供新的金融产品，那么另一缔约方的金融机构在东道国领土内也可提供类似服务。在金融信息转移和处理领域，附件第九条要求缔约方不得阻止其领土内的金融服务提供者进行日常运营所需的信息转移，包括通过电子或其他方式进行数据转移等。在支付和清算系统领域，附件第十一条规定每一缔约方应当允许另一缔约方的金融机构进入由东道国公共实体运营的支付和清算系统，并根据国民待遇条款和正常商业运行条件获得官方融资以及再融资安排。总之，RCEP 的 15 个缔约方在金融服务方面均做出高于各自“东盟+1”自贸协定水平的开放承诺，这将进一步加强地区金融服务资源的整合。

第三，亚太地区的合作更加关注数字经济。亚行在《2021 年亚洲经济一体化报告》中预测，来自数字部门的扩张和生产率的相应提高会推动 GDP 增长。预计 2021~2025 年，如果全球范围内数字部门的规模比基准年（2020 年）扩大 20%，全球 GDP 将每年增加约 4.3 万亿美元（占 2020 年基准 GDP 的 5.4%），或在 5 年内增加 21.4 万亿美元。全球产出增长的 40%以上将来自亚洲，亚洲的产出将每年增长 1.7 万亿美元（占 2020 年基准 GDP 的 6.1%），或在 5 年内增长 8.6 万亿美元。全球贸易额将在基准水平上每年增加近 2.4 万亿美元（占 2020 年基准总贸易额的 5.5%），2021~2025 年贸易额将增加超过 11.8 万亿美元。其中，约 43%的贸易额增长发生在亚洲，亚洲的跨境交易额每年增长超过 1 万亿美元（占 2020 年地区贸易额的 6.8%）。全球将每年增加近 1.4 亿个就业岗位（占 2020 年全球就业基准的 5.0%），到 2025 年底，累计就业岗位约为 6.98 亿个；预计亚洲每年的就业人数将比基准水平每年增加 6500 多万人（占 2020 年基准就业人数的 3.9%），5 年内增加的就业岗位总计超过 3.27 亿个。

为了适应数字经济规则的创新和变革新要求，各国都在数字技术和数字经济规则制定方面采取积极的政策，力图通过增强数字竞争力来建立自身在数字经济方面的竞争优势。亚太地区是全球数字博弈重点区域，争夺数字经济先发优势成为各个大国参与国际博弈的战略选择。拜登政府执政后将中国视为最主要的“竞争对手”，在多个领域有针对性地打压和遏制中国高科技发展，并与盟友加强合作，如积极联合日韩等组建“半导体联盟”，禁止联盟成员对华转让、出口数字技术和设备，企图从技术上“孤立”中国，以维护美西方国家对华技术优势。美国对华发动“技术冷战”，人为制造“数字铁幕”，不利于亚太地区进行有关数字技术的开放性合作，破坏了亚太区域合作的国际环境。未来在亚太地区为数字贸易发展创造自由便利、高效稳定的高标准环境，已成为当前区域合作的紧迫任务之一。

三 结语

新冠疫情并未削弱亚太地区作为世界经济重要增长极的地位，随着新冠感染病例减少和生产限制解除，亚太经济体的经济预计将再次反弹。疫情导致部分亚太国家的社会矛盾激化，这些国家的政权交替过程与结果可能成为新的风险点。此外，中美战略博弈具有长期性与全局性，亚太地区是坚持合作还是走向分裂、是聚焦区域经济发展还是回归地缘竞争仍具有很大的不确定性。

（一）亚太经济在曲折中复苏

即使在疫情期间，亚太地区经济体仍在继续加强区域内的价值链联系。与亚太的全球联系相比，主要部门的区域价值链联系进一步加强，特别是在高技术和商业服务方面，东亚和东南亚显示出相对较大的区域和全球价值链优势。尽管部分发达经济体对华进口订单额有所下降，但大部分订单实际上转移到了东盟生产商，亚洲供应链并未受损。跨国公司在中国境内保留部分产能以供应当地市场，同时将部分产能转移到其他地区（如东盟），这种趋势在一定程度上有利于中国与东盟双边供应链整合。

随着数字经济的发展，以智能和自主解决方案为中心的新兴技术在众多行业日益突出。数字技术作为第四次工业革命或工业 4.0 的核心对大多数企业来说变得越来越重要，技术进步和迫在眉睫的需求将带来长期的增长机会。世界经济论坛发布的《2020 年未来就业报告》的调查结果显示，到 2025 年，超过 80%的公司可能会采用物联网和人工智能技术，约 40%的公司可能会使用机器人。① 目前，数字技术的应用和市场份额集中在高度发达

① World Economic Forum, "The Future of Job Report 2020," 2020, https: //www. weforum. org/reports/the-future-of-jobs-report-2020.

的经济体和中国，如德国、日本、中国、韩国和美国的工业机器人安装量占全球的近3/4；法国、德国、意大利、中国、英国和美国的增材制造业收入占全球的一半以上；美国主导当今的人工智能市场，未来德国、日本和中国将取得重大进展。新冠疫情暴发成为包括数字运营在内的许多行业的转折点，数字技术为促进亚太地区的可持续和包容性增长创造了巨大的机会，从而推动中小微企业发展。资金不足是企业采用数字技术的最大障碍，其需要更好的数字基础设施、营销支持、熟练劳动力。

此外，供应链转移下供应链中断风险、能源供需矛盾、金融动荡风险可能会破坏亚太地区的增长前景。落后的码头设施降低了港口的装卸能力，导致“航运堵塞、货物滞留海上”“集装箱一舱难求”成为航运市场的新常态，使供应链问题不断恶化。2021年下半年以来，许多国家出现了不同程度的能源电力短缺现象，能源供需矛盾突出；国际石油、天然气、煤炭供求压力增加，价格持续攀升，进一步加剧了能源市场的脆弱性。2021年11月，美联储货币政策委员会公布决议，正式启动Taper（缩减购债规模）。2021年底，美国持续的高通胀迫使美联储不断释放可能收紧货币政策的信号。如果各国央行收紧货币政策，亚洲新兴市场可能会出现资本外流，给经济发展带来严重的负面影响。

（二）亚太政治风险多重叠加

由于新冠变异毒株频繁出现，2022年，世界仍无法摆脱新冠疫情的复杂影响。大乱通常尾随大疫而来，根本原因在于疫情的非中性特征，即不同国家、行业、个人受到疫情的影响是不相同的。就整体形势而言，在疫情面前脆弱度较高的是发展中经济体和社会中下层群体，国家间、国内不同群体更加分化。新冠疫情催生社会危机，许多国家出现社会矛盾激化、政治风险增加、左翼激进力量上升、街头运动涌现等情况，民粹主义、种族主义等社会思潮与排外情绪的发展将导致反政府街头示威活动频繁出现，威胁社会稳定与安全。

持续蔓延的疫情与下滑的经济导致粮食短缺和跨国难民等问题进一步显现，恐怖主义在个别国家的猖獗可能对周边国家产生负面影响。2021年12月7日，缅甸投资与对外经济关系部和缅甸宣传部发布联合声明，表示在国内局势逐步恢复稳定与新冠感染率下降的情况下，缅甸政府计划在 2022 年至 2023 年上半年优先发展经济。根据以往惯例，军人会在掌权两年左右将政府移交给新一届民选政权，这与联合声明中迎接大选的政策相符。美国撤出阿富汗对后者及其周边地区局势后续发展产生了深刻而复杂的影响，阿富汗国内力量与各国际力量之间需要经过漫长的博弈才能实现由美国撤出的失序到各种力量基本平衡的新秩序的转型。中国继续致力于维护本地区的和平稳定，以战略审慎姿态在多边机制中联合各主要国家，共同建设稳定、和平与繁荣的地区秩序。为防止误判与决策失误，国际社会应秉持冷静客观的态度看待缅甸军人政权与阿富汗塔利班政权，而非落入愿望思维和主观臆断的陷阱。

2022 年是一些亚太国家重要的选举年。美国中期选举在 2022 年 11 月举行，此次选举决定了参议院和众议院的“党派属性”，总统在接下来的半个任期内推行政策是否顺利取决于执政党能否在国会参众两院中占据优势。2022 年 3 月，韩国五年一度的总统大选来临，五年单任总统制决定了现任总统不会参加下届总统选举。京畿道知事李在明作为执政的进步派候选人参加竞选，在野的保守派则选择前检察长尹锡悦作为国民力量党的代表进行竞选。菲律宾采取六年单任总统制和正副总统单独竞选的选举方式，大选于 2022 年 5 月进行，各方政治力量的选前竞争与博弈在 2021 年已经全面展开。在大选年，这些国家的政权交替过程与结果、新政府上台后对外政策的变化与领导人偏好等都是非常值得关注的。

（三）亚太安全不确定性增加

中美战略博弈具有长期性与全局性，是影响亚太安全走向的主要因素。亚太地区是坚持合作还是走向分裂、是聚焦区域经济发展还是回归地缘竞争，仍具有很大的不确定性。同时，地区中小国家努力提升战略自主性，在大国博弈中保持平衡政策，尤其是对于区域经济合作以及非传统安全治理的需求，或将迟滞亚太地区“新冷战”的到来。

一是美国对华“战略竞争”或将本地区拖入“新冷战”。2022 年 2 月初，拜登政府出台新版《美国印太战略》，进一步明确在“印太”地区的战略目标：“印太地区面临历史性的机遇与挑战，美国在该地区的作用必须更有效、持久”；在无法改变中国的情况下，美国将致力于对周边环境的塑造。[①] 这意味着美国将继续加大对亚太地区的战略投入力度，确保自身在本地区的战略主导权。

对于以何种方式在本地区发挥作用，拜登表示，美国不寻求对中国发动“新冷战”而是进行“有效竞争”，通过采取减少风险的措施确保中美不会发生剧烈冲突；同时，美国愿意在气候变化、核扩散以及宏观经济等问题上与中国合作。[②] 对于拜登政府的表态，各方多持质疑态度。综观2021年，美国不仅在安全领域加大对华遏制力度，而且在科技、产业乃至基础设施领域加强与中国“脱钩”，同时更为强调在意识形态方面对华斗争。

二是亚太地区安全治理赤字或进一步扩大。在传统安全领域，南海问题、朝核问题与中印边界问题在2022年继续升温。随着南海问题与台海问题的联动性加强，在中美博弈加剧的地区背景下，台海问题复杂性加剧。AUKUS继续深化核动力武器的合作将激化地区军备竞赛，增加本地区面临的传统安全风险。未来，中美加强危机管控具有现实性与紧迫性，但是鉴于战略互信严重削弱，双方各级军事对话中断将加大地区安全治理的难度。

在非传统安全领域，地区中小国家安全治理能力有限，大国博弈更多聚焦传统安全议题，这种现实的差异性将导致地区安全治理公共产品供给不足，对维护亚太地区安全产生更多消极作用。

综上所述，大国博弈与传统安全挑战的持续上升将使亚太地区的安全形势恶化，但是应该看到的是，作为一支不可忽略的力量，地区中小国家正在

---

① The White House, *Indo-Pacific Strategy of the United States*, February 2022, https://www.whitehouse.gov/wp-content/uploads/2022/02/U.S.-Indo-Pacific-Strategy.pdf，最后访问时间：2022年3月2日。

② 《拜登总统在第76届联合国大会上的讲话》，美国驻华大使馆和领事馆网站，2021年9月22日，https://china.usembassy-china.org.cn/zh/remarks-by-president-biden-before-the-76th-session-of-the-united-nations-general-assembly/，最后访问时间：2021年12月3日。

寻求战略自主性与主动性。在坚持大国平衡政策的同时，地区中小国家试图与大国讨价还价，或将影响亚太地区秩序的发展方向。

（四）亚太合作路径竞争凸显

随着 RCEP 的落地实施和美国提出“印太经济框架”，亚太区域经济合作的路径竞争趋势愈发凸显：既存在广大亚洲经济体参加的包容性合作路径，又存在美国主导的排他性合作路径。尽管遭到地区国家的普遍质疑，但美国仍大肆鼓吹与中国经济“脱钩”，为区域经济合作和经贸活动带来诸多不确定性。

一方面，RCEP 的逐步落地将推动构建包容开放的亚太合作机制。首先，RCEP 致力于巩固东亚合作模式，坚持渐进性和差别待遇，维护发展中国家利益；其次，RCEP 坚持开放地区主义原则，立足亚太多样性实际，有利于调动更多经济体参与区域经济合作的积极性；最后，RCEP 在协商一致的基础上推进区域经济一体化建设，有利于增进亚太伙伴关系共识，加强政策协调和利益融合，建设开放型经济。

RCEP 成员国在经济体制、发展水平、规模体量等方面的差异巨大，既有中国、日本等经济大国，也有柬埔寨、老挝等后进国家。RCEP 借鉴过往东亚合作的成功经验，充分考虑区域内经济体的多样性特征，在保持自由贸易的基础上充分满足各成员国的基本诉求，给予柬埔寨、老挝、缅甸等欠发达成员国一定的过渡期或例外条款。正是受益于 RCEP 充分考虑了多样化和差别化，文莱、柬埔寨、老挝、新加坡、泰国、越南、中国、日本、新西兰、澳大利亚等国家顺利完成国内核准程序，推动 RCEP 于 2022 年 1 月 1 日正式生效。

另一方面，美国将继续推进“印太经济框架”。2021 年 10 月，美国总统拜登提出所谓的“印太经济框架”概念后，试图不断推进该构想。从拜登政府公布的“印太经济框架”设想来看，美国的新贸易政策更加强调与盟友的协调，对华强硬的贸易政策将延续。拜登反复批评特朗普采取单打独斗的贸易策略，强烈反对后者破坏多边贸易规则和随意加征关税的行为。在总体方向上，拜登政府积极着手与亚洲和欧洲盟友修复关系，重塑在地区和多边贸易框架中的影响力。

尽管美国宣称“印太战略”是“自由开放的”，但其把中国想象成“威胁”和“竞争对手”，并利用盟友和各种手段对华加以围堵遏制。在具体操作上，拜登政府较为重视国际规则，把更多的注意力放在环境保护、气候变化以及劳工议题上。因此，“印太经济框架”可能着重从环境、气候变化、劳工议题等领域入手，重新进行高标准规则制定，从区域和多边层面试图加强对华制衡。

分报告

Specific Reports

B.2

2021年亚太地区经济形势：经济复苏与多层分化

李天国*

摘 要： 随着新冠疫苗的推广，2021 年亚太经济从 2020 年的低谷逐渐复苏，数字经济作为一种新的经济形态，成为全球新一轮产业竞争的制高点和促进亚太经济发展的新动能。发达经济体的宽松货币政策以及供应链中断导致的供需矛盾使发达经济体面临高通货膨胀。展望 2022 年，奥密克戎变异毒株扩散增加了亚太地区经济复苏的不确定性，且发达经济体的货币政策转向将给新兴经济体带来风险外溢效应。同时，美国“印太战略”的推进将对中国及地区经济合作产生负面影响。不过，随着《区域全面经济伙伴关系协定》（RCEP）成员国陆续完成国内审批程序，它作为全球最大的自由贸易协定正式生效，为亚太区域经贸合作提供新

* 李天国，经济学博士，中国社会科学院亚太与全球战略研究院副研究员，主要研究方向为国际经济学、新兴经济体、朝韩经济。

的发展契机。

关键词： 亚太地区　数字经济　供应链安全　印太战略　RCEP

2021年，世界经济进入缓慢复苏通道，新冠疫苗的普及提振了亚太各国对经济复苏的信心，亚太地区各国的经济开始从最低点恢复。地缘政治冲突与新冠疫情成为拖累世界经济的两大因素，由于货物与人员的流动受到影响，地区供应链安全成为最受关注的议题。亚太各国纷纷推出各项政策措施积极应对供应链断裂问题。

一　2021年亚太区域经济总体形势

新冠疫情在全世界的蔓延和扩散，阻碍了世界经济复苏进程。特别是，奥密克戎变异毒株的出现给世界各国经济复苏带来更多不确定性。尽管2021年世界经济从2020年的低谷中恢复，实现6.1%的正增长，但新毒株的出现再次阻碍世界经济增长，2022年世界经济很可能无法延续这种复苏劲头，国际货币基金组织预测2022年的世界经济增速将降至3.6%。①

（一）亚太经济从低谷走向复苏

2021年，随着新冠疫苗的普及，世界经济从新冠疫情导致的严重衰退中开始复苏，增长率从2020年的-3.1%上升至2021年的6.1%。其中，亚洲新兴和发展中经济体的整体经济复苏程度优于世界其他地区，2021年，亚洲新兴和发展中经济体的经济增长率达到7.3%，比世界经济平均增长率高1.2个百分点。相比之下，欧洲新兴和发展中经济体的经济增长率为

① International Monetary Fund, "World Economic Outlook: War Set back the Global Recovery," Washington, D. C., April 2022.

6.7%，拉丁美洲和加勒比地区的经济增长率为6.8%，中东和中亚地区的经济增长率为5.7%，撒哈拉以南非洲地区的经济增长率为4.5%，均低于亚洲新兴和发展中经济体的经济增长率。[①]

从亚太次区域来看，2021年，南亚地区的经济增长率最高，达到8.6%，其次为东亚地区，达到7.5%。东南亚地区和太平洋地区的经济增长率分别为3.0%与-0.6%。[②] 从国别来看，印度和中国的经济恢复速度最快，2021年两国的经济增长率遥遥领先于亚太地区其他国家，分别达到8.9%和8.1%。澳大利亚与新西兰的经济增长率分别从2020年的-2.2%和-2.1%上升至2021年的4.7%和5.6%。[③] 东盟国家中，新加坡的经济恢复速度最快，从2020年的-4.1%上升至2021年的7.6%，其次为菲律宾，从2020年的-9.6%恢复至2021年的5.6%。

亚太经济的复苏与新冠疫情有着密切的关系。尽管亚太地区各经济体的新冠疫苗接种状况并不均衡，但是新冠疫苗的接种大幅降低了重症率和死亡率，加快了这些国家的复工复产速度，有助于国民经济正常运转。亚太地区的部分发展中经济体有必要继续推动新冠疫苗接种，以实现足够的疫苗覆盖，抵御来自新冠疫情的威胁。

除了实施新冠疫苗的接种政策以外，亚太地区各经济体纷纷推出对抗疫情的宏观调控政策。中国从财政、金融等多个方面对企业加大纾困帮扶力度，实施新一轮的“六保”“六稳”政策。日本在数字化、绿色产业、人工智能、量子、生物、宇宙、海洋等学科领域加大投资力度，加速开发6G技术。此外，日本政府加大对中小企业的扶持力度，延长对中小企业的特殊融资政策，并且根据经济复苏情况，逐步退出商业票据和公司债的购入计划。韩国加快推进实施韩国版新政，在数字化、绿色新政、安全网强化等领域加大财政投

---

① International Monetary Fund, “World Economic Outlook: War Set back the Global Recovery,” Washington, D.C., April 2022.

② Asian Development Bank, “Asian Development Outlook (ADO) 2021 Supplement: Recovery Continues,” December 2021.

③ International Monetary Fund, “World Economic Outlook: War Set back the Global Recovery,” Washington, D.C., April 2022.

入力度，重点巩固和提升在系统半导体、未来汽车、生物健康等新兴产业领域的国际竞争力。澳大利亚推出对中低收入者的税务抵消政策，减少低收入者的税收负担，并投入 6.2 亿美元推行扩展医疗保险福利计划、远程健康服务、家庭药品服务、对偏远社区的支持等措施，帮助居民对抗疫情。

（二）来自发达经济体的高通货膨胀率有扩散之势

2020 年初，主要发达经济体为了对冲新冠疫情的负面冲击，提振宏观经济，纷纷推出了超宽松的货币政策。美国货币当局推出了商业票据融资便利、一级市场和二级市场企业信贷便利、市政流动性便利等政策，日本中央银行则推出政府债券购买计划、基金购买计划、证券借贷便利、新中小企业融资支持计划、企业融资特别供应操作等，向市场注入了流动性资金。这些国家中央银行实施的资产购买政策的规模远高于历史最高水平，美联储持有的政府和机构抵押支持证券规模超过 2 万亿美元，日本中央银行的资产购买规模约为应对金融危机规模的 3 倍。① 这些扩张性货币政策提升了货币流动性，最终引发了史无前例的通货膨胀局面。2021 年，美国消费者物价指数上升 4.7%，创下近 40 年以来的最高点，新兴市场和发展中经济体的平均消费者物价指数上升 5.9%。面对物价和劳动力价格的上涨压力，美国于 2021 年 11 月 30 日宣布提前结束资产购买，随后在 12 月中旬宣布将加速缩小资产购买规模，以应对日益攀升的通货膨胀率。

2021 年，除了亚洲新兴和发展中经济体的通货膨胀率维持相对较低水平以外，撒哈拉以南非洲地区、中东和中亚地区、拉丁美洲和加勒比地区以及欧洲新兴和发展中经济体都出现了较高的通货膨胀率。亚太地区各经济体中，印度、孟加拉国、不丹、斯里兰卡等国家的通货膨胀率比较高，分别达到 5.5%、5.6%、8.1%、6.0%。2021 年下半年以来，全球许多国家的通货膨胀压力持续加大，亚太地区各国陆续调整货币政策。相较于欧洲新兴和发展中经济体平均高达 9.5% 的消费者物价指数，亚洲新兴和发展中经济

---

① 陈亮：《新冠肺炎疫情下货币政策工具中外比较分析》，《青海金融》2021 年第 11 期。

体的消费者物价指数并没有大幅上升，但在国际经济形势变化与大宗商品价格上涨等因素推动下，2022 年，亚洲新兴和发展中经济体面临通货膨胀的压力。根据国际货币基金组织的预测，2022 年，斯里兰卡和缅甸的通货膨胀率将分别飙升至 17.6% 和 14.1%，不丹、孟加拉国、印度和老挝的通货膨胀率将分别上升至 7.9%、6.0%、6.1% 和 6.2%。2022 年，部分新兴和发展中经济体的通货膨胀压力将进一步增加，推动亚太地区各经济体物价上涨。

（三）货物供应链断裂扰乱全球供应链系统

2021 年，多数发达经济体、少数新兴和发展中经济体有效地推广了新冠疫苗，但仍有大量新兴和发展中经济体并未实现广泛的疫苗接种。疫苗接种的不足使得这些经济体在应对反复的新冠疫情时显得更加脆弱，经济复苏更加易受影响。为了应对疫情，很多经济体第一时间收紧防疫措施，对货物和人员的跨境流动进行严格限制。在 2020 年夏天集装箱行业几乎陷入停滞之后，被压抑的消费需求和一些经济体进行的刺激性支出，使全球集装箱航运需求快速复苏，海运费用随之飙升。由于各国港口采取防疫措施，且港口的劳动力出现短缺，原本紧张的航运状况暴露出很多问题。2021 年，全球港口出现史无前例的拥堵，严重影响了集装箱船和散货船的可用运力，扰乱了全球供应链系统。如美国洛杉矶和长滩港外等待的集装箱船数量持续大幅上涨。创纪录的船舶——从灵便型集装箱船到超大型集装箱船在等待卸货，锚地被占满，有船舶被迫在港口外漂流等待。后续供应链问题也加剧了港口拥堵，卡车司机无法及时运出港口内的集装箱，集装箱在港口内滞留积压。

原材料供应、零部件制造、劳动力供应、跨境越洋的货物运输等一系列供应环节出现延迟后，很多经济体的产品供应短缺，供应链风险不断发酵，不仅亚太地区，而且全球范围内的供应链都陷入困局，引发连锁反应。国际物流配送和企业库存管理暴露出很多问题，加剧了跨境供应链问题。2021 年，受到新冠疫情冲击，东南亚地区国家的生产不得不中止，影响了以芯片为代表的半导体零部件的供应。半导体供应链的中断引起了各经济体的高度关注，也加速了美国等国家供应链的迁移与干预政策实施，削弱了亚太地区价值链的内在韧性，对亚太区域合作带来一系列不良影响。

（四）数字经济成为促进未来经济发展的新动能

新冠疫情暴露出传统制造业供应链的弊端，而数字经济因具有数据驱动、平台化等特征而获得较快发展，远程办公、智能制造、在线零售等数字经济新模式成为各国恢复经济的重要途径。为了应对新冠疫情引发的经济下行压力，亚太地区各经济体加快产业政策调整，数字经济迎来重要发展机遇。以美国和日本等为代表的发达经济体和以中国为代表的新兴和发展中经济体把科技创新作为推动经济持续发展的核心推动力，打造高效的科技创新生态。2021 年 6 月 9 日，美国国会参议院通过了《2021 年美国创新和竞争法案》。[①] 该法案集成了美国产业、科技、安全、外交、教育等方方面面的内容，特别是在“无尽前沿法案”部分提出重点发展人工智能与机器人学习、量子计算和信息系统、先进通信、网络安全、高性能计算、机器人、生物技术、灾害预防、先进能源技术和材料科学等关键核心技术，计划投资 1000 亿美元进行相关技术的研发。美国试图通过进行一系列产业政策调整来重塑国家创新体系，维护其在先进技术领域的全球领先地位，表明其在转变产业创新政策思路。日本政府通过《科学技术创新综合战略 2020》重点发展人工智能技术、生物技术、量子技术和材料等战略性基础技术，部署并支持登月型研发计划、战略性创新创造计划（SIP）、官民研发投资扩大计划（PRISM）、光量子飞跃旗舰计划（Q-LEAP）、革命性材料开发强化计划（M3）等一系列计划。为了加强各国在数字贸易领域的合作，并探索数字贸易新领域，2020 年 6 月，新加坡、智利、新西兰三国签署《数字经济伙伴关系协定》，反映了当前一些亚太经济体不甘受传统贸易大国摆布、意欲掌握数字贸易规则制定主导权的雄心。《数字经济伙伴关系协定》将对整个亚

① 李墨丝：《中美欧博弈背景下的中欧跨境数据流动合作》，《欧洲研究》2021 年第 6 期。

太地区甚至全球数字贸易规则产生较大影响。为了顺应数字经济发展大趋势，对标国际高标准数字贸易规则，提升中国数字贸易的治理水平，中国于2021年11月1日向《数字经济伙伴关系协定》保存方新西兰正式提出加入申请。数字经济的发展已经成为不可逆转的时代趋势，技术创新为亚太地区各经济体的经济复苏提供重要机遇。

二　影响2022年亚太地区经济增长的因素

（一）发达国家收紧货币政策引发新兴和发展中经济体的高度关注

新冠疫情暴发以来，以美国为代表的发达经济体实施宽松货币政策，大幅扩大货币政策操作规模，重启资产购买计划，不断向市场注入流动性。2020年，美联储和日本中央银行的资产负债表分别扩张76.8%和22.6%。美联储资产负债表从2020年2月的4.2万亿美元增长至2021年底的8.8万亿美元。这些宽松货币政策最终成为美国等发达经济体物价上升的重要推动因素之一。2021年第二季度，美国经济指标出现明显好转，社会总需求趋向回暖，推动了消费品价格上涨。2021年8月，美国消费者物价指数、核心消费者物价指数和核心个人消费支出价格指数快速上涨，分别达到5.30%、4.00%和4.26%，反映了美国面临通货膨胀的压力。2022年2月，美国消费者物价指数同比增长7.9%，核心消费者物价指数同比增长6.4%，为近40年来最高水平，美国消费者物价指数同比增速连续第10个月超过5%，对美国就业市场全面恢复构成“严重威胁”。

面对居高不下的通货膨胀率，2021年，美国货币当局开始缩减购债规模，显示出调整货币政策的迹象。就业和通货膨胀率是美国货币当局调整货币政策的决定性因素。尽管美国货币当局不断重申经济复苏还没有达到改变量化宽松货币政策的水平，并且会继续购买资产，向市场投放大量流动性，但是长期实施量化宽松货币政策和财政纾困政策将带来明显的副作用。面对美国货币当局向市场发出的加息周期信号，亚太地区一些经济体开始积极调整货币政策。2021 年 8 月 26 日，韩国中央银行决定将原有的 0.5%的基准利率上调至 0.75%，这是韩国中央银行自 2018 年 11 月以来首次加息。紧接着在 2021 年 11 月 25 日和 2022 年 1 月 14 日，韩国中央银行再次将基准利率分别上调至 1.00%和 1.25%。

（二）美国的“去中国化”战略破坏区域经贸秩序

2021 年，美国拜登政府执政后，对华强硬政策的社会心理基础并没有发生根本性变化，而中美的长期战略竞争态势深深影响亚太区域经贸合作。2021 年 2 月，美国制订了建立“科技民主联盟”的计划，通过制定技术使用的规则和规范，阻止中国发展先进科学技术。美国的所谓“科技民主联盟”成为美国与中国科技“脱钩”、在价值链中推动“去中国化”战略的重要内容。2021 年 3 月，美国宣布与日本、印度和澳大利亚共同成立旨在制定新兴技术标准的工作组，并发布联合声明，宣称要加强半导体供应链的安全。2021 年 5 月，美韩首脑会谈期间，韩国的三星电子、LG 集团以及 SK 集团等跨国公司均表示将加大对美国相关制造业领域的投资力度。2021 年 6 月，美国与欧盟共同建立了跨大西洋贸易和技术委员会，建立该机构的目的是合作开发和应用基于共同民主价值观的新技术，确保对贸易政策和新兴技术的部署能够维护国家安全。美国试图打造所谓基于“共同价值观”的关键技术的全球准则，保持美国与盟国在科技领域的领导地位。美国还试图在美日印澳“四边机制”的基础上扩大美日韩三边合作，共同推动技术研发和保障供应链安全。美国不仅加强与亚太地区的盟友和贸易伙伴之间的关系，还鼓励当地盟友和伙伴之间发展关系，越来越多地参与多边区域架构，特别是重振美日印澳“四边机制”及建立美英澳三边安全伙伴关系，这加速了亚太地区主要力量的分化组合，破坏了亚太区域经贸秩序，对亚太区域及全球经济复苏带来不利影响。

（三）RCEP 的生效对区域价值链重塑产生重大影响

2020 年 11 月，经过 31 轮谈判，RCEP 的 15 个成员国在达成文本协议后，先后进入国内审批程序。截至2021年底，新加坡、越南等6个东盟国家和中国、日本等4个非东盟国家结束了国内审批程序，至此，RCEP达到了生效的条件。2022年1月1日，RCEP作为覆盖世界1/3的人口和贸易量的全球最大自由贸易协定正式生效，标志着亚太地区开启两大巨型自由贸易协定——RCEP与CPTPP并存的时代。

RCEP通过关税减让、原产地累积规则以及投资与贸易自由化条款，整合了亚太地区27个贸易安排和44个投资协定，避免了亚太区域"碎片化"的贸易机制带来的"意大利面条碗"效应，推动区域价值链、产业链、供应链发展，对亚太区域以及全球价值链重塑产生重要影响。RCEP使各成员国发挥各自比较优势，实现产业与资源优势互补，推动亚太区域生产资源重新配置。日本、韩国的比较优势集中在机械及设备制造业、电气和光学设备制造业、运输设备制造业等资本和技术密集型行业；东盟经济体的比较优势集中在食品、饮料及烟草制造业等资源和劳动密集型行业；新西兰和澳大利亚的比较优势集中在资源型行业；中国则在纺织业、电气和光学设备制造业的比较优势明显。中国与澳大利亚、新西兰在农业和资源型行业具有高度互补性，与东盟、日本、韩国在电气和光学设备制造业等中等科技行业具有较高互补性。

RCEP成员国企业利用关税减让、原产地累积规则及贸易便利化等规则，不仅可以加强区域产业投资合作，也可以进一步发展区域贸易，这对区域经济增长的影响显著。正如联合国贸发会议在《全球投资趋势监测》报告中指出的，RCEP通过知识产权、电子商务、投资、贸易便利化等规则，为域内的货物贸易和服务贸易提供了便利，并降低了交易成本，可以改善区域综合发展环境，有助于推动外国直接投资和全球价值链发展。联合国贸发会议相关研究表明，通过上述关税减让，RCEP能够带动成员国出口额提高约420亿美元，增长1.8%，其中工业制成品为290亿美元，农产品为100亿美元，资源类产品为30亿美元，分别增长2%、7%和1%。RCEP通过更低的交易成本引发贸易创造效应与创新效应，有助于各成员国修复和重构价值链生产分工体系，推动区域价值链深度融合，促进各国重塑面向全球的产业链、供应链和价值链。RCEP的生效表明全球化和自由贸易仍是全球经贸格局发展的主流趋势，体现了亚太经济体对开放、包容、互惠的国际经济秩序的不懈追求。

三 结语

（一）新冠疫情出现反复，为亚太地区经济复苏增加不确定性

2021 年末发现的奥密克戎变异毒株为亚太地区经济复苏带来更多不确定性。奥密克戎的传播让一些亚太地区经济体不得不再次采取封锁与限制自由行动的措施，这让亚太地区乃至世界经济的复苏进程被迫推迟。疫情不断对正常经济活动造成干扰，特别是对越南、马来西亚等东南亚地区的重要制造业基地而言，封锁可能加剧供应链风险，而供应链的堵塞会进一步推升物价水平，引发更大幅度的通货膨胀。

同时，奥密克戎的扩散可能会加剧亚太地区发达经济体的通货膨胀水平。疫情好转的经济体对商品和服务的需求急剧增长，但疫情导致的供应中断局面并未得到显著改善，加剧了供给与需求之间的矛盾，持续推升物价水平。此外，新冠疫情暴发以来，世界各国政府都为本国企业和家庭提供紧急财政支持，全球各国政府已投入 10 万亿美元的财政资金。① 这些扩张性财政政策都会增加这些国家的通货膨胀压力。新冠疫情大流行带来的全球危机进一步推进数字经济发展，并将在全球经济复苏后产生持久影响。疫情加强了对数字解决方案、工具和服务的使用，加速了全球经济向数字化过渡。世界需要一个多边反应协调机制来应对数字化挑战，其中包括制定新的政策和法规，以弥合现有和正在扩大的数字鸿沟，使更多国家能够享受数字红利。②

---

① 《世界抗疫资金已达 10 万亿美元》，中华人民共和国商务部网站，http：//www.mofcom.gov.cn/article/i/jyjl/e/202006/20200602974142.shtml。

② 《疫情加速数字经济发展》，《经济日报》2020 年 4 月 8 日，第 7 版。

（二）美国等发达国家的货币政策将对区域内新兴和发展中经济体产生影响

2022 年 3 月，美国货币当局正式启动加息进程，并通过调整资产负债表来对抗通货膨胀，而这种调整必将影响亚太地区新兴和发展中经济体的经济增长。2022 年，美国货币当局进一步缩减购债规模，并且极有可能持续调高基准利率，这将推升美债收益率，致使国际资本回流美国，而新兴和发展中经济体面临资本外流与货币贬值风险。以美国为代表的发达经济体收紧货币政策会让全球融资环境趋紧，并对亚太地区新兴和发展中经济体的商品市场和金融市场产生溢出效应。

首先，发达经济体退出宽松货币政策，全球流动性将收紧，亚太地区实体经济复苏将受到冲击。目前，亚太地区经济体经济复苏态势分化，基础并不牢固，而发达经济体货币政策的转向会恶化全球融资环境，亚太地区一些经济体的中小企业以及低评级企业的再融资成本增加，增加了新兴和发展中经济体恢复经济的难度。其次，发达经济体退出宽松货币政策，将改变全球金融市场的资金供求关系，新兴和发展中经济体或出现大规模资本流出。自美国无限量释放流动性以来，大量资金流入新兴和发展中经济体，推升了这些经济体的货币汇率、资产价格与杠杆率。一旦发达经济体退出量化宽松货币政策，新兴和发展中经济体将不可避免地面临资本流出和资产抛售，外债压力加大，甚至出现本币汇率大幅贬值的情况。最后，发达经济体退出宽松货币政策，亚太地区金融市场将出现较大震荡。发达经济体调高基准利率将推升美债收益率，美元指数将出现周期性逆转，亚太地区的股票市场将受到影响。

（三）“印太经济框架”将成为美国遏制中国的重要工具

2021 年 10 月，美国总统拜登在第 16 届东亚峰会上提出“印太经济框架”构想。根据美国“印太战略”，“印太经济框架”将促进高标准贸易发展，数字经济发展，提高供应链弹性和安全性。“印太经济框架”声称要建立一个“适应 21 世纪要求的多边伙伴关系”，但实质上企图重新建立美国在亚太地区的影响力，再次将矛头对准中国，特别是在高科技领域企图封锁中国。“印太经济框架”的意识形态属性明显，充分暴露了美国“多边主义”外衣下的单边主义与贸易保护主义政策取向及行为惯性。美国提出的“印太经济框架”不同于此前退出的《跨太平洋伙伴关系协定》（TPP）和传统的自由贸易协定，不会涉及成员的关税削减和市场准入等贸易与投资便利化规则，而是一种单向让渡市场的以维护美国利益为主导的“价值观同盟”。因此，“印太经济框架”打着“多边主义”的旗号，却挑战原有的区域贸易秩序，它的排他性和对抗性与亚太地区的开放和多边主义贸易立场背道而驰，对亚太区域经济合作产生负面影响。与建立“小院高墙”的“印太经济框架”相比，RCEP 为亚太地区各国搭建了有效合作的制度性平台，能为稳定地区供应链和价值链提供有效支撑，向亚太地区经济注入活力。RCEP 的生效将进一步优化亚太区域内生产环节和供应链，推动区域内生产网络融合与重构，为实现亚太经济可持续发展和共同体建设提供新的动力。

B.3

2021年亚太政治局势：总体稳定与局部震荡并存

贾都强*

摘　要： 2021年亚太政治局势表现为总体稳定、局部震荡。尽管面临疫情肆虐、经济下滑、民生艰难的严峻挑战，亚太区域内大部分国家仍保持了政局的平稳有序和有效的国家治理。相对发达国家而言，域内众多发展中国家抵御疫情和经济风险的能力较弱，在少数国家如缅甸和马来西亚，发生了政局突变、政党乱斗和政府更迭的情况。疫情因素成为亚太地区一个重要的政治变量，不仅影响政府治理、政党格局和政局稳定，还延伸至地缘政治层面，以美国为首的西方国家大搞"疫苗外交"，企图将疫苗政治化，作为地缘政治博弈的工具。拜登政府上台后调整了外交政策，力图将地缘政治触角深入亚太尤其是东南亚地区，与中国争夺地区影响力。展望2022年，除了缅甸等少数国家外，亚太地区国家政局有望保持总体稳定的态势，但是也存在一些热点问题和不确定性，面临一些不稳定因素的挑战。

关键词： 亚太地区　政治局势　新冠疫情　国家治理　地缘政治

2021年亚太政治局势表现为总体稳定、局部震荡。尽管面临疫情肆虐、

---

* 贾都强，博士，中国社会科学院亚太与全球战略研究院政治室副研究员，主要研究方向为亚太政治研究。

经济下滑、民生艰难的严峻挑战，亚太地区的大部分国家仍保持了政局的稳定和社会的有序，但是在少数国家发生了诸如政局突变、政党乱斗、国家治理失效的问题，引发广泛的国际关注。2021 年疫情在亚太国家持续大流行，疫情因素遂成为一个有重要影响的政治变量，不仅对有关国家的政府治理、政党格局和政局稳定产生重要影响，而且延伸到国际政治层面。美国等西方国家大搞“疫苗外交”，把捐赠疫苗和防疫援助作为政治博弈的工具。拜登政府上台后调整了美国的外交政策，着眼于中美战略竞争，采取政治、经济、外交等诸多手段，企图将地缘政治触角深入亚太地区特别是东南亚，与中国进行全面战略竞争，以抗衡中国在该地区的影响力。

一　亚太大部分国家政局平稳，少数国家陷入政治社会动荡

（一）越南共产党召开十三大，制定“两个百年”战略目标

2021 年是越南政治生活的关键年。越南共产党第十三次全国代表大会顺利召开，越南国会和地方选举人民委员会完成了换届选举，产生了新一届党和国家领导人，并制定了国家中长期发展规划和战略目标，描画出了越南未来发展的路线图。

越南共产党第十三次全国代表大会于 2021 年 1 月 25 日至 2 月 1 日召开，选举产生了以阮富仲为总书记的新一届党中央执行委员会，包括 180 名正式委员和 20 名候补委员、中央政治局 18 人、中央书记处 12 人和中央检查委员会 19 人。核心领导人包括越共中央总书记阮富仲、国家主席阮春福、政府总理范明政和国会主席王庭惠（“四驾马车”）。

2021 年 3 月 24 日至 4 月 8 日，越南第十四届国会第十一次会议召开，选举产生了新一届国家主要领导人，阮春福当选新一任越南国家主席，范明政当选新一届政府总理。此后，越南还进行了第十五届国会代表和各级地方议会代表的换届选举。

越共十三大提出了越南版“两个百年”战略目标：到越南共产党建党100周年即2030年，越南要拥有现代化的工业，成为中等偏高收入的发展中国家；到越南建国100周年即2045年，越南要成为高收入的发达国家。[①]为了达成这一目标，越共十三大还制定了新的五年计划和未来十年的发展目标，以及一系列需要具体落实的重点工作。[②]

2021年，越南发生了第四波疫情，越南经济因此受到严重冲击，第三季度的经济大幅下降6.1%。疫情防控面临新的复杂形势，保障经济发展和民生变得尤为迫切。在此背景下，越南召开了第十五届国会第二次会议，对新时期的国家防疫政策进行了重大调整，并决定由越南总理亲自负责今后的防疫工作。新防疫政策以保障经济和民生为先，不再像以往那样坚持病例“清零”，而是强调要更加灵活和有效地应对疫情。随着国家防疫政策的调整和落实，从2021年10月开始，越南自疫情发生以来一直执行的封锁和隔离政策废止。及时调整防疫政策以实现经济发展与防疫共举，从一个侧面反映了越南共产党和越南政府灵活务实的工作作风和执政能力。选择走上与疫情共存之路使越南政府的抗疫工作和治理能力在未来面临大的考验。

（二）缅甸政局突变，陷入政治社会动荡旋涡

2021年2月1日，缅甸军方突然采取行动，将总统温敏（Win Mint）、国务资政昂山素季（Aung San Suu Kyi）等一众全国民主联盟（简称民盟）高层扣押，并宣布缅甸全国进入紧急状态。随后，军方建立了国家管理委员会（The State Administration Council）以作为新的国家最高权力机构，由敏昂莱（Min Aung Hlaing）担任领导人。民盟政府被推翻，缅甸军方再次全面接管国家权力，使得缅甸陷入了转型10年以来最严重的一次政治社会危机。

---

① 潘金娥：《越共十三大：总结革新史 描绘越南梦》，《科学社会主义》2021年第1期。

② 潘金娥：《2021年越南政治发展动态评析》，《云梦学刊》2022年第3期。

一是此次政局突变是军方与民盟政治博弈和矛盾激化的产物，主要原因如下。（1）缅甸有军人执政的历史传统，军队长期主导缅甸的政治发展。在1948年1月缅甸独立以来的大部分时间里，缅甸的国家权力由军队执掌，军人势力执政的时间长达55年。（2）军队在缅甸享有特殊的政治地位。2008年制定的《缅甸联邦共和国宪法》中有专门条款对缅甸军队领导及其参与国家政治生活的权力做出了明确规定。[①] 这一制度设计赋予缅甸国防军政治上的特权，军队可以维宪之名在必要时动用武力。二是军方和民盟政府之间存在结构性矛盾，这是双方竞争和冲突的根源。民盟将修订宪法作为施政的三大任务之一，修宪内容中的重要一项就是改掉军队保留的政治特权。军方则将宪法中规定的特殊地位及其权益视为核心利益，不允许“被推翻或崩盘”。[②] 民盟在执政初期，鉴于执政经验不足，加上在诸如推进民族和解、应对罗兴亚危机等事务方面需要军队配合，一度将修宪一事搁置。但后来民盟政府出于争取政治支持和赢得下届大选的需要，明确将修宪提上议事日程，军政关系随之变得日趋紧张。三是围绕大选，军方与民盟的矛盾激化，这是双方博弈的主战场。尽管民盟在大选中赢得了压倒性胜利，但军方始终不承认这一选举结果，对选举过程和选票违规行为不断进行严厉批评，并要求政府对此开展审查。民盟对于军方的要求则抱持断然拒绝的态度，反过来指责军方围绕选举的言论有违宪法的规定。2021年1月底，缅甸军方再一次向民盟提出解散选举委员会、重新计算选票、推迟新一届议会开会时间等要求，[③] 这同样再次遭到民盟拒绝。至此，双方围绕选举争议，你来我往，针锋相对，这预示着双方已陷入政治僵局，彼此矛盾变得不可调和。

军队接管政权后，缅甸政局主要具有以下特点。一是军方和民盟成立

---

① 参见李晨阳、全洪涛主编《缅甸法律法规汇编（2008～2013年）》，经济管理出版社，2014，第2页。

② 李晨阳：《缅甸政局向何处去》，《世界知识》2021年第8期。

③ 缅甸军方认为，民盟政府的做法损害了国家和民众的利益，参见“National Defense and Security Council of Republic of the Union of Myanmar Holds Meeting,” *The Global New Light of Myanmar*, February 2, 2021, pp. 1-3。

了两个“平行政府”，互不承认，双方围绕合法性问题进行激烈的斗争。2021 年 2 月 2 日，军方成立了国家管理委员会以作为最高权力机构，而民盟部分当选议员则在 2021 年 2 月 5 日成立了“联邦议会代表委员会”，4 月 16 日成立了“民族团结政府”。两个政府各自发布政令，声称自己才是具有合法性的政府。二是缅甸全国各地抗议不断，尤其是在各大城市均出现了声势浩大的民众抗争运动。大批缅甸青年走上街头，示威者与军方之间不时爆发冲突，并且其从和平对峙转向暴力活动，如发生了多起蓄意纵火和爆炸事件，造成严重的人员伤亡和财产损失。根据缅甸政治犯援助协会（Assistance Association for Political Prisoners）的统计，截至 2021 年 4 月 29 日，共有 3461 名嫌疑人遭到缅甸军方逮捕，死亡人数达到 759 人。三是缅甸军方与少数民族地方武装（简称“民地武”）的冲突出现了升级的趋势。在此次政治危机过程中，一些民地武不支持军方的行动，还有一些乘机扩大领土管控范围，其与缅甸军队的冲突明显加剧。

军方政府推出了一系列政令及政策措施，力图稳定局势。国家管理委员会于 2 月初公布了“五点路线图”；成立新的联邦选举委员会，调查 2020 年大选中的问题并筹备新大选，于 7 月 26 日公布调查结果，废除本次选举的结果。8 月 1 日，国家管理委员会宣布在 2023 年底前举行新的大选。但是，缅甸实现政局稳定、经济恢复和政治和解还有很长的路要走。① 而且，此次缅甸政局危机的影响不仅局限于缅甸国内，还对亚太地区构成一定的外溢性风险，譬如难民问题、安全问题等。②

（三）马来西亚政党再现争斗乱局，引发政府更迭

2020 年 2 月 24 日，在执政的希望联盟内部分歧严重的情况下，时任总

① “The Speech（Draft）on One-year State Responsibilities Discharged by the State Administration Council to be Delivered by Chairman of the State Administration Council Prime Minister Senior General Min Aung Hlaing,” Myawaddy News，January 31，2022，https：//myawady. net. mm/node/21512.

② 廖春勇：《缅甸政局变动的影响及东盟建设性参与》，《和平与发展》2021 年第 4 期。

理马哈蒂尔突然宣布辞职。同日，穆希丁宣布其领导的土著团结党退出希望联盟，希望联盟就此失去执政地位。2021 年 8 月 16 日，似曾相识的一幕在马来西亚再次上演。

2020 年 2 月，穆希丁被最高元首阿卜杜拉委任为总理。但是其上任后，外部有反对党掣肘和频频发难，内部有马来民族统一机构（又称“巫统”）与土著团结党不断争吵内讧，导致政局一直不稳，穆希丁的执政举步维艰。

2021 年伊始，穆希丁请求最高元首宣布马来西亚全国进入紧急状态以遏制疫情蔓延，时间从 2021 年 1 月延续至 8 月 1 日。在此期间，一切政治活动都遭到禁止，包括大选和召开国会会议。此举立刻在马来西亚政坛引起强烈反弹，掀起了一片批评和质疑的声音。批评者认为，穆希丁采取这一行动完全出于自己的政治目的，不可接受。一些政党及其领导人纷纷表示反对，希望联盟领导人安瓦尔直接向最高元首呼吁，取消紧急状态并召开国会会议。巫统主席阿末扎希在进行强烈批评的同时，更表示在下届国会召开时将停止与土著团结党合作。反对派领导人及其议员更是强烈施压，提出了要穆希丁辞职下台的要求。不仅如此，巫统内部也出现了强烈反对的声音，共有 15 名巫统议员宣布不再支持国民联盟。这一行动直接导致国民联盟失去了在国会的多数席位，宣告了穆希丁执政的终结。尽管穆希丁做了一些挽回的尝试，但最终无力回天，被迫辞职。

2021 年 8 月 21 日，经最高元首阿卜杜拉任命，伊斯梅尔·萨布里接替穆希丁出任马来西亚总理。萨布里为马来西亚前国防部长和国家副总理，也是巫统副主席，其上任意味着巫统重新执政，同时鉴于其上台只获得了微弱多数的支持，其领导下的政府仍然是十分脆弱的。

在两年里接连发生政府更迭的状况，反映出政局失稳已成为现今马来西亚政治之殇。政党内讧不断，政治阵营重组多变，朝野争斗不止且势均力敌，这些都是当今马来西亚政局动荡的重要原因。在这种情况下，通过最高元首根据国会议员的支持率委任政府首脑成为一种不得已的举措，但也不失为一种有益的尝试。① 需要指出的是，9 月 13 日，国民阵线执政联盟与在野党希望联盟共同签署了一份《政治转型与稳定谅解备忘录》，宣布要加强政党合作，致力于保障国家的政治稳定，并为抗击疫情和恢复经济一起努力。对于近两年来动荡不已的马来西亚政坛，这一行动不啻释放了一个难得的政党合作的积极信号。

二　美国调整东南亚政策，地缘政治“触角”深入东南亚

美国一直将东南亚地区作为其亚太战略布局的重要一环。特朗普执政时奉行“美国优先”和单边主义，引发东南亚国家失望和不满，导致美国的地区影响力下降和双方关系停滞不前。2021 年 1 月拜登政府上台执政后，很快调整了美国的东南亚政策，出于抗衡中国的需要，加大了对东南亚国家的拉拢力度，企图将美国的战略“触角”深入东南亚。特别是从 2021 年下半年开始，美国在东南亚采取了一系列行动。

（一）展开密集外交攻势，巩固盟友和伙伴关系，建构地缘政治网络

美国展开密集外交攻势，巩固盟友和伙伴关系，建构地缘政治网络。包括美国总统拜登、国务卿布林肯在内的美国政府高级官员一再声称，东盟在美国的“印太战略”中占有重要地位。② 2021 年下半年，美国高层官员频频出访东南亚国家，参加双边及地区会议，发起了一波密集的外交攻势。美

① 张锡镇教授认为，此种更迭政府的方式虽是不得已而为之，但也不乏积极意义，且有可能成为今后马来西亚政党政治中的一个惯例。参见本刊编辑部《东南亚地区形势 2021-2022 年回顾与展望——专家访谈录》，《东南亚纵横》2022 年第 1 期。

② “Remarks by President Biden at the Annual U. S. -ASEAN Summit,” The White House, October 26, 2021, https://www.whitehouse. gov/briefing-room/speeches-remarks/2021/10/2h/remarks-by-president-biden-at-the-annual-u-s-asean-summit/; “Secretary Blinker's Participation in ASEAN-related Ministerial Meetings August 2-6, 2021,” U. S. Department of State, July 31, 2021, httpps://www. state. gov/secretary-blinkens-participation-in-asean-related-ministerial-meetings-august-2-6-2021 /.

国此举旨在进一步拉拢地区盟友和友好国家，并通过巩固盟友关系和伙伴关系网络，为落实“印太战略”打造辅助性的支点。美国尤其重视新加坡、越南和菲律宾三国，视其为最重要的地区政治和安全伙伴，认为印尼作为本地区的大国和最大的经济体，是“对抗”中国影响力的关键，此外，对于其他东南亚国家，美国也大力拉拢。

（二）打造“印太经济框架”，深化与东南亚的经济联系

美国智库和战略界普遍将美国在东南亚影响力的急剧下降归因于特朗普奉行的单边主义政策。有鉴于此，拜登政府调整东南亚政策的一个重大举措就是试图在东南亚重建多边经济合作网络，即打造所谓的“印太经济框架”，让美国经济与东南亚经济接轨，以抗衡中国的影响力。2021 年 7 月，美国与澳大利亚、加拿大、日本、马来西亚、新加坡等国签署“数字贸易协议”，声称要在亚太地区促进数字经济和贸易发展，但有意将中国排除在外。2021 年 10 月 27 日第 16 届东亚峰会视频会议召开，拜登在会议上正式提出美国的所谓“印太经济框架”构想，[①] 声称要联合地区伙伴，加强在贸易便利化、数字经济、清洁能源、供应链韧性、基础设施建设等领域的合作。此举被认为是美国抗衡中国、重回东南亚经济合作网络的重要抓手。[②]

（三）推动重构美国地区秩序，抗衡中国日益上升的影响力

拜登政府调整东南亚政策的核心，旨在重构美国主导的地缘政治秩序，抗衡中国在该地区影响力的快速提升。这一目标包括政治、外交、经济、军事等多方面的内容。除了外交上拉拢、经济上推出“印太经济框架”外，美国还试图在一些中国占有优势的领域如供应链、基础设施建设等方面，与中国展开竞争。2021 年 8 月，美国副总统卡玛拉·哈里斯先后出访新加坡

① “Readout of President Biden’s Participation in the East Asia Summit,” The White House, October 27, 2021, https://www.whitehouse.gov/briefing-room/statements-releases/2021/10/27/readout-of-president-bidens-participation-in-the-east-asia-summit/.

② 邢瑞利：《拜登政府的东南亚政策：动向与评估》，《和平与发展》2022 年第 2 期。

和越南。[①] 11 月 18 日，美国商务部长吉娜·雷蒙多出访马来西亚。这两次访问中谈论的重要议题都涉及芯片供应链与半导体合作。拜登政府企图在基础设施建设方面插足东南亚，以抗衡中国的“一带一路”倡议。在 2021 年 6 月 13 日召开的七国集团峰会上，拜登提出了所谓的“重建更美好世界”倡议，呼吁发达的民主国家要一起合作，支持发展中国家（包括东南亚国家）的基础设施建设。此外，在 2021 年 9 月召开的美、印、日、澳四国峰会上，成立了一个基础设施协调小组，声称要加强与东南亚国家在该领域的合作。

（四）炒作南海议题，挑拨中国与东南亚国家的关系

在南海问题上渲染所谓“中国威胁”、表态“声援”东南亚国家是美国惯常使用的手段之一。2021 年 1 月 27 日，美国国务卿布林肯在与菲律宾外长特奥多罗·洛钦通话时，挑拨中菲关系，声言“将与东南亚国家一道抗衡中国的压力”。[②] 2 月 16 日，布林肯与印尼外长蕾特诺·马尔苏迪通电话，大谈所谓南海问题，重弹美国希望保持南海自由和开放的老调。2021 年 7 月 11 日，美国发表所谓的“南海仲裁案裁决五周年”特别声明，[③] 声言在南海问题上支持菲律宾的主张和权益，故意挑唆菲律宾与中国对抗。美国官员在出访东南亚时，谈论南海议题成了家常便饭。美国还不断强化其在东南亚的军事存在，深化与盟友及伙伴的军事防务合作。美国与菲律宾的军事合作关系比较密切。2021 年 4 月 12 日，美国、菲律宾两国举行了第 36 届“肩并肩”联合军演。7 月 29 日，两国全面恢复了《访问部队协议》（VFA）。两国确定在 2022 年举行更大规模的名为“巴利卡坦”的军演。美

① Vanessa Friedman, “Kamala Harris, in Southeast Asia and in Uniform,” *The New York Times*, August 26, 2021, https://www.nytimes.com/2021/08/26/style/kamala-harris-vietnam-Singapore-image.html.

② “Secretary Blinken’s Call with Philippine Secretary of Foreign Affairs Locsin,” U.S. Department of State, January 27, 2021, https://www.state.gov/secretary-blinkens-call-with-philippine-secretary-of-foreign-affairs-locsin/.

③ Antony Blinken, “Fifth Anniversary of the Arbitral Tribunal Ruling on the South China Sea,” U.S. Department of State, July 11, 2021, https://www.state.gov/fifth-anniversary-of-the-arbitral-tribunal-ruling-on-the-south-china-sea/.

国试图拉拢泰国、印尼等国家，谋求扩大双边军事防务合作。美、泰两国于2021年8月3~15日开展了名为“金色眼镜蛇”的年度联合军演。美国与印尼于2021年8月1~14日进行了名为“哥鲁达盾”的联合军演，此次军演是两国历史上规模最大的一次。此外，美国对东南亚国家的军事援助明显增加，8月11日，拜登政府通过“2022年外国军事融资计划”宣布将向菲律宾、印尼、越南、马来西亚等东南亚国家提供总额达1.29亿美元的军事援助。

三　疫情因素成为影响亚太地区各国政治的重要变量

（一）疫情重创经济民生，影响国家治理与政局稳定

新冠疫情的流行，不仅严重冲击各国经济，给民众的生计和生活带来负面影响，而且外溢到政治层面，对有关亚太国家的政党执政、政局稳定、政府治理产生了重要影响。疫情因素成为当前地区和国际政治中重要的影响变量。

新冠疫情影响政府执政和治理绩效。在疫情严重的时期，有关国家的政府势必围绕抗击疫情部署大部分治理工作。而政府的防疫表现将深刻影响一国选民对政府和执政党的看法，对于那些在疫情期间举行选举的国家而言，疫情因素会对选民的投票倾向和选举结果造成更直接的影响。

2021年4月，印度暴发第二波疫情，新冠确诊病例和死亡病例在全球位居前列，经济受到严重影响。[①] 与上一年度相比，2020~2021财年，印度GDP出现了7.96%的负增长，在南亚国家经济增长榜单上排名垫底。与此同时，失业率和通胀率大幅攀升，民众生活艰难。面对如此糟糕的疫情防控表现和治理业绩，印度社会对执政的印度人民党的不满程度迅速上升，对莫

① 参见白鹭、邹正鑫《印度第二波疫情失控原因及对内政外交影响》，《南亚研究季刊》2021年第3期。

迪政府的负面评价明显增多，甚至在一定程度上冲击到印度人民党的执政地位。[①] 尽管在2021年印度地方选举中，印度人民党通过有效的竞选策略和措施，在一定程度上抵消了选民对防疫表现不满的影响，但疫情已经成为影响莫迪政府国家治理和印度人民党执政的一个重要考量因素。

新冠疫情对日本国内政治造成了一定影响。2021年7月5日，东京都知事小池百合子因应对新冠疫情的出色表现，受到公众的广泛支持，赢得选举，成功实现连任。[②] 在马来西亚，总理穆希丁因为把实施国家紧急状态作为防疫措施而引发激烈反弹，从而引发了一场执政危机，最终辞职下台。

（二）疫苗成为地缘政治博弈的工具

面对疫情大流行，防疫和抗疫成为许多国家面临的艰巨任务。一方面是许多发展中国家急需疫苗，[③] 另一方面是国际市场上疫苗的产量难以满足需求。在疫苗成为一种稀缺资源的情况下，“疫苗外交”浮上台面，以美国为首的西方国家逐渐将疫苗作为一种有效的地缘政治博弈工具。

美国国际开发署署长萨曼莎·鲍尔（Samantha Power）在2021年1月向拜登政府提出一项建议，即可以通过新冠疫苗分发来修补美国的国际形象。[④] 在3月12日第一届美日印澳“四边机制”首脑峰会上，四国提出了关于新冠疫苗分配的合作倡议，计划为东南亚地区国家提供10亿剂疫苗。

---

① 杨路：《新冠肺炎疫情对印度人民党政治地位的影响初探——基于地方选举的视角》，《南亚研究》2022年第1期。

② 孟明铭：《试论疫情对东京都选举活动与日本政治的影响》，《东北亚学刊》2021年第6期。

③ 从全球来看，新冠疫苗分配不公的现象十分严重，美国杜克大学在2021年8月进行的一项专门研究发现，52%以上的新冠疫苗被美国、加拿大、欧盟等发达国家和地区囤积和使用，与此同时，在发展中国家，疫苗极度短缺，低收入国家仅拿到了2.6%的疫苗。参见“Tracking Covid-19 Vaccine Purchases across the Globe,” https://launchandscalefaster.Org/covid-19/vaccinepurchases。

④ Samantha Power, “The Can-Do Power: America’s Advantage and Biden’s Chance,” Foreign Affairs, https://www.foreignaffairs.com/articles/united-states/2020-11-20/samantha-power-can-do-power.

具体来看，美国负责提供生物技术，日本提供资金，印度负责生产，澳大利亚承担物流。8月，美国国务卿布林肯在东盟部长级视频会议上称，美国政府计划向国际社会提供8000万剂新冠疫苗，在首批提供的2500万剂疫苗中，东南亚国家可以获得700万剂。[①] 在2021年10月第九届美国-东盟领导人视频会议上，拜登称将向东盟提供4000万剂新冠疫苗，以及约2亿美元的紧急卫生和人道援助。[②]

此外，美国2021年财政预算列有一项面向东盟国家的共计1.02亿美元的特别援助资金，其可以用于相关国家的疫后经济恢复以及经济合作、教育项目等。2021年8月25日，美国疾病控制与预防中心在越南设立了分中心，这是该中心在东南亚地区首次建立分支机构，旨在强化美国与东南亚地区国家的卫生安全伙伴关系。

美国大搞所谓疫苗捐赠和“援助”，既有争夺全球公共卫生领域主导权的考量，还充斥着与中国争夺地缘政治影响力的政治算计。其实，美国最初深陷疫情自顾不暇，并大肆囤积疫苗，奉行的是疫苗利己主义政策，只是后来觊觎中国在疫苗国际合作领域的影响力，才捡起所谓的“疫苗外交”戏码。美国国际战略与国际问题研究中心（CSIS）在一份研究报告中指出，拜登选择加入COVAX既维护了美国在全球公共卫生领域的领导权，亦可借此阻碍中国与东南亚国家的疫苗合作。该报告中的观点深刻反映了美国政府将新冠疫苗合作政治化、工具化背后的地缘政治逻辑和真实目的。

四　结语

2022年，除了缅甸等少数国家外，亚太地区国家政局保持总体稳定

① Kavi Chongkittavorn, “New US Push: Vaccine and Mekong,” Bangkok Post, July 20, 2021, https: //www. bangkokpost. com/opinion/opinion/2151579/new-us-push-vaccine-and-mekong.

② “US, Malaysia to Sign Cooperation Deal on Supply Chain Improvements,” The Strait Times, November 18, 2021, https: //www. straitstimes. com/asia/se - asia/us - malaysia - to - sign - cooperation-deal-on-supply-chain-improvements.

的态势，但是也存在一些地区性热点问题，以及不确定性和不稳定性因素。

亚太地区存在众多的发展中国家，与发达国家相比，它们在当今国际政治经济环境下，显得更为脆弱，对突发性国内和国际事件缺乏足够的韧性和抵御能力。对许多国家而言，在疫情流行、经济增速下滑、民众生活困难的大背景下，恢复经济和保持政治社会稳定是一个繁重而艰巨的任务。可以预料的是，个别国家如缅甸的政局仍将面临巨大的不确定性。在冲突不止、疫情流行和外国制裁的多重打击下，缅甸军政府处境艰困，未来化解激烈的政治社会冲突和实现稳定将是一项十分棘手的任务。

鉴于拜登政府在政治、经济、外交等多领域、多层面加码与中国的竞争，可以预料未来美国将继续延续“抗中”政策，千方百计、想方设法拉拢区域内的国家，通过强化盟友关系及构建“印太经济框架”、AUKUS等一切可能的手段，来维护美国主导的地区秩序和霸权。中美战略竞争和地缘政治博弈的过程必将对亚太政治产生长久而深远的影响。

B.4

2021年亚太外交动向：竞争与不确定性增强

王俊生　刘玉丽*

摘　要： 在世纪疫情与百年未有之大变局背景下，2021 年亚太外交明显呈现竞争与不确定性增强的态势。美国进一步强化大国竞争，大国合作应对危机与维护稳定的功能明显下降。中日、中印、日俄、日韩关系呈现进一步复杂化态势，东南亚国家面临的“选边站队”的压力增加，大国围绕南太地区的竞争加剧。面临复杂地区环境，中国在对美关系上敢于斗争与善于斗争，同时维护了中美关系大局稳定。在对俄关系上，中国进一步强化两国全面战略协作伙伴关系。同时，中国开展了卓有成效的抗疫外交，积极践行多边主义，推进亚太地区多边治理，彰显大国担当。

关键词： 亚太地区　外交动向　大国竞争　中国担当

2021 年，国际社会继续在新冠疫情的跌宕蔓延下探寻生存之机。一年来，世界政治经济形势发生剧烈变动，亚太地区的动荡源与风险点明显增多，尤其是美国拜登政府上台后打着“民主价值观外交”的旗号集结盟友与伙伴掀起大国竞争，积极推进所谓的“印太战略”，亚太地区分裂与混乱加剧。

* 王俊生，中国社会科学院亚太与全球战略研究院研究员，中国周边战略研究室主任，主要研究方向为中国周边战略与全球战略、东北亚地区安全、朝鲜半岛问题；刘玉丽，法学博士，唐山学院马克思主义学院讲师，主要研究方向为日本政治与外交、东北亚国际关系与地区合作、南海问题。

一　大国围绕亚太地区的竞争加剧

2021年1月拜登就任美国第46任总统后，在“美国回来了”的口号下，以“修复我们的联盟，再次与世界接触，夺回我们的领导地位”为重要目标，[①] 在亚太地区外交布局上动作频繁。

一是拜登政府将中国视为“全世界唯一有意愿且有能力对全球秩序构成挑战的国家”。在拜登入主白宫一个半月后所发布的《国家安全战略临时指南》（Interim National Security Strategic Guidance，以下简称《战略指南》）中将中国列为“唯一有可能将其经济、外交、军事和技术力量结合起来，以实现可持续发展以及对一个稳定和开放的国际体系进行挑战的竞争对手”。[②] 4月，由新泽西州民主党参议员罗伯特·梅兰德兹（Robert Menendez）和爱达荷州共和党参议员詹姆斯·里施（James Risch）共同起草的长达283页的《2021年战略竞争法案》（Strategic Competition Act of 2021）是美国历史上罕见专门针对中国的一揽子法案，预示着美国国会两党联手推动遏制中国的行动开始升温。美国旨在调动所有战略、经济和外交工具，从人权、科技、人文、外交、军事等方面全面对抗中国。[③] 以上表明拜登政府对华政策与特朗普政府对华政策高度相似，均以施压为主。除在外交与军事上积极进行同盟围堵外，美国在经济层面接连出手，强调经济规则制定、产业链联盟建设等。其一，将所谓的民主、人权与科技挂钩，出台较具对抗性且涉及中国核心利益的相关立法。12月9日，美国召开首届“民主峰会”。美国利用此次峰会与澳大利亚、丹麦和挪威签署出口管制与人权倡议并发表联

① The White House，“Remarks by President Biden on America’s Place in the World,” February 4, 2021, https://www.whitehouse.gov/briefing-room/speeches-remarks/2021/02/04/remarks-by-president-biden-on-americas-place-in-the-world/.

② The White House，“Interim National Security Strategic,” March 2021, https://www.whitehouse.gov/wp-content/uploads/2021/03/NSC-1v2.pdf, p. 8.

③ “Strategic Competion Act of 2021,” April 21, 2021, https://www.foreign.senate.gov/download/s-1169-strategic-competition-act-of-2021.

合声明，声明宣称，技术的合法及负责任使用至关重要。美国要与所谓志同道合的盟友和伙伴进行政策协调，在关键的新兴技术领域推动美国所谓的民主价值观和民主制度。美国商务部长吉娜·雷蒙多（Gina Raimondo）与美国著名科技公司的领导人进行了“炉边谈话”，讨论企业特别是科技类企业在捍卫和支持民主方面可以发挥的作用。[①] 其二，对中国发起一系列“脱钩”行动。相比前任特朗普政府，拜登政府的对外经济战略已经从双边转向在全球和亚太地区的经济与外交竞争，试图与中国在多个方面“脱钩”，除了“贸易脱钩”“科技脱钩”“公共卫生防疫脱钩”外，甚至连人文交流、媒体也“脱钩”，目的是保护美国国内市场及高精尖科技，努力减少对中国产业链、供应链的依赖，确保美国企业对全球产业链高端的控制力，挤压“中国制造”在全球的发展空间，并最大限度地抢占全球市场。

二是美国继续加大对俄罗斯的打压力度。拜登政府上任之初便无条件地将《新削减战略武器条约》延长5年。3月，俄罗斯总统普京被美国公开指责为“凶手”，双方关系降至冰点。3~6月，美国及其北约盟友在黑海和波罗的海水域举行多轮联合军演，甚至在演习中动用实战武器，俄罗斯与美国及北约的矛盾迅速激化。6月底至7月初，由乌克兰和美国联手再次在黑海主导了一场声势浩大的军演——“海上微风”联合演习，共有来自32个国家的约5000名军人、32艘舰艇、40架军机和18个特种作战与潜水小组参加。在经历了一系列冲突和波折后，6月，美国和俄罗斯在日内瓦迎来了两轮战略稳定对话，同时组建了两个跨部门的工作组。9月，两国参谋长之间进行会晤。之后，美国副国务卿纽兰和中情局长伯恩斯先后访俄，双方围绕军控、降低风险的举措、外交、情报等领域进行了磋商。然而，会谈和接触换来的不是局势的缓和而是两国渐行渐远。10月，北约宣布驱逐8名俄外

① The White House, “Fact Sheet: Export Controls and Human Rights Initiative Launched at the Summit for Democracy,” December 10, 2021, https://www.whitehouse.gov/briefing-room/statements-releases/2021/12/10/fact-sheet-export-controls-and-human-rights-initiative-launched-at-the-summit-for-democracy/.

交人员，俄罗斯随后宣布暂停常驻北约代表处的工作，且驱逐了在莫斯科的美国大使馆工作人员。12 月初，俄美虽然举行了视频峰会，但双方矛盾、分歧仍然很大。同月，俄向美国、北约提交了“安全保障”草案，要求北约不再东扩，乌克兰不得加入北约，且不在俄周边部署相关武器与建立军事设施等。俄罗斯还反复表示要与美国和北约达成具有约束力的书面协议，但没有得到美国的正面回应。可以看到，2021 年的俄美关系波折不断，双方虽然进行了接触和对话，但是紧张局势一触即发。

三是美国重建全球伙伴关系，以便能够“站在优势地位”对抗中国与打压俄罗斯。2021 年 2 月 4 日，拜登在白宫发表关于“美国在世界上的地位”的讲话时指出，“联盟是美国最大的财富”。① 2021 年 7 月，美国国防部长奥斯汀（Lloyd Austin）提出了所谓的“一体化威慑战略”，这就意味着美国和盟友不再仅仅依靠军事能力迫使对手知难而退，而是将技术、作战概念和各种能力都融入其中。基于此，美国对亚太地区的盟友体系和安全架构进行了调整，主要是对旧联盟进行巩固、将新联盟予以发展升级并引入外部联盟，目的在于构建一个更为强大的防务网络，致力于利用一切所有可用的工具对中俄两国进行打压。在这种背景下，升级美日印澳“四边机制”（QUAD），让“五眼联盟”卷土重来，组建美英澳三边安全伙伴关系（AUKUS），宣布打造“印太经济框架”（IPEF），这些反映出美国正在构建对抗性较强的“小多边机制”。同时，美国与其主要盟友、安全伙伴等通过双边、小多边机制扩展了彼此间的防务领域，除出售或转让军备外，还参与联合防务研发，开展双边培训和演习，签署国防相关协议，以便在情报信息共享方面开展合作。值得关注的是，美国在“印太”地区的一些盟友和安全伙伴也在积极扩大和深化彼此之间在安全领域的合作。

① The White House, “Remarks by President Biden on America’s Place in the World,” February 4, 2021, https://www.whitehouse.gov/briefing-room/speeches-remarks/2021/02/04/remarks-by-president-biden-on-americas-place-in-the-world/.

二 亚太次区域外交形势复杂

（一）东北亚地区竞争与合作交织

拜登政府上台后加大对日韩的拉拢力度。拜登执政后宣称，要在第一个完整月内致力于恢复与亚太主要盟友日韩两国的关系。[①] 基于此，拜登政府一方面强调美国将“坚定不移地使用全方位的能力保护日本”；[②] 另一方面以最快的速度解决了美驻日韩军队费用分摊问题。3月16~18日，美国国务卿布林肯与国防部长奥斯汀先后访问了日韩两国，并分别举行了美日、美韩防长和外长“2+2”高层会议，美国重申对日防卫的坚定承诺，双方就应对“中国威胁”以及与朝鲜有关的挑战交换意见。[③] 4月，日本首相菅义伟访美；5月，韩美首脑会晤。6月初，美国参议员塔米·达克沃斯（Tammy Duckworth）和苏利文（Dan Sullivan）访问首尔；同月，韩国受邀参加七国集团（G7）首脑峰会。

日俄有关南千岛群岛（日本称“北方四岛”）问题谈判成为泡影。二战结束后，日本历任首相均把与俄罗斯结束战争状态、签订“日俄和平条约”以及争取“北方四岛”的主权视为对俄外交的目标。安倍内阁积极寻求与普京政府就“北方四岛”问题达成妥协，但终未能实现。岸田文雄上任后即与普京举行电话会谈，以达成早日进行面对面会谈的共识。然而，局势的发展并未如岸田所愿。美俄关系因北约东扩与俄军增兵俄乌边境等不断

① Michelle Ye Hee Lee, “As Biden Seeks to Restore Alliances, a Souring Japan-South Korea Relationship Presents a Challenge,” The Washington Post, March 2, 2021, https://www.washingtonpost.com/national-security/biden-japan-korea-allies-blinken/2021/03/01/a3604258-76e4-11eb-9537-496158cc5fd9_story.html.

② 「首相バイデン氏と電話会談 尖閣の安保5条適用を確認」、NHK、2020年11月12日、https://www.nhk.or.jp/politics/articles/statement/48154.html。

③ 外務省「日米安全保障協議委員会『日米「2+2」』」、令和3年3月16日、https://www.mofa.go.jp/mofaj/na/st/page1_000942.html。

恶化，这无疑使一向将美日同盟视为重中之重的日本在“北方四岛”问题谈判上再次陷入僵局。2021 年以来，俄罗斯无视日本抗议，在南千岛群岛进行大规模军事演习，强化驻军装备，并设置导弹基地。

中日关系不进反退。2021 年，随着美日同盟关系强化，中日关系出现大幅度后退。上半年，中日关系因为领导人国事访问延期、日本对中国颁布《中华人民共和国海警法》的无端指责、日美首脑会谈提及台海问题等而蒙上一层阴影。2021 年东京夏季奥运会和岸田文雄当选新首相，为中日关系转圜带来机会。2021 年东京奥运会，中国派出以国家体育总局局长为首的体育代表团（共计 777 人），是中国在境外参赛人数最多的一次。2021 年 10 月 8 日，习近平主席与日本新任首相岸田文雄进行电话会谈，通过此次电话会谈，双方就构建契合新时代要求的中日关系达成共识。然而，年末前首相安倍提及“台湾有事就是日本有事”，对中日关系造成很大破坏。[①] 对于北京冬奥会，日本国内出现了难以理解的纠结。北京冬奥会是疫情期间举办的世界性体育盛会，中日两国相互支持在情理之中，两国政府和奥委会也就此达成共识。但以美国为首的某些西方国家节外生枝，以维护所谓“人权”为借口，在外交上抵制北京冬奥会，这让日本国内陷入一场无谓的讨论，[②] 这再次阻碍中日关系正常发展。

日韩矛盾再起。4 月，日本在教科书中增加“竹岛”（韩国称为“独岛”）相关内容。6 月，在日本政府单方面取消日韩首脑“简略会谈”之后，韩军在独岛近海进行“东海领土防卫演练”。[③] 7 月，韩国政府紧急召见日本大使就日本在《2021 年度防卫白皮书》中“对韩国固有领土独岛（日本称‘竹岛’）反复提出不正当的主权主张表示强烈抗议”，并要求其

---

① 《韩前伟：对最近日本介入台海问题的观察》，联合早报网，2021 年 8 月 19 日，https://www.zaobao.com/forum/views/story20210819-1183969。

② 《孙承：日本参加北京冬奥会纠结什么?》，联合早报网，2021 年 12 月 17 日，https://www.zaobao.com/forum/views/story20211217-1223900。

③ 「韓国軍、独島近海で『東海領土守護訓練』実施」、HANKYOREH、2021 年 6 月 16 日、http://japan.hani.co.kr/arti/politics/40291.html。

立即撤回。[①] 11月，韩国警察厅厅长金昌龙在相隔12年之后亲自登上“独岛”宣示主权。随后，在美国的调解下，菅义伟政府做出各种外交努力试图恢复因历史问题而受损的日韩关系，文在寅也发出“希望在东京奥运会开幕式之际访日”的缓和信号。[②] 然而，在东京奥运会即将召开之际，日韩谋划的奥运首脑外交因日本驻韩公使相马弘尚在座谈会上对文在寅使用极具侮辱性的不当言论而“流产”。[③] 9月，日本文部科学省批准删除初中、高中历史教科书中“随军慰安妇”中的“随军”“强掳”等内容共计29处。[④] 在日韩争端升级的情况下，双方均下调了贸易关系预期。

朝鲜半岛局势出现短暂回暖迹象。韩朝双方为南北关系缓和做出了诸多努力。7月，朝韩重启中断13个月的通信联络线路。然而，8月，随着韩美宣布进行联合军演，朝韩通信联系再度中断。9月，韩国总统文在寅在第七十六届联合国大会一般性辩论上呼吁韩国与朝鲜、美国与朝鲜之间尽快恢复对话。[⑤] 10月，朝鲜决定重启朝韩间所有通信联络线路。12月，为重启美朝之间的谈判，韩国总统文在寅表示，中美朝原则上同意正式宣告朝鲜战争结束。然而由于各方分歧较大，最终无果而终。朝鲜领导人金正恩强调，朝鲜半岛的紧张局势完全归咎于美国，并指责韩国是“两面派、不合逻辑和流氓、虚伪”。[⑥]

---

① 「韓国政府、再び独島の領有権を主張した日本の防衛白書に抗議」、HANKYOREH、2021年7月14日、http：//japan. hani. co. kr/arti/politics/40558. html。

② Charles Crabtree, Kiyoteru Tsutsui, “Japan's Role Could Redefine Asia-Pacific Relations under Biden and Suga,” The Tokyo Foundation for Policy Research, February 1, 2021, https：//www. tkfd. or. jp en research detail. php id = 797.

③ 「韓国 日本公使が不適切発言と抗議 日本側認め遺憾表明」、NHK、2021年7月17日、https：//www. nhk. or. jp/politics/articles/statement/63959. html。

④ 「『従軍慰安婦』の『従軍』削除政府の圧力のもと変更 中学・高校の歴史教科書記述」、しんぶん赤旗、2021年9月10日、https：//www. jcp. or. jp/akahata/aik21/2021 - 09 - 10/2021091001_ 04_ 0. html。

⑤ “Moon Calls for ‘Speedy Resumption’ of US-NKorea Talks,” The Guardian, September 21, 2021, https：//guardian. ng/news/world/moon - calls - for - speedy - resumption - of - us - nkorea - talks/.

⑥ “North Korea's Kim Blames US for Tensions,” The Guardian, October 12, 2021, https：//guardian. ng/news/north-koreas-kim-blames-us-for-tensions/.

中韩关系继续保持稳定大局。年初，中韩领导人互致新春祝福，拉开了此年度中韩友好的序幕。2021~2022 年两年恰好是“中韩文化交流年”，且 2022 年迎来中韩建交 30 周年。在这一重要时间节点，双方启动“中韩关系未来发展委员会”以加强沟通、增进互信，并规划两国下一阶段关系。面对疫情挑战，中韩高层保持交往，视彼此为重要贸易伙伴，建立了“联防联控合作机制”和“快捷通道”，努力克服人员、物资及生产链与供应链因疫情受到的影响，树立了国际抗疫合作的典范。2021 年 9 月，韩国总统文在寅在会见访韩的王毅外长时表示，“韩方愿同中方一道，保持高层交往势头，扩大人文交流，推动经贸、环保等领域合作取得更加丰硕成果”。①

（二）东南亚国家面临“选边站队”的挑战

2021 年，随着中美战略竞争加剧以及美国加强对东南亚的外交攻势，东南亚国家在中美间“选边站队”的压力增加。过去美国的外交政策一直被认为忽视东南亚地区，但拜登政府意在表明对东南亚地区高度重视。拜登认为，东盟是“印太”地区的心脏。② 从 2021 年 5 月底到 8 月，美国副国务卿舍曼、国防部长奥斯汀、副总统哈里斯先后造访东南亚或出席东盟合作系列外长会议；12 月，美国国务卿布林肯将其首访定在了东南亚。美国虽然加大了对东南亚外交的频率和力度，表现出高度重视与东南亚各国开展紧密合作的倾向，然而，美国主导的 QUAD 和 AUKUS 对以东盟为中心的多边机制构成竞争和挑战，引起了印度尼西亚和马来西亚的警惕。另外，美国在对华施压上逼迫东盟国家“选边站队”，严重破坏东盟内部团结。

中国与东盟双边关系在亚太区域合作中一直发挥引领和示范作用。2021

① 《韩国总统文在寅会见王毅》，中华人民共和国外交部网站，2021 年 9 月 15 日，https://www.mfa.gov.cn/web/wjbz_673089/xghd_673097/202109/t20210915_9883057.shtml。

② The White House, “Joint Statement from Quad Leaders,” September 24, 2021, https://www.whitehouse.gov/briefing-room/statements-releases/2021/09/24/joint-statement-from-quad-leaders/.

年恰逢中国同东盟建立对话关系30周年，习近平主席同东盟各国领导人共同出席了这一纪念峰会，习近平主席在会上宣布将中国与东盟关系提升为全面战略伙伴关系，并提出开启中国东盟自贸区3.0版建设。在11月分别访问了缅甸、印度尼西亚、文莱以及菲律宾东南亚四国之后，12月，王毅外长在浙江与越南外长裴青山、马来西亚外长赛夫丁分别举行会谈。在与越南外长会谈时，双方就海上问题交换了意见，一致认为应推进海上合作，为两国关系注入更多“正能量”。[①] 2021年，中马举行了首次中国-马来西亚合作高级别委员会会议。王毅与马来西亚外交部长一致同意两国将打造“更为坚实的中马全面战略伙伴关系”，并就此后的重点合作领域达成共识。[②]

2021年的南海并不平静，拜登政府通过高层对话以及QUAD和AUKUS不断干涉南海事务。美国借口“航行自由”拉拢全球盟友共同巡航南海，法国、英国甚至德国的军舰和护卫舰都曾到南海“刷存在感”。与此同时，2021年6月7日，落实《南海各方行为宣言》（DOC）第19次高官会在重庆举行，中国以灵活方式继续推进“南海行为准则”的磋商。面对缅甸国内政局变化，中方支持东盟在缅甸问题上运用“东盟方式”，切实尊重缅甸主权和人民选择，协助缅方找到妥善解决方案，逐步落实东盟提出的“五点共识”，坚决反对外部不当介入。[③]

（三）南亚大国的平衡外交

2021年，印度积极向美国靠拢，但年末又尝试与俄罗斯和中国接触。在“印太战略”框架下，美国把与印度的合作视为至关重要，美国官员曾

① 《王毅同越南外长裴青山举行会谈》，中华人民共和国外交部网站，2021年12月2日，https://www.mfa.gov.cn/wjbzhd/202112/t20211202_10461486.shtml。

② 《王毅同马来西亚外长赛夫丁共同主持中马合作高级别委员会首次会议》，中华人民共和国外交部网站，2021年12月4日，https://www.mfa.gov.cn/web/wjbz_673089/xghd_673097/202112/t20211204_10462415.shtml。

③ 《王毅谈2021年中国外交：推动周边国家共建美好家园，共护地区安宁》，中华人民共和国外交部网站，2021年12月20日，https://www.mfa.gov.cn/web/wjbz_673089/xghd_673097/202112/t20211220_10471817.shtml。

在公开场合直言，“尽管美国认为‘印太战略’很重要，但如果印度与我们不站在一起，我们将难以成功”。① “印度是美国在南亚次大陆上的一个志同道合的伙伴和重要的战略伙伴，在南亚与东南亚相连的海域都非常活跃。加强与印度接触非常重要。”② 为将印度“绑在战车上”，美国把双边对话及QUAD 作为促进与印度进行战略合作的工具。2021 年，美印之间举行了两次领导人会谈，国防部长与外交部长之间也举行了“2+2”对话，加上在二十国集团（G20）和《联合国气候变化框架公约》第 26 次缔约方大会（COP26）等国际公开场合的会晤，美印高层间的交往频密程度前所未有。印度此前对 QUAD 很少公开表态，但到了 2021 年，印度表现出少有的热情，不仅同意把 QUAD 从部长级对话提升到峰会级别，还计划从 2021 年 10 月开始恢复出口安全有效的新冠疫苗，支持 QUAD。③ 印度对美外交面临一些阻碍，美国认为印度的亲美政策并不坚定，印度不是一个可靠的战略伙伴。事实上，印度开始转向中俄寻求实现外交平衡。2021 年 11 月，中印俄三国外长第十八次会晤以视频形式召开，并发表了联合公报。三国外长一致支持中国举办 2022 年北京冬奥会，④ 这一表态使印度与美西方拉开距离。12 月 6 日，俄罗斯总统普京造访印度，双方举行了领导人峰会和防长、外长“2+2”对话，印度甚至不顾美国反对，承诺要加快落实 S400 防空导弹协议的速度。⑤

---

① Stephen Biegun, “New Indo-Pacific Strategy to Reflect Realities of Modern World,” The Frontier Post, https: //thefrontierpost. com/new-indo-pacific-strategy-to-reflect-realities-of-modern-world-stephen-biegun/.

② Arul Louis, “US Indo-Pacific Strategy to back India’s Rise, Regional Leadership in Countering China,” February 12, 2022, https: // www. prokerala. com news articles a1247292. html.

③ The White House, “Fact Sheet: Quad Leaders’ Summit,” September 24, 2021, https: //www. whitehouse. gov/briefing-room/statements-releases/2021/09/24/fact-sheet-quad-leaders-summit/.

④ Ministry of External Affairs, Government of India, “Joint Communique of the 18th Meeting of the Foreign Ministers of the Russian Federation, the Republic of India and the People’s Republic of China,” November 26, 2021, https: //www. mea. gov. in/bilateral-documents. htm? dtl/34540/joint+communique+of+the+18th+meeting+of+the+foreign+ministers+of+the+russian+federation+the+republic+of+india+and+the+peoples+republic+of+china.

⑤ Ministry of External Affairs, Government of India, “India-Russia Annual Summit,” December 6, 2021, https: //www. mea. gov. in/press-releases. htm? dtl/34608/21st+india++russia+annual+summit.

受边界冲突影响，2021 年中印关系仍在低位徘徊。印度“历史性”地邀请澳大利亚参加“马拉巴尔 2021”联合军演，且插手中国南海问题。印度还试图加强与日本、美国和欧盟在产业链领域的合作，借机取代中国在世界产业链中的位置。印度对中国互联网企业开出天价“罚单”，漫天要价。2021 年 4 月，中国、阿富汗、巴基斯坦、尼泊尔、斯里兰卡、孟加拉国六国外长举行应对新冠疫情视频会议。

印度外交显现出了矛盾的一面：在对中国发出一系列挑衅的同时，也在释放善意，保持与中国的密切沟通。2021 年中印外长多次通话，双方积极开展各层次对话以促进军事紧张局势降级，两军一线部队在加勒万河谷和班公湖地区脱离接触。双方边境事务磋商和协调工作机制运转了 3 次；双方就中印关系开展第四轮高级别“二轨”对话，举行了 5 轮军长级会谈。2021 年 7 月，王毅外长在杜尚别会见印度外长苏杰生。王毅表示，“中印关系的本质是两个相邻发展中大国如何看待彼此、如何和睦相处、如何相互成就的问题”。苏杰生则承认双边关系目前的发展态势并不符合任何一个国家的利益。[①] 12 月，苏杰生再次强调印度不是因为与中国的边境僵局而参与 QUAD，并表示 QUAD 不针对某一个国家。

（四）南太地区重要性凸显

南太地区地处太平洋中部，扼守亚洲与南北美洲交通要冲，蕴含丰富的石油、天然气、钴、镁等战略性矿产资源。近年来，借助“一带一路”倡议，随着在外交、经贸、军事、疫情合作等领域同太平洋岛国密切交往，中国在太平洋岛国的“朋友圈”日益扩大。在同 8 个太平洋岛国保持战略合作伙伴关系的基础上，中国相继同所罗门群岛建交，同基里巴斯恢复外交关系。2021 年 9 月，习近平主席同所罗门群岛总理索加瓦雷通电话，推进共

① 《王毅会见印度外长苏杰生》，中华人民共和国外交部网站，2021 年 7 月 15 日，https：//www. mfa. gov. cn/web/wjbz_ 673089/xghd_ 673097/202107/t20210715_ 9175409. shtml。

建“一带一路”倡议同所罗门群岛发展规划对接，深化各领域务实合作。索加瓦雷则表示，将在涉台、涉疆、涉港等问题上继续坚定支持中方。[①] 10月21日，首次中国-太平洋岛国外长会以视频方式举行，会议达成包括深化共建“一带一路”合作、推动双方全面战略伙伴关系迈上新台阶等六点共识。除外长会议机制化外，双方还设立中国-太平洋岛国应急物资储备库、减贫与发展合作中心、应对气候变化合作中心，召开中国-太平洋岛国渔业合作发展论坛等。[②]

美国长期干涉太平洋地区事务，在帕劳、马绍尔群岛设有大型军事基地和导弹基地，不允许南太岛国与任何非西方国家建立军事和安全合作关系。2021年3月，美国发布的《战略指南》指出美国除了要维护核心联盟以外，还要加强同太平洋岛国的伙伴关系。[③] 4月，美国参众两院通过的《2021年战略竞争法案》涉及美国未来对太平洋岛国的立场，即“增加对太平洋岛国的外交支持，促进与它们之间的经贸往来”。[④] 6月8日，美国“印太事务协调员”库尔特·坎贝尔（Kurt Campbell）宣称，美国将与日本、新西兰、澳大利亚及其他国家合作，共同协助太平洋岛国与中国“对抗”。[⑤] 2021年8月，拜登出席太平洋岛国论坛（PIF）成立50周年纪念活动，成为第一位在太平洋岛国论坛领导人会议上发表讲话的美国总统，反映出美国外交战略的转变。7月，拜登政府启动南太版“马歇尔计划”，每年向南太地区的14个独立岛国援助10亿美元，可谓二战以来的首次较大规模的援助。可以看到，美国出于地缘竞争目的，已经完全改变

---

① 《习近平同所罗门群岛总理索加瓦雷通电话》，中华人民共和国中央人民政府网站，2021年9月24日，http://www.gov.cn/xinwen/2021-09/24/content_5639066.htm。

② 《王毅主持首次中国—太平洋岛国外长会》，中华人民共和国外交部网站，2021年10月21日，https://www.mfa.gov.cn/web/wjbz_673089/xghd_673097/202110/t20211021_9604243.shtml。

③ The White House, "Interim National Security Strategic," March 4, 2021, https://www.whitehouse.gov/wp-content/uploads/2021/03/NSC-1v2.pdf, p. 10.

④ "Strategic Competion Act of 2021," April 21, 2021, https://www.foreign.senate.gov/imo/media/doc/DAV21598%20-%20Strategic%20Competition%20Act%20of%202021.pdf, p. 123.

⑤ Reuters, "U.S. Says to Work With Allies to Help Pacific Islands amid China Rivalry," U.S. News, June 8, 2021, https://www.usnews.com/news/world/articles/2021-06-08/us-says-to-work-with-allies-to-help-pacific-islands-amid-china-rivalry.

了冷战时期对太平洋岛国“无视”的态度，开始全方位强化与太平洋岛国的互动。

在美国鼓动下，澳大利亚等国加大了对该地区的投入力度或关注度。3月12日，在拜登上任后首次举行的QUAD首脑视频峰会上，澳大利亚承诺出资4.07亿美元用于进行区域疫苗供给和维护卫生安全，并向9个太平洋岛国和东帝汶提供疫苗（实现全覆盖）。[①] 韩国总统文在寅5月访问美国时，双方除考虑共同促进湄公河次区域合作外，还重申加强与太平洋岛国合作的重要性。[②] 在9月举行的QUAD首脑峰会上，四国声明将向这一地区提供高质量、高标准的基础设施，成立一个气候与信息服务工作队，向小岛屿上的发展中国家提供技术援助。[③]

在以莫里森为首的保守派联盟领导下，2021年中澳关系颇为曲折。莫里森政府奉行一味“亲美”和对华强硬政策。一年来，莫里森和国防部长彼得·达顿发表污蔑中国的不实言论，严重影响两国关系发展。4月，澳大利亚外长佩恩公然宣布撕毁与中国签署的“一带一路”备忘录和框架协议，随后，又传出澳大利亚要撕毁与中企之间达成的达尔文港99年租借协议的消息。对此，5月8日，《国家发展改革委关于无限期暂停中澳战略经济对话机制下一切活动的声明》发布。[④] “6月24日，中国就澳大利亚对自中国出口铁道轮毂、风塔、不锈钢水槽产品采取反倾销和反补贴措施在世贸组织争端解决机制项下提出起诉。”[⑤] 值得注意的是，11月，在澳大利亚财政状

① The White House, “Fact Sheet: Quad Summit,” March 12, 2021, https: //www. whitehouse. gov/briefing-room/statements-releases/2021/03/12/fact-sheet-quad-summit/.

② The White House, “U. S. - ROK Leaders' Joint Statement,” May 21, 2021, https: //www. whitehouse. gov/briefing-room/statements-releases/2021/05/21/u-s-rok-leaders-joint-statement/.

③ The White House, “Joint Statement from Quad Leaders,” September 24, 2021, https: //www. whitehouse. gov/briefing-room/statements-releases/2021/09/24/joint-statement-from-quad-leaders/.

④ 《国家发展改革委关于无限期暂停中澳战略经济对话机制下一切活动的声明》，中华人民共和国国家发展和改革委员会网站，2021年5月8日，https: //www. ndrc. gov. cn/fzggw/jgsj/zys/sjdt/202105/t20210508_ 1279418. html。

⑤ 《中国在WTO起诉澳大利亚相关“双反”措施》，中华人民共和国中央人民政府网站，2021年6月24日，http: //www. gov. cn/xinwen/2021-06/24/content_ 5620653. htm。

况趋于严峻之际，莫里森开始公开向中国释放接触与对话信号。澳大利亚反倾销委员会所发布的第 2021/144 号公告显示，“对进口自中国的铜管（Copper Tube）作出反倾销和反补贴终裁……裁定中国涉案产品不存在倾销行为”。①

三 中国外交稳中求进

中美在经济、战略和体制等多个领域的冲突已蔓延至亚太地区。在美国不断就新疆、西藏、香港、台湾等涉及中国核心利益问题横加干涉的情况下，中国敢于斗争，善于斗争，亮出底线。同时，中国通过与美国高层持续对话沟通，维护了中美关系稳定大局。拜登政府也认识到中美两国在一些领域进行合作的必要性。在美国发布的《战略指南》中，美国承认中美间的“战略竞争”没有也不应该排除在气候变化、禁毒、全球卫生安全、军备控制、核不扩散等问题上的双边合作。② 2021 年，习近平主席同拜登总统两次通电话，11 月 16 日举行了双方首次视频会晤。习近平主席向美方全面阐明了发展中美关系应当相互尊重、和平共处、合作共赢的三点原则，明确提出构建中美新型大国关系，展示了寻求合作、妥善处理分歧的诚意。这一年，双方外交代表在安克雷奇、天津、苏黎世、罗马等多个场合深入沟通。经过不懈努力，被非法拘押 1000 多天的孟晚舟女士于 9 月 25 日平安回国。

中国继续强化与俄罗斯之间的全面战略协作伙伴关系。③ 2021 年，中俄元首进行 4 次会晤和通话，保持密切战略沟通。2021 年是《中俄睦邻友好

① 《澳大利亚终止对华铜管双反调查》，中华人民共和国商务部网站，2021 年 11 月 17 日，http：//chinawto. mofcom. gov. cn/article/dh/janghua/202111/20211103218402. shtml。

② The White House, “Interim National Security Strategic,” https：//www. whitehouse. gov/wp－content/uploads/2021/03/NSC－1v2. pdf, p. 21.

③ 《王毅谈 2021 年中国外交：中俄新时代全面战略协作迈上新高度》，中华人民共和国外交部网站，2021 年 12 月 20 日，https：//www. mfa. gov. cn/web/wjbz＿ 673089/xghd＿ 673097/202112/t20211220＿ 10471801. shtml。

合作条约》签署20周年，习近平主席同普京总统一致决定发表联合声明，正式宣布条约延期，重申两国将继续秉承世代友好，互为全球伙伴。在美国仓促撤离阿富汗、地区局势发生重大变化后，中俄就反对外来干涉、加强战略沟通与协作、鼓励阿富汗塔利班奉行温和稳健的宗教政策、建立开放包容的政治构架达成共识。① 双方开展了多次联合军演。9月，中国派出550余人，出动130辆装备车辆，参加在俄罗斯奥伦堡州“东古兹”靶场举行的“和平使命-2021”上海合作组织成员国联合反恐军事演习，主要演练侦察监视、火力打击、外围封控以及地面突击、分割围歼、肃清残敌、抗击无人机袭击等科目。② 10月，中俄在俄罗斯彼得大帝湾附近海域举行了“海上联合-2021”联合军演，演练对海射击、联合机动、联合反潜等。

中国继续高度重视亚太次区域外交。2021年，习近平主席以线上方式出席系列元首外交活动。中国联同域内国家充分利用《区域全面经济伙伴关系协定》（RCEP）生效带来的机遇，推动亚太区域经济合作走向包容整合。中国率先批准RCEP，引导“一带一路”倡议建设同东盟“印太展望”的关键合作领域进行对接。2021年6月，王毅主持“一带一路”亚太区域国际合作高级别会议。③ 与此同时，中国在阿富汗问题、缅甸问题、朝核问题等热点问题上进行外交斡旋，促进和解，推动局势缓和，并在第一时间向这些地区提供相关紧急人道援助，协助它们改善民生等。

中国践行多边主义，积极融入全球治理，彰显大国担当。在世纪疫情和百年未有之大变局交叠冲击下，人们对全球治理体系变革的呼声越发强烈。面对新冠疫情的肆虐，中国开展了卓有成效的抗疫外交，推动完善全球卫生治理体系，发起“一带一路”疫苗合作伙伴关系倡议，中国疫苗最早被划

---

① 《王毅：中俄应在阿富汗问题上加强战略沟通》，中华人民共和国外交部网站，2021年8月17日，https：//www.mfa.gov.cn/web/wjbz_ 673089/xghd_ 673097/202108/t20210817_ 9175477.shtml。

② 《“和平使命-2021”上合组织联合反恐军演将举行：携手反恐　捍卫和平》，中华人民共和国国防部网站，2021年9月11日，http：//www.mod.gov.cn/action/2021-09/11/content_ 4894531.htm。

③ 《王毅主持“一带一路”亚太区域国际合作高级别视频会议》，中华人民共和国中央人民政府网站，2021年6月24日，http：//www.gov.cn/guowuyuan/2021-06/24/content_ 5620459.htm。

为全球公共产品。截至 2021 年 12 月底，中国已向 120 多个国家和国际组织提供超 20 亿剂疫苗，占中国以外全球疫苗使用总量的 1/3。[①] 在《生物多样性公约》第 15 次缔约方大会（COP15）、中华人民共和国恢复联合国合法席位 50 周年纪念会议、二十国集团（G20）罗马峰会、第二届联合国全球可持续交通大会等一系列重大国际场合，习近平主席提出构建人类卫生健康共同体、人与自然生命共同体等重大倡议。在第七十六届联合国大会一般性辩论上，习近平主席提出了“全球发展倡议”。上述内容为全球治理体系变革注入动力，为促进亚太地区的多边治理做出了中国贡献。

① 《王毅谈 2021 年中国外交：抗疫外交卓有成效》，中华人民共和国外交部网站，2021 年 12 月 20 日，https：//www. mfa. gov. cn/web/wjdt_ 674879/gjldrhd_ 674881/202112/t20211220_ 10471812. shtml。

B.5

2021年亚太地区安全形势：美国“印太战略”升级与“双安全”风险上升

李志斐*

摘　要： 美国拜登政府在2021年1月执政之后升级和强化“印太战略”，深刻影响亚太地区安全架构和各次区域的安全态势与政策选择。在大国竞争和博弈日趋激烈的地区环境中，亚太地区主要安全力量分化组合的进程加速，各次区域被分裂、“阵营化”的态势趋于明显。南海问题等传统安全问题的地区危机管控难度上升，新冠疫情、恐怖主义、跨境犯罪等非传统安全问题的安全挑战增大，表现出利益政治和规则政治的双重特点。在世界百年未有之大变局加速演进的大趋势下，2021年亚太地区秩序走向的不确定性明显增加，地区安全风险危险程度不断上升，亚太国家在“变”“乱”交织的地区环境中前行。

关键词： 印太战略　亚太安全　大国竞争

美国拜登政府在2021年1月执政之后，继承并不断强化“印太战略”，中美战略竞争进一步加剧，亚太地区主要安全力量加速分化组合，竞争、合作、对抗相互叠加成为地区关系发展新常态。亚太各次区域安全形势受外部大国竞争和内部战略挑战的双重影响，地区内部国家之间的“阵营化”态

* 李志斐，博士，中国社会科学院亚太与全球战略研究院副研究员，主要研究方向为中国周边安全、亚太地区非传统安全。

势趋于严峻。传统安全问题的地区危机管控难度进一步上升。新冠疫情、恐怖主义等非传统安全问题的挑战性增大，治理需求的紧迫性提升，地区安全脆弱性更加凸显。在世界百年未有之大变局加速演进的大趋势下，2021 年亚太地区秩序走向的不确定性明显增加，地区安全风险危险程度不断上升，亚太国家在“变”“乱”交织的地区环境中前行。

一 美国升级“印太战略”，扰乱亚太地区安全稳定

2021 年拜登政府全面升级“印太战略”，强化全面遏制中国的战略目标，建构新的安全合作框架和机制，使其成为“印太战略”实施的主要依托平台。此外，美国实施新军事理念，保持在亚太地区的军事存在优势和威慑力。美国升级和实施“印太战略”推动了中美两个大国在亚太地区全面竞争态势的形成，加快了亚太主要安全力量的分化组合，直接影响亚太国家的关系发展和地区安全发展走势，刺激了亚太安全结构的演变，严重威胁亚太地区的稳定与发展。

1. 升级“印太战略”，对中国进行全面竞争与全方位遏制

中国和美国是影响亚太地区安全形势发展的主要因素，中美关系的结构性变化对亚太地区安全结构产生重要影响。2021 年 1 月拜登入主美国白宫之后，继承特朗普政府的对华政策和“零和”博弈思维，并进一步清晰对华战略定位，推动“印太战略”全面升级，将对华全面“战略竞争”作为“印太战略”的核心，对内力图增强美国综合实力和竞争力，对外利用军事盟友和伙伴关系对中国进行全方位围堵与全领域遏制。

拜登政府“印太战略”在亚太地区层面对华竞争的主要内容包括五个方面。第一，在安全领域，升级“印太”同盟体系，加强以美国为核心的亚太安全合作框架建设。① 2021 年 3 月的拜登政府在《国家安全战略临时指

① “Biden Administration Sees QUAD as Fundamental Foundation to Build US Policy on Indo-Pacific,” https://economictimes.indiatimes.com/news/defence/biden-administration-sees-quad-as-fundamental-foundation-to-build-us-policy-on-indo-pacific/articleshow/80599039.cms.

南》中指出，美国除了将加强与日本、韩国和澳大利亚等核心盟友的安全关系之外，还将深化与印度的伙伴关系，修复与菲律宾的安全关系，联合推进与新加坡、越南等东盟国家的共同目标，并加强与太平洋岛国的伙伴关系建设。① 第二，在军事领域，美国更新军事理念，提出“一体化威慑”并将其作为“印太”安全政策的基石。通过频繁进行联合军事演习，增强与盟友和安全伙伴国之间的军队联合作战协同能力，不断加强在亚太地区的军事存在，提升军事威慑能力。第三，在经济领域，拜登在 2021 年 10 月提出启动“印太经济框架”构想，补齐“印太战略”没有地区经济政策的短板。美国力图构建由美国主导的全球供应链，加强美国与“印太”地区的经济联系，推动对华经济“脱钩”。第四，在科技领域，实施“供应链韧性战略”。美国众议院和参议院分别在 2021 年 4 月和 6 月通过《美国竞争法案》和《2021 年美国创新和竞争法案》（U. S. Innovation and Competition Act, USICA），力图通过增加科技投入，提升美国的技术研发能力，确保美国在高科技领域的绝对优势，同时通过加强与盟友和伙伴关系国的“供应链弹性”合作，对中国实施技术出口管制，阻碍中国高科技发展。第五，在民主价值观领域，强化中美意识形态对立。美国在 2021 年 12 月召开“民主峰会”，企图以意识形态割裂世界，联合盟友对中国进行政治打压。2021 年“印太战略”的实施推动了中美在亚太地区全面竞争态势的形成。

2. 充实“印太”同盟体系，重塑亚太安全合作架构

建构基于军事同盟和安全伙伴的新地区合作框架，是美国“印太战略”实施和影响亚太地区安全事务的重要依托。2021 年拜登入主白宫之后，开始全面升级“印太”同盟体系，加强以美国为核心的新亚太安全合作框架建设。美国继续将与日本、韩国、澳大利亚、菲律宾和泰国的双边关系作为其亚太联盟体系的“辐辏”，将东盟国家、印度、太平洋岛国以及欧盟国家和“北约”都拉入“印太”安全体系阵营。

① The White House, “Interim National Security Strategic Guidance,” March 2021, https: //www.whitehouse. gov/wp-content/uploads/2021/03/NSC-1v2. pdf.

美国正在努力推动维持其亚太霸权地位的安全架构，其中的重要举措之一就是强化美日印澳“四边机制”（QUAD），将其作为重点打造的统一盟友与伙伴网络、美国“印太战略”实施的主要依托机制。[①] 2021 年美日印澳“四边机制”实现升级，由原来的“外长+防长”双轨机制升级为“领导人会议”机制，并于 3 月 12 日召开首次线上首脑峰会，在发表的联合声明中强调，要推动“自由、开放的基于规则的秩序”，为实现“自由、开放、包容、健康、锚定民主价值观，免受胁迫”的地区而奋斗，同意成立新冠疫苗、重要新兴技术、气候变化三个工作组，定期召开专家和高级官员交流会议，每年至少举行一次部长级会议；[②] 9 月在华盛顿举行首次线下峰会，四方逐一审查了 3 月会议审议的既定项目的进展，细化具体领域的合作。[③] 美日印澳“四边机制”的合作内容不断扩展，尤其是加强非传统安全议题合作的领域从最初设定的人道主义救援和海上安全合作领域扩展到地区性基础设施建设领域（2018 年）；2019 年将网络安全、新兴技术、疫苗合作等议题纳入其中；2020 年涉及发展供应链协调关系和“疫苗合作伙伴关系”（Vaccine Partnership）。美国正在通过美日印澳“四边机制”框架不断加强亚太安全力量的联系与合作，促使其成为一个印太政策实施的综合性安全合作平台。

美英澳三边安全伙伴关系（AUKUS）是美国升级“印太战略”和在亚太地区建构新安全框架的另一重要举措。2021 年 9 月 15 日，美国总统拜登、英国首相约翰逊、澳大利亚总理莫里森高调宣布建立三方安全联盟，宣布美英将在两国核潜艇计划的基础上，为澳大利亚提供技术支持，协助澳大利亚打

① “Biden Administration Sees QUAD as Fundamental Foundation to Build US Policy on Indo-Pacific,” https://economictimes.indiatimes.com/news/defence/biden-administration-sees-quad-as-fundamental-foundation-to-build-us-policy-on-indo-pacific/articleshow/80599039.cms.

② The White House, “Quad Leaders' Joint Statement: 'The Spirit of the Quad'," March 21, 2021, https://www.whitehouse.gov/briefing-room/statements-releases/2021/03/12/quad-leaders-joint-statement-the-spirit-of-the-quad/.

③ The White House, “Quad Leaders' Joint Statement: 'The Spirit of the Quad'," March 21, 2021, https://www.whitehouse.gov/briefing-room/statements-releases/2021/03/12/quad-leaders-joint-statement-the-spirit-of-the-quad/.

造至少8艘核潜艇。美英澳三国借此加强安全和防务合作，深化信息和技术共享，在与安全、防务相关的科学、技术、工业基地、产业链领域进行更深层次的融合。[①] AUKUS是继七国集团、“五眼联盟”、美日印澳“四边机制”等“小圈子”后，美国主导的又一个封闭排他性的“小圈子”。与“五眼联盟”侧重情报分享和美日印澳“四边机制”侧重政策协调不同，AUKUS以军事能力建设为主要目标，美英澳打着维护地区秩序的旗号，用冷战时期的做法维护西方的主导权，严重干扰亚太地区合作进程，同时会打破亚太地区军事平衡，影响地区其他国家的军事战略走向和军事能力建设，激化地区军备竞赛。[②] 中国明确表示AUKUS是典型的军事集团，充斥着冷战零和思维，损害东南亚无核武器区建设，威胁亚太地区和平与安全。[③]

3. 执行“一体化威慑”，强化美国亚太军事优势和威慑

美国一直在亚太地区维持庞大的军事存在，并力图持续维持军事优势和威慑力。美国在2020年出台“太平洋威慑倡议”（Pacific Deterrence Initiative, PDI），主要目的是进行国防能力建设，增强美国在印太地区的军事威慑能力。2021年美国《国防授权法案》开始对“太平洋威慑倡议”进行专项拨款，2021年，其获得22亿美元拨款，2022年获得71亿美元拨款。2021年美国提出“一体化威慑”理念，并将实施“一体化威慑”作为美国印太安全政策的基石。“一体化威慑”主要包括四个方面的内容：加强与盟友及安全伙伴的合作；开展多领域合作；使用最先进的武器和技术，如人工智能和量子计算；执行新作战理念，消除各军种与能力的隔阂，实施陆海空、太空和网络空间多领域协同作战。[④]

---

① 《美英澳宣布成立三方安全伙伴关系》，人民网，2021年9月16日，http://world.people.com.cn/n1/2021/0916/c1002-32228933.html。

② 宁团辉：《美国又搞“小圈子”，美英澳新机制打开“潘多拉盒子”》，新华网，2021年9月18日，http://www.news.cn/world/2021-09/18/c_1211374442.html。

③ 《中方：美英澳搞三边安全伙伴关系小圈子，是典型的军事集团》，中国新闻网，2021年10月22日，https://www.chinanews.com.cn/gn/2021/10-22/9593003.shtml。

④ U.S Department of Defense, Todd Lopez, "Defense Secretary Says 'Integrated Deterrence' Is Cornerstone of U.S. Defense," April 30, 2021.

在新军事理念的指导下，美国加强与军事盟友、安全伙伴之间所谓的应对“全频谱冲突”的能力，频繁在亚太地区，尤其是东南亚地区开展高频度、大规模的军事演习，力图进行多样性的军事力量部署和构建更有韧性的指挥、控制系统。美国国会在《重启大国竞争》报告中指出，美国国防部署的重点是要加强在“印太”地区的军事能力，帮助提升日本、澳大利亚、韩国、菲律宾和新西兰的军事能力，增加其与美国军队联合作战的活动，提升越南等新安全伙伴的军事能力。美国已经将海军大部分舰队转移到印太地区，将派遣更多的军舰、飞机和人员开展更多的军事演习。[①] 美国海军“卡尔·文森”号航母于8月底抵达横须贺美军基地，与“美利坚”号两栖攻击舰远征战斗群、英国“伊丽莎白女王”号航母战斗群等6个海军舰队组成在印太海域的作战群。[②] 2021年8月，美国拉上20个国家的海军举行“东南亚合作与训练”（SEACAT）演习，称“多边、多平台演练有助于东南亚伙伴为未来可能发生的现实接触做好准备”。[③] 9月，美国与菲律宾、泰国分别联合举行针对海上恐怖主义的军事演习和海上合作准备与训练演习（Cooperation Afloat Readiness and Training，CARAT）。[④] 11月21～30日，美、日、德、澳、加五国海军在菲律宾海举行代号为“ANNUALEX 2021”的年度联合演习，演习内容涉及海上通信、飞行作战、海上补给以及反潜和防空作战等多项内容。[⑤]

美国还加大了对盟友和伙伴的军售力度，向泰国和菲律宾分别出售价值

① “Renewed Great Power Competition: Implication for Defense-Issues for Congress,” The Congress of U. S., https: //crsreports. congress. gov/product/pdf/R/R43838.

② 吴敏文：《美国搅局东南亚意欲何为》，《中国青年报》2021年9月16日，第7版。

③ 《外媒：美国拉上20国海军在东南亚演习》，新华网，2021年8月13日，http: //www. xinhuanet. com/mil/2021-08/13/c_ 1211329596. htm。

④ “United States and Thailand Expand Maritime Partnership,” U. S. Embassy & Consulate in Thailand, September 13, 2021, https: //th. usembassy. gov/united - states - and - thailand - expand-maritime-partnership/.

⑤ “Australian Navy Completes Exercise with Canada, Germany, Japan and US,” Australian Government Department of Defense, December 1, 2021, https: //news. defence. gov. au/media/media-releases/australian-navy-completes-exercise-canada-germany-japan-and-us.

8350万美元[①]和19亿美元的军事设备，其中包括F-17战斗机、AGM-84“鱼叉”反舰导弹和AIM-9X“响尾蛇”空对空导弹等。[②] 2021年美国“对外军事资助”项目为东南亚提供了价值近8600万美元的军事援助，2022年这一数目提升至约1.3亿美元，其中分配给菲律宾的为4000万美元，分配给印度尼西亚的为1400万美元，越南为1200万美元，并分配5000万美元给东亚和太平洋地区国家基金，1400万美元用作东南亚国家的国际军事教育和训练计划经费。[③]

二　亚太安全力量分化组合进程加速，地区安全形势不稳定性增加

2021年的美国“印太战略”的升级直接促使亚太地区国家纷纷调整国家对内对外政策，东南亚和南亚地区的“阵营化”趋势日渐明朗，朝韩军备竞赛升级，俄罗斯与美西方军事对峙加剧，区域冲突“一触即发”。亚太地区出现“新冷战”态势。

1. 东南亚国家对中国的立场分化，东盟中心地位被冲击，地区不稳定性加剧

东南亚是美国重返亚太的重要阵地，拜登政府上台后，美国一再强调“东南亚国家是‘印太’体系的关键组成部分”，在外交、经济和军事三个维度加大对东南亚的战略投入力度，深化安全合作，强化机制塑造，提升美国在东南亚国家的战略影响。美国“印太战略”在东南亚地区的实施进一步分化了东南亚国家对中国的立场和政策，客观上冲击了东盟的“中心地位”，诸多安全问题成为美国制衡中国的“砝码”，加剧了问题的解决难度，增加了地区局势的不稳定系数。

2021年，美国和东南亚国家的高层互访非常频繁，它们深化安全与防务

---

① “Thailand-JAVELIN Missiles,” US Defense Security Cooperation Agency, July 30, 2021, https://www.dsca.mil/press-media/major-arms-sales/thailand-javelin-missiles.

② 《美批准对菲29亿美元军售　含12架F-16及24枚空空导弹》，新浪网，2021年6月25日，https://mil.news.sina.com.cn/world/2021-06-25/doc-ikqcfnca3146953.shtml。

③ 《英媒：美国增加对东南亚军援抗衡中国》，参考消息网，2021年8月13日，https://www.cankaoxiaoxi.com/china/20210813/2451078.shtml。

合作。美国国务卿舍曼在2021年访问印尼、柬埔寨和泰国，发表《美-印尼联合声明》，强调印尼是“印太地区规则秩序建设的锚定者”，要求柬埔寨对2020年底拆除美国云壤海军基地资助的两座军事设施做出说明，向泰国提供价值3000万美元的新冠防治援助和疫苗援助。美国国防部长奥斯汀和副总统哈里斯分别在2021年7月和8月访问越南，商谈美越军事合作，向越南提供600万剂新冠疫苗，推出应对湄公河地区气候变化政策，强调要与越南建立全面伙伴关系。美国高度重视加强与菲律宾的关系，7~9月，美国防长奥斯汀、美军印太司令部司令阿奎利诺和海军陆战队司令戴维·伯杰（David Berger）将军先后访问菲律宾，菲律宾同意取消暂停《访问部队协议》（VFA），[①] 举行纪念美菲《共同防御条约》签署70周年活动，强调美菲联盟对地区稳定的重要性，表示要建立更强大的联盟，[②] 联合举行“毒液”（Kamandag）和“肩并肩”（Balikatan）实战军演，提升危机和突发事件应对能力。[③]

拜登政府上台后，美国大幅增加对东南亚国家的各种援助，尤其在新冠疫情肆虐之际，为拉近与东南亚国家之间的关系，美国开始增加对东南亚国家的医疗援助。2021年3月，美日印澳“四国机制”峰会宣布建立疫苗合作伙伴关系（QUAD Vaccine Partnership），承诺在2022年底之前向东盟和更广泛的“印太”地区国家提供多达10亿剂的新冠疫苗。美日承诺出资4.07亿美元、澳大利亚承诺出资7700万美元提供疫苗“最后一英里”的交付支持，重点对象锁定为东盟国家和部分太平洋岛国。[④] 2021年10月，拜登总

① “VFA Fully Restored after Duterte Meeting with Pentagon Chief-Lorenzana,” Philstar, July 30, 2021, https://www.philstar.com/headlines/2021/07/30/2116367/vfa-fully-restored-after-duterte-meeting-pentagon-chief-lorenzana.

② “Austin Says Philippines Is Vital Ally with Shared Goals,” U.S. Department of Defense, September 10, 2021, https://www.defense.gov/Explore/News/Article/Article/2771098/austin-says-philippines-is-vital-ally-with-shared-goals/.

③ “U.S. Marine Corps Commandant Visits the Philippines,” U.S. Indo-Pacific Command, September 13, 2021, https://www.pacom.mil/Media/News/News-Article-View/Article/2773137/us-marine-corps-commandant-visits-the-philippines/.

④ Ryan Heath, “U.S. and Pacific Partners to flood Asia with Vaccines,” Politico, March 12, 2021, https://www.politico.com/news/2021/03/12/us-and-pacific-partners-to-flood-asia-with-vaccines-475571.

统在美国-东盟峰会时宣布将投入 1.02 亿美元扩大美国-东盟战略伙伴关系，支持该地区从新冠疫情中复苏，应对气候危机，促进经济增长，发展人力资本，承诺向东盟成员国提供 4000 多万剂疫苗以及 2 亿多美元的紧急卫生和人道主义援助。①

美国不断强调支持东盟的中心地位，强调以东盟为中心的论坛在美国实现“自由开放”的“印太战略”过程中具有重要作用。② 10 月 26 日，美国在美国-东盟峰会联合声明中重点强调要继续支持东盟的中心地位、统一性和团结，将提供资金加强东盟-美国合作项目。③ 对于升级并扩容美日印澳“四边机制”，组建美英澳三边安全伙伴关系，东盟国家的反应不尽相同。以印尼、马来西亚、柬埔寨为代表的国家表示反对或质疑，认为这将导致地区军备竞赛升级；菲律宾、新加坡则支持美英澳三边安全伙伴关系的建立，认为这有利于保持地区军事力量的平衡；越南、泰国、老挝、缅甸、文莱等国则保持谨慎沉默的态度。越南实际上持欢迎态度，只是碍于特殊的地缘因素以及一贯的平衡外交战略不方便公开表态而已。④ 从根本上说，无论是美日印澳“四边机制”还是美英澳三边安全伙伴关系，都是美国推进“印太战略”的重要步骤，都不可避免地会加剧地缘政治风险和地区安全“阵营化”，增加东盟在大国间协调“对冲”的难度，使东盟主导的地区安全机制及东盟在地区架构中的“中心地位”受到巨大挑战，甚至面临被边缘化的风险，从而加剧地区安全形势的潜在不稳定性。

2. 美朝关系对立，朝韩关系退化，东北亚地区军事对抗加剧

拜登上台以后全面提升美韩同盟关系，加强美日韩小多边互动，美朝关

① “Remarks by President Biden at the Annual U. S. - ASENA Summit,” The White House, October 26, 2021, https://www.whitehouse.gov/briefing-room/speeches-remarks/2021/10/26/remarks-by-president-biden-at-the-annual-u-s-asean-summit/.

② “Secretary Blinken's Participation in the East Asia Summit Foreign Ministers' Meeting,” U. S. Department of State, August 4, 2021, https://www.state.gov/secretary-blinkens-participation-in-the-east-asia-summit-foreign-ministers-meeting/.

③ “Chairman's Statement of the 9th ASENA-United States Summit,” ASEAN, October 26, 2021, https://asean.org/wp-content/uploads/2021/10/85.-Final-Chairmans-Statement-9th-ASEAN-US-Summit-As-of-27-Oct-2021.pdf.

④ 成汉平、刘喆、宁威：《东盟国家对阿库斯的真实态度》，《唯实》2022 年第 2 期。

系对立，朝韩关系退化，朝鲜做好长期对抗美国和防御韩国的准备，东北亚地区的军事对抗程度加剧。

2021 年，拜登政府全面修复与韩国的关系。2021 年 4 月 8 日，韩国与美国经过 18 个月的艰苦谈判正式签署了新的《特别措施协定》（SMA），达成了为期 6 年的国防费用分摊协定。根据该协定，韩国在 2021 年支付 1.1833 万亿韩元（10.59 亿美元），较 2019 年增长 13.9%，以维持约 28500 名美军驻韩。到 2022 年，这笔费用将上涨 5.4%。[①] 2021 年 5 月 21 日，美韩首脑峰会召开，商定终止《美韩导弹指南》，放松韩国导弹研发限制，并接受韩国提出的“朝鲜半岛无核化”用词。5 月 27 日，美韩签署《阿尔忒弥斯协定》，韩国扩大与美国在太空领域的合作。10 月召开第八次美韩能源安全对话，协商能源合作与温室气体减排等事宜。拜登政府进一步加强了美日韩三边关系建设。2021 年 4 月，三国安全部长和军方参谋长会议接连召开，5 月 5 日，七国集团（G7）外长会议举行期间，美国国务卿布林肯、日本外相茂木敏充和韩国外长郑义溶在伦敦举行会谈，协商三边安全关系事宜。但韩日关系因为独岛（日本称“竹岛”）之争仍不协调。

与美国改善对韩关系相对应的是朝韩关系严重退化和美朝关系更加对立。2021 年 3 月 10 日，尹锡悦当选韩国新任总统，重回对朝强硬政策，认为在“朝鲜完全无核化”之前必须维持和强化对朝鲜的制裁和施压。[②] 朝鲜认为朝韩关系已经退回到 2018 年 4 月《板门店宣言》发表之前的水平，[③] 朝韩关系的不信任状态“可能重演意外的各种冲突”。[④] 2021 年 4 月 30 日，

---

① 《美韩正式签署新的军费分摊协议》，人民网，2021 年 4 月 9 日，http：//military. people. com. cn/n1/2021/0409/c1011-32073827. html。

② “What Yoon’s Win Means for Security and Foreign Relations on the Korean Peninsula,” NKnews, March 10, 2022, https：//www. nknews. org/pro/what-yoons-win-means-for-security-and-foreign-relations-on-the-korean-peninsula/.

③ 《引导我们朝鲜式社会主义建设走向新胜利的伟大斗争纲领：关于敬爱的金正恩同志在朝鲜劳动党第八次代表大会上所作的报告》，（朝鲜）劳动新闻，2021 年 1 月 10 日，http：//www. rodong. rep. kp/cn/index. php? strPageID=SF01_ 02_ 01&newsID=2021-01-10-0002。

④ 《金正恩同志发表历史性施政演说〈关于争取社会主义建设新发展的当前斗争方向〉》，（朝鲜）劳动新闻，2021 年 9 月 30 日，http：//www. rodong. rep. kp/cn/。

美国表示已完成对朝政策评估，强调政策目标仍然是朝鲜半岛完全无核化，要对朝开展务实外交，增强美国、盟国和驻军安全。① 6 月 21 日，美国宣布延长涉朝鲜国家紧急状态一年。② 2022 年 1 月 12 日，美国宣布对朝鲜的“武器和弹道导弹”相关项目实施制裁，此举是拜登政府首次专门针对朝鲜武器计划实施的制裁。③

朝鲜对拜登政府的“冷战”政策“毫不奇怪”，认为“只是一贯以来的敌对政策的延续”。2022 年 1 月 19 日，金正恩宣布立即加强和发展更强有力的物质手段，以压制美国愈演愈烈的对朝敌对行为，并向相关部门下达指示，要重新考虑朝鲜为建立信任关系曾对美国率先主动采取的措施，及时研讨重启暂停过的一切活动的问题。更加彻底做好同美国长期对抗的准备。④朝鲜开始发射导弹，其中包括“高超音速滑翔飞行器”在内的短程弹道导弹，还两次发射侦察卫星，以“实时获取美军及其追随势力在韩国、日本、太平洋地区的反朝军事行动情报，改善朝鲜武装力量对于相关情况的迅速应对能力”。⑤

3. 中印竞争加剧，阿富汗变局引发南亚地缘政治震荡

2021 年南亚地区持续动荡，美国“印太战略”升级，对南亚地区的外溢性安全效应日渐明显，“集团政治”和“阵营化对抗”问题趋于严重，尤其是阿富汗变局给南亚地区的安全形势带来巨大的不确定性。

美国加紧拉拢印度、斯里兰卡、尼泊尔、孟加拉国、马尔代夫，以使其成为“印太战略”的实施伙伴。印度被美国列为重要安全伙伴，2021 年 9

---

① 《白宫称将以“务实方式”寻求与朝鲜展开外交》，人民网，2021 年 5 月 1 日，http：//world. people. com. cn/n1/2021/0501/c1002-32093768. html。

② 《朝韩美就朝鲜半岛局势接连表态，但重启谈判仍困难》，中国新闻网，2021 年 6 月 23 日，https：//www. chinanews. com. cn/gj/2021/06-23/9505202. shtml。

③ 《拜登政府首次对朝鲜武器计划实施制裁，中方：动辄诉诸制裁只会加剧对抗情绪》，环球网，2022 年 1 月 14 日，https：//m. huanqiu. com/article/46OLayGC0cZ。

④ 《朝鲜劳动党第八届中央委员会第六次政治局会议举行》，腾讯网，2022 年 1 月 20 日，https：//new. qq. com/rain/a/20220120A05J0P00。

⑤ 《朝鲜劳动党总书记金正恩视察朝鲜国家宇宙开发局》，中青在线，2022 年 3 月 10 日，http：//m. cyol. com/gb/articles/2022-03/10/content_ m2YVmcVvx. html。

月，美印发布联合宣言《致力于全球良治的伙伴关系》和《美国和印度——全球领导在行动》，强调美印要加强在印太地区和全球的合作。[①]2021 年 10 月，美国国际开发署宣布启动“南亚地区能源伙伴关系”（South Asia Region Energy Partnership，SAREP）项目，投入 4900 万美元支持孟加拉国、不丹、印度、马尔代夫、尼泊尔、斯里兰卡等国的能源发展项目，[②] 同时推动尼泊尔的道路、输电网建设和改造项目进行，即千年挑战公司——尼泊尔项目。[③] 印度在进入美国“印太战略”等之后，修改《作战指令》（Order of Battle），将军事斗争重点从西线（对巴基斯坦）转向北线（对中国），加强边境军力部署，使用“苍鹭”无人机、美式 155 毫米超轻型榴弹炮等针对性装备，与美国加强军事情报、高海拔作战等合作。[④] 印度还推进边境地区交通基础设施建设，在列城-洛默（Loma）公路上建成可运输重型武器系统等的 63 座桥梁。[⑤]

阿富汗变局是 2021 年南亚地区地缘政治环境最大的变量。2021 年 8 月美国正式从阿富汗撤军，美国和西方支持的阿富汗民选政府正式垮台，阿富汗进入“阿塔时代”。阿富汗面临严峻的国家治理任务，国际社会一直呼吁

---

① White House, “U. S. -India Joint Leaders’ Statement: A Partnership for Global Good,” https://www.whitehouse.gov/briefing-room/statements-releases/2021/09/24/u-s-india-joint-leaders-statement-a-partnership-for-global-good/; “Fact Sheet: The United States and India-Global Leadership in Action,” https://www.whitehouse.gov/briefing-room/statements-releases/2021/09/24/fact-sheet-the-united-states-and-india-global-leadership-in-action/.

② “USAID Launches a New Initiative to Accelerate the Clean Energy Transition and Improve Energy Access in South Asia,” October 28, 2021, https://www.usaid.gov/india/press-releases/oct-28-2021-usaid-launches-new-initiative-accelerate-clean-energy.

③ “On MCC Pact, US Message to Nepal Is Getting More Clear: Take It or Leave It,” The Kathmandu Post, January 11, 2022, https://kathmandupost.com/national/2021/11/20/on-mcc-pact-us-message-to-nepal-is-getting-more-clear-take-it-or-leave-it.

④ “LAC Face-off: India Shifts 50, 000 Additional Troops to China,” *Times of India*, June 28, 2021; Snehesh Alex Philip, “These Are the Key Changes Army Has Made in Ladakh to Counter China in Summer,” April 12, 2021, https://theprint.in/defence/these-are-the-key-changes-army-has-made-in-ladakh-to-counter-china-in-summer/638253/; Snehesh Alex Philip, “As Trust Deficit Lingers, India & China Prepare for Another Harsh Winter Deployment in Ladakh,” October 4, 2021, https://theprint.in/defence/as-trust-deficit-lingers-india-china-prepare-for-another-harsh-winter-deployment-in-ladakh/744559/.

⑤ “Raksha Mantri Shri Rajnath Singh in Ladakh; Dedicates to the Nation 63 Bridges Built by BRO in Six States & Two UTs,” June 28, 2021, https://pib.gov.in/PressReleasePage.aspx?PRID=1730936.

阿富汗建立包容性政府，但 9 月 21 日组建完毕的包含 53 人的临时内阁中只有 10 名非普什图族人，绝大部分要职由阿塔各派系成员担任。① 联合国阿富汗援助团的报告显示，阿塔制定和实施的很多政策与国际社会的期待有很大的距离。② 加上常年内战造成的人道主义危机、经济发展停滞，叠加干旱、新冠疫情等因素冲击，“阿富汗一旦崩溃，将使整个地区乃至世界的不稳定性上升”。③

同时，阿富汗变局正在引发新一轮地缘政治博弈。阿塔上台后，虽然尚未被国际社会承认，但外交互动持续存在，各国纷纷调整外交政策，国家之间的政治博弈日趋激烈。俄罗斯、中国、巴基斯坦、伊朗、哈萨克斯坦、吉尔吉斯斯坦、卡塔尔等国驻阿富汗使馆在阿政权更迭期间依然保持存在，法国等欧盟成员考虑联合开设使馆保持外交存在和互动。④ 美国表示将利用外交、国际影响、经济和人道主义援助介入阿富汗事务，避免其“彻底失控”。巴基斯坦是阿塔政治力量的积极支持者，积极帮助阿塔政府获得更多国际支持，并积极介入阿塔与北方民族势力的协商，推动阿富汗国内和平与稳定，不断扩大对阿富汗的影响力。印度认为阿塔执政会使阿富汗成为“基地”组织等恐怖组织的“庇护地”，要求确保“阿富汗不应成为庇护、培训、策划或资助任何恐怖主义的领地”，“阿富汗永远不能成为国际恐怖主义的安全天堂”。⑤ 阿塔对印度对阿富汗民选政府的支持非常不满，警告

---

① Ibraheem Bahiss, “Afghanistan's Taliban Expand Their Interim Government,” September 28, 2021, https://www.crisisgroup.org/asia/south-asia/afghanistan/afghanistans-taliban-expand-their-interim-government.

② United Nations Assistance Mission in Afghanistan, “RSG Lyons Briefing to the UNSC on the Situation in Afghanistan,” November 17, 2021, https://unama.unmissions.org/srsg-lyons-briefing-unsc-situation-afghanistan-4.

③ “Afghanistan Economy in ‘Freefall’, Threatening to Take Entire Population with It,” https://news.un.org/en/story/2021/12/1108372.

④ John Irish, “France, Europeans Working to Open Joint Mission in Afghanistan-Macron,” December 2021, https://www.reuters.com/world/asia-pacific/france-europeans-working-open-joint-mission-afghanistan-macron-2021-12-04/.

⑤ “Delhi Declaration on Afghanistan,” November 10, 2021, https://mea.gov.in/bilateral-documents.htm?dtl/34491/Delhi_Declaration_on_Afghanistan.

印度“不要试图在阿富汗事务中扮演任何安全角色”。俄罗斯在美国撤军和阿塔执政之后迅速调整对阿政策，发布官方声明称准备与阿富汗未来的过渡政府合作，并与所有派别都能交流和互动，增强在阿富汗问题上的话语权。伊朗、土耳其、沙特、卡塔尔、阿联酋等中东国家基于宗教纽带等因素，在阿塔执政之后迅速整合政策工具，与阿塔高层就什叶派穆斯林的安全与利益、反对美国干预等问题进行磋商，不断增强对阿富汗的政策影响力。

4. 俄罗斯与美西方对抗加剧，中亚地区安全脆弱性增加

面对美国“印太战略”对中国和俄罗斯实行的“双遏制”，俄罗斯稳步推进“转向东方”战略，与中国密切战略沟通，加强双边军事合作，举行“西部·联合-2021”反恐演习、“海上联合-2021”演习和首次联合空中战略巡航，签署2021年到2025年中俄两国军事领域进一步扩大合作发展路线图，同时在东欧、中亚地区强势对抗美国对其进行的战略空间挤压。

美国在2021年2月发布新《中亚战略》，提出要帮助中亚国家抵消中俄在该地区的影响。在从阿富汗撤军过程中，美国一再表示要把美军装备送给中亚国家，并计划恢复在中亚地区的军事基地。9月，美国从阿富汗撤军之后，与哈萨克斯坦签署五年军事合作计划，并支持乌克兰加入北约，持续对乌克兰进行军事援助，刺激俄罗斯采取强硬立场。2021年7月，俄罗斯出台新版《俄罗斯联邦国家安全战略》，进一步强化了国家安全统领一切的属性，强调俄罗斯所面对的威胁是全方位的，最大的威胁源于西方特别是美国，表示国防部门将为保卫国家领土完整与安全做好准备，并为国家社会经济和平发展创造条件。[①] 新版《俄罗斯联邦国家安全战略》删除了所有发展与西方关系的论述，显示俄已不再奢求实质性改善与西方的关系，并且不把关系的改善作为维护国家安全的主要路径。[②] 2021年俄罗斯频繁联合东欧、中亚国家举行军事演习，8月联合塔吉克斯坦、乌兹别克斯坦在中亚和阿富汗边境地区举行多场大规模联合军事演习；9月举行俄罗斯ZAPAD（西

① 《俄罗斯出台新版〈国家安全战略〉》，《人民日报》2021年7月9日，第16版。
② 陈宇：《从俄新版〈国家安全战略〉看其战略走向》，《现代国际关系》2021年第10期。

部）-2021 军事演习；10 月在阿富汗边境附近举行 3 场由集体安全条约组织成员国参与的联合军演，强调“集安组织应做好准备，击退外部威胁”。[①] 俄罗斯的军事演习主要是针对美西方进行军事部署，尤其是针对北约东扩进行威慑。

在乌克兰问题上，俄美“势不两立”，12 月 15 日，俄罗斯向美国和北约分别提交双边安全保证协议草案，表达俄方安全诉求，提出建议，内容包括北约停止进一步东扩且承诺不吸纳乌克兰为成员国，美国不在非北约成员国的原苏联地区国家领土上建立军事基地。[②] 2022 年 1 月 26 日，美国和北约拒绝不吸纳乌克兰、不在俄罗斯边境附近部署进攻性武器等核心诉求，并在 2 月 2 日宣布向德国、波兰和罗马尼亚部署总计 3000 名军人。[③] 美西方的“咄咄逼人”直接导致俄罗斯强硬回击，2 月 21 日，俄罗斯总统普京承认乌东两区为“独立国家”，同月 24 日宣布在顿巴斯地区发起特别军事行动。[④] 乌克兰宣布与俄断交，乌克兰周边国家宣布进入紧急状态。俄乌冲突正式爆发，新一轮地区动荡引发的大国对抗、人道主义危机和中亚国家分化组合将进一步加剧中亚地区安全的脆弱性。

三 “双安全”问题增多，加剧亚太地区安全风险

亚太地区的传统安全问题与非传统安全问题交织并存，联动性与复合性特征明显。整个地区虽然没有出现激烈的军事冲突，但地区性军备竞赛、南海问题、阿富汗问题的外溢性影响加剧了整个地区地缘政治环境的复杂性，

① 《俄将与多国在阿富汗边境附近连续举行军演》，《环球时报》2021 年 10 月 6 日，第 6 版。

② 《乌克兰危机来龙去脉》，新华网，2022 年 2 月 23 日，http：//www.news.cn/world/2022-02/23/c_1211584373.htm。

③ 《美国和北约就安全保障问题向俄罗斯递交书面回复》，人民网，2022 年 1 月 27 日，http：//world.people.com.cn/n1/2022/0127/c1002-32341037.html。

④ 《普京签署命令宣布承认乌克兰东部两个“共和国”》，新华网，2022 年 2 月 22 日，http：//www.news.cn/world/2022-02/22/c_1128404075.htm。

而以新冠疫情、跨境犯罪、恐怖主义为代表的非传统安全问题对整个地区的政治、经济、安全与社会发展都产生深刻的影响。

1. 东北亚地区掀起新一轮军备竞赛

在东北亚地区，自美韩联合坚持“朝鲜半岛无核化”的原则和立场之后，朝韩的军备竞赛就开始日趋明显。韩国出台了《国防工业发展与支持法》和《国防科技创新促进法》，推动本土工业为韩国武装部队开发技术和设备。[①] 韩国国防部于9月2日发表《2022~2026年国防中期计划》，强调韩国军方将在未来5年内开发破坏力更强、精密度更高的多种弹道导弹；进一步提高弹道导弹预警雷达的探测能力和探测范围，对现有爱国者导弹进行改良；着手自主研发远程炮拦截体系。根据这份计划，韩国未来5年的国防费用将达到315.2万亿韩元（约合人民币1.75万亿元）。[②] 9月15日，韩国总统府青瓦台宣布韩国成功进行自主研发的潜射弹道导弹水中试射，成为全球第7个成功试射潜射弹道导弹的国家，同时韩国成功进行远程空对地导弹与飞机的分离试验，韩国政府表示，经过系统开发后，远程空对地导弹有望搭载在KF-21“猎鹰”战斗机上，这不仅能增强韩国军队独立作战的能力，还能增强KF-21“猎鹰”战斗机的出口竞争力。[③]

朝鲜的军事装备升级步伐不断加快。金正恩表示，当前朝鲜半岛周边的军事紧张趋势依旧，朝鲜有“变成更强有力的实体的紧迫性”。[④] 朝韩对抗政策的回归和军备竞赛的不断升级，进一步加剧了朝鲜半岛的安全困境，给东北亚地区稳定增加了更多的不确定性。

---

① 《韩国大幅增加军费支出　加快推动“国防自主”》，新华网，2021年8月17日，http：//www.news.cn/mil/2021-08/17/c_ 1211334498.htm。

② 《韩国国防部发表国防中期计划　将开发破坏力更强的弹道导弹》，新华网，2021年9月2日，http：//www.news.cn/mil/2021-09/02/c_ 1211354267.htm。

③ 《韩国成功试射自主研发的潜射弹道导弹》，新华网，2021年9月15日，http：//www.news.cn/world/2021-09/15/c_ 1127866122.htm。

④ 《朝鲜举行〈自卫-2021〉国防展：洲际导弹，高超音速导弹亮相》，观察者网，2021年10月12日，https：//www.guancha.cn/military-affairs/2021_ 10_ 12_ 610433.shtml？s=fwckhfbt？s=fwckhffhxw。

2. 域外势力介入使南海问题军事化和国际化趋势进一步加剧

南海问题是美国介入亚太地区安全事务的重要“抓手”，美国拜登政府基本继承了特朗普政府时期的南海政策，不断联合地区盟友和安全伙伴加大对南海问题的介入力度，高度强调对华军事威慑，中美对抗态势更加明显。截至 2022 年 3 月，美军先后向南海地区部署 4 个航母打击群、2 个两栖戒备群、11 艘攻击型核潜艇、22 架次轰炸机，在南海继续维持高强度的对华抵近侦察、穿越台湾海峡、前沿存在、战略威慑、“航行自由行动”、演习演训和战场建设等动作。其中，美军大型侦察机的空中抵近侦察约 1200 架次，数次进逼至距中国大陆领海基线 20 海里；航母打击群和两栖戒备群频繁进入南海，达 12 次，较 2020 年至少翻了一番；全年至少有 11 艘攻击型核潜艇先后出现在南海及其周边海域，“海狼”级“康涅狄格”号核潜艇甚至在南海北部发生了“撞山”事故。①

欧洲等域外国家对南海事务的介入进一步提升了南海问题的国际化和军事化程度，这也是 2021 年南海问题发展的重要特征之一。美国打着“维护航行与飞行自由”的旗号，联合日本、澳大利亚、英国、法国、加拿大、菲律宾等地区盟友和安全伙伴在南海地区举行军事演习等联合行动，提升各国战时协作水平和海空力量互操作性，提高信息共享、武器系统对接和后勤保障及资源共享的水平与能力。据公开数据统计，2021 年美军在南海及周边地区累计开展演习演训 95 次，实际超过百次，其中大规模单边演习 14 次、双多边演习 81 次。演习兵力涉及美国海军、空军、海军陆战队、陆军以及海岸警卫队等各个兵种，演习内容涵盖反舰作战、反潜作战、反水雷作战、两栖作战、网络空间作战、海域态势感知等多个领域。② 在美日印澳“四边机制”、七国集团等机制框架内，美国联合其他成员不断对南海问题进行炒作，渲染“中国

---

① 南海战略态势感知计划：《2021 年美军南海军事活动不完全报告》，2022 年 3 月，http://www.scspi.org/sites/default/files/reports/2021nian_ mei_ jun_ nan_ hai_ jun_ shi_ xing_ dong_ bu_ wan_ quan_ bao_ gao_ .pdf。

② 南海战略态势感知计划：《2021 年美军南海军事活动不完全报告》，2022 年 3 月，http://www.scspi.org/sites/default/files/reports/2021nian_ mei_ jun_ nan_ hai_ jun_ shi_ xing_ dong_ bu_ wan_ quan_ bao_ gao_ .pdf。

威胁”以遏制中国建构话语权。尤其是在英美澳三边安全伙伴关系的合作框架下，美英帮助澳大利亚修建攻击型核潜艇，不仅引发国际社会对核扩散的担忧，而且可能会刺激南海地区军备竞赛，从而加剧南海安全形势的不稳定性。

3. 非传统安全威胁治理需求日渐紧迫

在中美竞争日益激烈的时代背景下，跨境犯罪、恐怖主义、新冠疫情等非传统安全问题使经济情况进一步恶化，对社会和政治安全、民众健康安全都产生了巨大的消极影响。同时，美国将非传统安全议题纳入“小多边”排外机制的构建内容之中，其成为“印太战略”的重要内容，使原本以低政治化、低敏感性为特点的非传统安全议题转变为与中国展开博弈和竞争的“中介”，这严重影响非传统安全问题的解决。

新冠疫情发生后，亚太各国的疫情不断升级，公共卫生医疗体系的短板日渐凸显，极大地影响了亚太地区的经济发展和民生状况。随着疫情持续扩散升级，亚太国家的确诊病例不断增加，不仅给各国的公共卫生系统造成巨大压力，而且对经济产生严重影响。亚太地区的发展严重不平衡，一些特定社会经济群体，例如妇女、残疾人口、农村人口以及较贫困家庭成员被排除在发展规划之外，他们面临巨大的生存挑战，在粮食保障、教育以及生计等方面的情况明显恶化。① 疫情暴发后，旅游业、零售业和其他服务行业受到巨大冲击，很多国家面临供应链中断的威胁，通货膨胀情况加剧，食品价格上升，粮食安全问题成为各国面临的重要挑战。越来越多的国家的国际贸易逆差上升，外汇储备不足，国际债务偿还问题凸显，这些国家陷入经济困局。

另外，虽然各国加强边境管制，移民劳动力数量下降，但非法贩运和有组织犯罪没有受到太大影响，孟加拉湾和安达曼海的人口走私反而有所增加。② 随着犯罪团伙在边境地区的非法活动增加，泰国跨境毒品数量出现了

① 《联合国亚太经济社会委员：2022 年亚洲及太平洋可持续发展目标进展报告》，新浪网，2022 年 3 月 19 日，https：//finance. sina. com. cn/tech/2022-03-19/doc-imcwiwss6873633. shtml。

② “Joint Statement by UNHCR, IOM and UNODC on Protection at Sea in the Bay of Bengal and Andaman Sea,” The UN Refugee Agency, May 6, 2020, https：//www. unhcr. org/news/press/2020/5/5eb15b804/joint-statement-unhcr-iom-unodc-protection-sea-bay-bengal-andamansea. html.

惊人的增长。泰国、马来西亚、柬埔寨以及其他国家的一些公民被非法贩卖到泰国边境地区的非法赌场区，他们被迫从事网络欺诈活动，参与网上赌博等犯罪活动。[①] 疫情暴发后，各国采取的防疫措施致使很多非法劳工无法返回原籍地，给所在国的社会稳定和边境安全带来巨大挑战。与此同时，恐怖主义、跨国犯罪等问题一直是影响东南亚地区安全和国家可持续发展的突出非传统安全问题，尤其是受美军撤离阿富汗及其全球反恐战略弱化、全球新冠疫情长期化、全球地缘政治对抗加剧、全球经济持续低迷、世界多数国家经济社会治理困难重重、全球治理困境加深、新老热点问题层出不穷等因素影响，亚太地区恐怖主义的发展形势更加复杂。美国提出要防止恐怖主义在东南亚蔓延，提高东南亚国家参与全球打击"伊斯兰国"行动的程度，并将其作为"印太"地区国家执法、军事和情报合作的重要内容，为反恐工作提供直接援助。美国主导下的湄公河-美国伙伴关系将打击跨国犯罪列为重要的合作内容，并提供5000多万美元用于打击跨境犯罪，[②] 将该问题的解决放在"印太战略"的实施过程中，割裂了跨境犯罪、恐怖主义的区域公共性特点，将重要的问题涉及国排除在外，将问题解决作为进行影响力竞争的"工具"，严重破坏了国际合作，使这些问题因得不到彻底、充分的解决而"后患无穷"。

恐怖主义的泛滥直接影响中国的海外公共安全。南亚长期以来是全球范围内受恐怖主义威胁最严重的地区，恐怖袭击次数多、因恐致死人数多、恐怖叛乱组织数量多的"三多"特征十分突出。全球受恐怖主义影响最为严重的前十个国家中南亚就有三个，阿富汗、巴基斯坦和印度分列第一名、第七名和第八名。截至2020年底，共有约150个恐怖叛乱组织被纳入取缔名单，但仍活跃的恐怖叛乱组织有110多个。巴基斯坦塔利班、"伊斯兰国"、

---

① Brain Harding, Jason Tower, "Three Priorities for U. S. -Thailand Cooperation in Myanmar," Uniter States Institute of Peace, December 15, 2021, https://www.usip.org/publications/2021/12/three-priorities-us-thailand-cooperation-myanmar.

② "Mekong-U. S. Partnership Joint Statement," The Mekonguspartnership, September 15, 2020, https://mekonguspartnership.org/2020/09/15/mekong-u-s-partnership-joint-statement/.

“基地”组织是巴基斯坦国内最主要的恐怖威胁来源，以俾路支民族分裂组织为代表的恐怖威胁日渐突出。针对中巴经济走廊建设的恐袭事件明显增多。俾路支民族分裂组织已经将破坏“一带一路”共建项目中巴经济走廊作为实现其政治诉求的手段，发动多次袭击。恐怖主义的地区外溢风险将进一步加剧，中亚和南亚地区的恐怖主义活动仍有进一步活跃的趋势。

四　亚太安全形势发展趋势：在变动与乱局交织中前行

从现有趋势来看，面对美国全面持续推动“印太战略”实施，中国会继续“积极作为”，引导和参与区域合作机制，不断加强与其他亚太国家的政治与安全互信建设，推动全球发展倡议在亚太地区实施，推动周边命运共同体目标建设，推动高质量“一带一路”建设和新型国际关系建设，中国对亚太地区秩序重构能力的不断增强，不可避免地与美国“印太战略”中加强对华战略竞争相碰撞。中美双方的博弈会持续推动亚太地区安全架构与秩序重塑，在这一过程中，亚太地区主要安全力量的分化组合进程将加速。尽量避免军事冲突，维持“斗而不破”的基本状态，仍将是大部分国家的基本共识，但是传统安全问题难以破局，地区热点问题依旧会持续存在，同时非传统安全问题的此起彼伏仍会对亚太地区安全形成紧迫和实质性的挑战。

1. 亚太地区安全架构和秩序加快重塑

美国“印太战略”已经进入全面“铺开”实施的阶段，通过构建排他性政治与军事“小集团”，推动东南亚和南亚地区形成“阵营化”的趋势日渐明朗；在东北亚地区，朝韩重回军事对立的紧张状态，整个亚太地区出现“新冷战”雏形。虽然 2021 年 9 月美国总统拜登在联合国大会发表讲话称，美国不寻求对中国发动“新冷战”，不寻求冲突。但美国对中国实施的政治、军事、安全、经济、意识形态等方面的多领域竞争举措已经透露出其在亚太地区打造“新冷战”格局的态度和目的。

中国坚决反对美国全面遏制中国的举措，提出“国家无论大小强弱，无论域内域外，都应该为亚洲添彩而不添乱，都要共走和平发展大道，共谋合作共赢大计，共创团结进步的亚洲大家庭”。[①] 同时，习近平主席在2021年9月第76届联合国大会上提出“全球发展倡议”，对亚太地区秩序重构提出“中国方案”。倡议提出，要坚持发展优先；坚持以人民为中心；坚持普惠包容；坚持创新驱动；坚持人与自然和谐共生；坚持行动导向，在减贫、粮食安全、抗疫与疫苗、发展筹资、气候变化和绿色发展、工业化、数字经济、互联互通等领域提出合作方案。

下一阶段，中美会继续秉持不同的安全理念，统筹运用各自的外交资源，推动亚太地区架构和秩序朝着有利于自己利益的方向发展，地区国家也会经受战略调整。从现有趋势看，日本、韩国、澳大利亚等美国的军事盟友会继续紧密跟随美国的步伐，印度也会紧紧拉住美国抛来的“橄榄枝”，增加其对抗中国的砝码，增强其影响南亚地缘政治的力量，朝鲜会继续不遗余力地提升军事防御能力，东盟的中心地位会继续经受挑战，东南亚国家既不愿意明确加入“反华联盟”，也不敢拒绝美国的拉拢，面临艰难选择。

2. 管控“双安全”风险外溢仍是亚太地区国家的主要任务

2022年，亚太地区仍将面临传统安全问题和非传统安全问题的挑战，管控安全冲突风险，防范恐怖主义、公共卫生安全风险外溢，提升地区合作治理能力仍将是亚太地区国家维护安全稳定的环境的主要任务。

2022年是《南海各方行为宣言》签署20周年，美国等域外国家对南海问题介入力度的加大，加剧了海上冲突和对抗发生的风险与概率，加强中美海上危机管控具有现实紧迫性。阿富汗政局变动后的安全形势仍然具有很大的不确定性，各国对阿富汗的外交政策调整仍将是影响南亚和中亚地缘政治形势的重要因素，需要注意的是，恐怖主义威胁的上升趋势不容

---

① 《习近平在博鳌亚洲论坛2022年年会开幕式上发表主旨演讲》，求是网，2022年4月21日，http：//www. qstheory. cn/yaowen/2022-04/21/c_ 1128580883. htm。

忽视。新冠疫情仍是亚太地区国家所面临的最紧迫的公共卫生安全问题。越来越多的国家对防疫政策的松动和奥密克戎变异毒株的来袭，进一步增加了抗疫防疫的难度。新冠疫情所带来的经济、政治和安全影响很难在短时间内得到调整。

在中美竞争大背景下，气候变化、跨境犯罪、疫情防控等“低政治化”的非传统安全问题已经被“高政治化”，成为大国之间博弈的焦点议题，非传统安全问题的治理从单一的“利益政治”向复合性的“利益政治”与“规则政治”发展。虽然大国都称要通过加强合作来推动安全问题治理，但地区合作治理的难度在大国系统性竞争的背景下不断提升。

区域合作

Regional Cooperation

B.6 RCEP与亚太地区供应链

杨 超 李天国*

摘 要： 在新冠疫情、大国博弈和地区安全形势的影响下，亚太地区的供应链格局经历深刻变化。RCEP成员国排除各种干扰合力推进RCEP的进程，最终促使RCEP于2022年1月在率先批准的成员国间生效。RCEP的实施将对亚太乃至全球的供应链产生重大影响，该协定将通过促进地区贸易增长、增强对域外跨国公司的吸引力以及打造统一原产地规则巩固亚洲生产网络等方式促进亚太供应链稳定。展望未来，为了让RCEP发挥更大的影响力，各成员国应进一步消除非关税壁垒，减少非关税壁垒对新一轮贸易自由化的影响；努力提高RCEP的利用率，确保微观企业在贸易自由化进程中具有"获得感"；推动相关规则升级，进一步稳定和发展区域供应链，为区域以及全球经济复苏做出更大贡献。

---

* 杨超，经济学博士，中国社会科学院亚太与全球战略研究院助理研究员，主要研究方向为世界经济；李天国，经济学博士，中国社会科学院亚太与全球战略研究院副研究员，主要研究方向为国际经济学、新兴经济体、朝韩经济。

关键词： 亚太地区 RCEP 供应链 原产地规则 区域经济一体化

2020 年以来，新冠疫情对世界经济产生重大影响，对全球供应链形成巨大干扰。在此之前，全球贸易经历了严重的增长放缓，反对全球化的浪潮甚嚣尘上，全球新冠疫情将导致全球贸易增长进一步放缓。亚太地区供应链和生产网络在新冠疫情、大国博弈、地区安全形势的叠加影响下，面临巨大的风险和挑战。进入 2021 年，随着疫苗的普及，新冠疫情对亚太地区供应链稳定和安全的影响逐步减小，而大国博弈、中美科技竞争以及发达经济体为实现供应链自主可控而采取的贸易保护主义政策将在更长时间内影响亚太地区的供应链格局。在多种风险和挑战交织和叠加的背景下，《区域全面经济伙伴关系协定》（Regional Comprehensive Economic Partnership，RCEP）的签署和实施实属不易，该协定正在为恢复亚太地区经济增长、维护亚太供应链稳定以及巩固亚洲生产网络发挥重要作用。

在亚太区域经济一体化进程中，供应链安全和稳定是亚太各国关注的重点。在 2012 年柬埔寨金边发表的关于启动 RCEP 谈判的联合声明中虽未直接提及供应链安全和稳定，但提出“经济联系”的概念，强调在亚太各经济体现有经济联系的基础上，通过 RCEP 促进经济增长，推进经济合作，扩大和深化区域经济一体化，这反映了各国希望通过贸易和投资进一步加强经济联系和供应链合作的愿望。新冠疫情、大国博弈以及地区安全热点在某种程度上推动了 RCEP 谈判进程。2020 年 8 月，在 RCEP 文本谈判接近尾声之际，第八届部长级会议联合媒体声明特别提及供应链稳定，该声明指出，“鉴于持续存在的不确定性，部长们认识到 RCEP 的重要性，参会部长们一致认为，RCEP 的签署将增强企业信心，完善区域经济架构，维护区域和全球产业链供应链的稳定，体现本地区对开放、包容、合作以及基于规则的多边贸易体系的支持”。① 签订自贸协定有助

① “Joint Media Statement of the 8th RCEP Ministerial Meeting,” November, 2020, https：//rcepsec. org/wp-content/uploads/2020/11/RCEP-MM-8-JMS. pdf.

于促进区域经济一体化、提高供应链韧性已经在亚太地区成为共识。RCEP的签署和生效是亚太国家经济外交的一项巨大成果，未来在产业链、供应链区域合作中，各成员应扮演更为主动、积极、活跃的角色，为在亚太地区建立以发展为导向的包容性供应链注入新的活力。

一 RCEP的审批及生效过程

RCEP构想的提出始于2011年14~19日在印度尼西亚举行的第19届东盟首脑会议，2012年11月18~20日在柬埔寨举行的第21届东盟首脑会议通过了RCEP框架并正式启动谈判。自2012年以来，RCEP共进行了31轮全面谈判、多次部长级会议和4次领导人峰会。从2013年5月的首轮谈判到2020年11月的正式签署，RCEP的谈判耗时8年，平均每年开展近4轮全面谈判，召开不少于1次部长级会议。

RCEP签署后开始进入审批和生效阶段。由于各国制度不同，成员国国内各阶层对贸易自由化的偏好存在差异，政府效率参差不齐，成员国审批和生效进程并不完全同步。但总体来看，RCEP的审批进展顺利，超过2/3的成员在2021年内完成审批。比如，2021年4月9日，新加坡率先完成RCEP的正式批准程序，并向东盟秘书长交存核准书；4月15日，中国向东盟秘书长正式交存核准书；6月25日，日本交存核准书；文莱、柬埔寨、老挝、泰国、越南分别于10月11日、15日、26日、28日、29日完成国内批准程序；11月2日，澳大利亚和新西兰完成国内审批程序并向东盟秘书长交存核准书；12月3日，韩国完成批准程序并提交核准书。2022年1月1日，RCEP对前10个率先批准的成员国正式生效；从2月1日起对韩国正式生效。2022年1月17日，马来西亚完成了批准程序，RCEP于2022年3月对马来西亚生效。截至2022年上半年，共有12个成员国完成审批程序，RCEP对这12个成员国生效，仅印度尼西亚、菲律宾和缅甸3个成员国尚未完成RCEP的国内审批。为了推动RCEP落地生效，各成员国依照RCEP章程，定期召开RCEP部长会议，相互通报各成员国在RCEP核准方面所取得的进展，讨论、实施和执行与RCEP相关的事项。2022 年 4 月 26～27 日，由印度尼西亚和新西兰共同主持的 RCEP 联合委员会第一次会议以视频方式召开，就实施协定相关事宜进行讨论，并决定成立商品、服务和投资、可持续增长和商业环境委员会。2021 年 7 月 28 日至 8 月 6 日，RCEP 成员国国际贸易数字展览会暨 RCEP 经贸合作论坛在线举办。

RCEP 生效后，开放的红利逐步释放，对地区经济发展和供应链稳定的积极效应正在显现。联合国贸易和发展会议发布的报告认为 RCEP 的经济规模及其贸易活力将使其成为全球贸易的重心，成为全球最大的贸易集团，关税减让会使地区的贸易在 2019 年的基础上增长 2%。[①] 亚洲开发银行预测协定生效后，RCEP 成员国到 2030 年将获得 1740 亿美元的实际收入，相当于成员国国内生产总值的 0.4%。[②] 亚洲新兴和发展中经济体整体上也将受益于 RCEP 的生效。比如世界银行的报告预测，越南有望成为 RCEP 成员国中收入和贸易额增长最快的国家，报告预测 2020～2025 年，越南出口增速有望达到 11.4%，进口增速将达到 9.2%。[③] 2022 年 1～6 月，中国对 RCEP 伙伴货物贸易的增速为 6.4%，承接其他成员国离岸服务外包合同金额增长 33.7%。就投资来看，2022 年第一季度，中国企业对共建“一带一路”国家非金融类直接投资金额为 200.8 亿元，它们主要流向新加坡、印度尼西亚、马来西亚、越南等 RCEP 成员国。海关总署数据显示，RCEP 生效实施的上半年，中国出口企业申领 RCEP 原产地证书和开具原产地声明共 26.6 万份，涉及货物总值为 979 亿元，享受进口国关税减让 7.1 亿元。印度尼西亚、马来西亚、泰国等东南亚国家同样受益于 RCEP 的落地实施。

二 RCEP 对亚太地区供应链的潜在影响

供应链是一个将产品或服务从生产者转移到最终使用者的复杂系统，完

① “Asia-Pacific Partnership Creates New ‘Center of Gravity’ for Global Trade,” UNCTAD, December, 2021, https://unctad.org/news/asia-pacific-partnership-creates-new-centre-gravity-global-trade.

② “Regional Comprehensive Economic Partnership: Overview and Economic Impact,” *ADB Briefs*, No. 164, December, 2020.

③ 《RCEP 开门红彰显自由贸易活力》，《经济日报》2022 年 5 月 5 日，国际版。

整的链条涉及企业、工人、信息、自然资源和原材料等组成部分。很多产品从生产到消费的环节有多个国家参与，链条越长，供应链对宏观环境的稳定性以及各国的贸易制度的协调程度的要求就越高。RCEP 通过形成一体化的贸易制度，打通地区供应链、价值链和产业链的隔阂，克服了传统“10+1”自由贸易协定的弊端。[①] RCEP 将通过促进亚太地区贸易增长、吸引区域外的跨国直接投资、形成更为细化的价值链分工网络以及提高区域内物流效率等方式促进亚太地区供应链稳定。

（一）RCEP 将促进亚太地区贸易持续增长

进出口的持续增长是亚太地区供应链稳定的基础条件。完整的供应链包括原材料加工、中间品生产、产品组装、服务等多个环节，需要在多个地区完成不同工序生产，并通过多次跨境贸易完成。RCEP 积极推动亚太地区贸易自由化，随着实施不断深入，成员国之间的贸易往来更加密切。具体来说，RCEP 将从货物贸易和服务贸易两个方面促进亚太地区贸易稳定增长。

在货物贸易领域，RCEP 通过降低关税为成员国提供更好的市场准入条件和贸易便利化措施，将促进成员国之间的进口和出口。总体来说，RCEP 内部的货物贸易额约占成员国货物贸易总额的 50%，其中文莱、老挝、缅甸等较小的成员国对于 RCEP 成员国市场的依赖程度更高。[②] RCEP 签署前后，国内外不少学者对 RCEP 的进出口影响做了大量研究。根据 Alessandro Nicita 的测算，RCEP 成员国之间的关税减让会使 RCEP 成员国的出口总额增加 418 亿美元，部分贸易来自非成员国的转移。日本是最大的受益者，其出口预计增加 202 亿美元，澳大利亚、中国、韩国、新西兰的出口也将增加，而柬埔寨、印度尼西亚、菲律宾、越南的出口将下降（见表 1）。

① 沈铭辉：《RCEP 在推动东亚区域合作中的作用与新课题》，《东北亚论坛》2022 年第 1 期。

② RCEP 规定，核准成员国间 90%以上的产品关税最终削减至 0，与签署之前相比将平均降低 9%左右，大部分产品的关税在生效之后即取消，其他产品的关税则会在未来的 20 年中逐步降低。澳大利亚、新西兰 98.6%的产品已经实施了零关税政策，因此，在 RCEP 的关税减让承诺中，它们的关税减让幅度较小；中国、日本、韩国的关税减让幅度更大，产品覆盖范围更广。

表 1　RCEP 关税减让对成员国出口的影响

单位：亿美元

国家	总体影响	贸易转移	贸易创造
澳大利亚	41	28	13
文莱	0	0	0
柬埔寨	-3	-4	0
中国	112	69	43
印度尼西亚	-3	-8	4
日本	202	157	45
老挝	1	0	1
缅甸	1	0	1
马来西亚	2	3	6
新西兰	11	8	3
菲律宾	-1	2	2
韩国	67	44	23
新加坡	2	-3	5
泰国	0	-11	11
越南	-15	-23	8

资料来源：Alessandro Nicita，“An Assessment of the Regional Comprehensive Economic Partnership（RCEP）Tariff Concessions，” UNCTAD Research Paper No. 73，September 2021，p. 19。

在服务贸易领域，RCEP 现有成员国做出了高于原“10+1”自由贸易协定开放水平的承诺，给亚太地区服务贸易增长注入了新的动力。RCEP 的 15 个成员国总人口超过 22 亿人，服务贸易壁垒显著降低有助于充分释放大规模人口背后蕴含的旅游、教育、医疗等市场潜力，拓展了外资企业在 RCEP 成员国的经营范围和经营方式，有利于促进亚太地区服务贸易发展和繁荣。根据 Qiu Bin 等学者的研究，RCEP 做出的服务贸易开放承诺改善了大部分成员国的福利效应，从贸易条件和贸易量的分解结果来看，二者总体上呈现一定程度的增长。RCEP 生效后的第一年，中国、印度尼西亚、日本、老挝、越南的贸易条件将有所下降，其他国家均得到改善；就贸易量而言，仅日本和老挝会出现下降，其他国家的贸易量将增加（见表 2）。

表 2　RCEP 服务部门开放承诺实施第一年的福利效应分解

单位：%

国家	贸易条件	贸易量
澳大利亚	0. 309	0. 033
文莱	2. 416	0. 054
柬埔寨	0. 859	0. 160
中国	-0. 112	0. 132
印度尼西亚	-0. 263	0. 077
日本	-0. 093	-0. 003
老挝	-0. 212	-0. 002
缅甸	0. 184	0. 024
马来西亚	1. 628	0. 145
新西兰	0. 561	0. 042
菲律宾	0. 810	0. 105
韩国	0. 357	0. 672
新加坡	1. 296	0. 008
泰国	0. 591	0. 216
越南	-0. 002	0. 960

资料来源：Bin, Q. , Qun, Z. , Shaoqin, S. , Yuwei, Y. “The Welfare Effects of RCEP on Trade in Services,” June 2022, pp. 19-20。

（二）RCEP 将增强亚太地区对跨国公司的吸引力

跨国公司是供应链的微观主体，对保障供应链稳定发挥重要作用。RCEP 包含较高水平的经贸规则相关章节，涉及市场准入、外资股权、最惠国待遇、国民待遇等多项内容。各成员国对外资开放水平的提高将增强亚太地区对跨国公司的吸引力，跨国公司对生产工序和环节的合理配置将推动亚太地区供应链稳定发展。从数据来看，RCEP 的 15 个亚太地区成员国在协定签署之前的外商直接投资流量已经占到全球的 24%以上。[①] 2021 年，东盟十国和中国、韩国、澳大利亚、日本的外商直接投资流量显著上

① UNCTAD, “Global Investment Trend Monitor, No. 37,” November 2020.

升（见图 1）。

就直接影响而言，关税削减、外商直接投资的负面清单安排和便利化措施将吸引更多的对外直接投资。一方面，关税水平的降低吸引制造业跨国公司将生产工序设立在 RCEP 成员国。RCEP 的成员国结构多元，不仅包含发达经济体，也有新兴和发展中经济体。这种多样性为跨国公司实现生产环节的最优配置提供了充分的空间。关税削减带来了低成本的出口机会，结合资源、劳动力、市场的综合优势，将为亚太地区吸引更多的跨国公司。另一方面，RCEP 对制造业、农业等非服务部门采取负面清单制度，在服务业自由化方面则采用负面清单和正面清单共存的两级制度，即使是采用正面清单制度的成员国也对服务部门的自由化做出了详细承诺。这样的制度安排有助于降低跨国公司的进入成本，能够吸引跨国公司的投资。

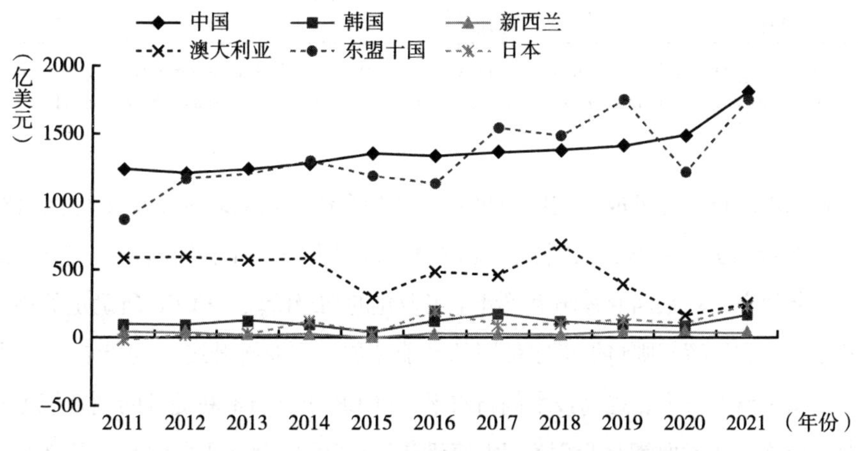

图 1　2011~2021 年 RCEP 成员国外商直接投资流量

资料来源：笔者根据联合国贸易和发展会议（UNCTAD）数据库制作而成。

在 RCEP 首轮谈判后，不少学者对 RCEP 的经济效应和福利影响进行了研究。例如，根据相关测算，在 RCEP 成员国没有采取服务贸易自由化措施且所有产品关税降低 95%、非关税壁垒降到日本和韩国的平均水平的情形（情形 1）下，中国企业对 RCEP 其他成员国的对外直接投资将增加 1.62 亿美元。当 RCEP 成员国把服务贸易壁垒降到日本和韩国的平均水平且交易成本降低50%（情形2）时，世界其他地区企业对RCEP地区的对外直接投资将增加3.19亿美元（见表3）。

表3　模拟不同自由化水平下企业的对外直接投资变化情况

单位：亿美元

企业类型	投资市场	情形1	情形2
中国企业	中国	20.67	48.71
中国企业	RCEP成员国(不含中国)	1.62	4.14
中国企业	世界其他地区	0.96	1.92
RCEP成员国企业(不含中国)	中国	0.00	0.01
RCEP成员国企业(不含中国)	RCEP成员国(不含中国)	0.01	0.02
RCEP成员国企业(不含中国)	世界其他地区	0.01	0.01
世界其他地区企业	中国	-5.78	0.24
世界其他地区企业	RCEP成员国(不含中国)	0.62	2.95
世界其他地区企业	世界其他地区	-0.20	1.79

资料来源：Qiaomin Li, "Analyzing Effects of the RCEP on FDI in a Firm Heterogeneity CGE Framework," 20th Annual Conference on Global Economic Analysis Paper, December 2017, pp. 31-37。

RCEP以开放促进成员国国内创新和转型升级，从而增强了亚太地区对跨国公司的吸引力。日本、韩国、新加坡属于世界上技术先进的国家，文莱、柬埔寨、菲律宾、马来西亚等国家仍处于工业化的初级阶段。RCEP所确定的高水平开放承诺和经贸规则将促进成员国的产业拓展、产业链升级、生产能力积累，进一步增加研发投入，提高技术创新水平。RCEP成员国不断提升的创新能力和相对低成本的研发要素将吸引发达国家跨国公司前来设立研发中心、开展合作研究，在吸引外资数量增加的同时提升外资的质量。跨国公司将给东道国带来先进的技术和管理经验，通过行业内和行业间溢出机制，① 鼓励东道国企业学习、模仿、创新，从宏观上推动RCEP成员国创新能力、国家竞争力不断提高，进而吸引更多跨国公司主导高质量投资，形成正反馈效应。

① Beata S. Javorcik, "Does Foreign Direct Investment Increase the Productivity of Domestic Firms? In Search of Spillovers Through Backward Linkages," *American Economic Review*, Vol. 94, No. 4, June 2004, pp. 605-627.

（三）RCEP 原产地规则有利于区域内更为细化的价值链分工体系形成

原产地规则是自由贸易协定的核心内容，它决定货物的“国籍”，决定货物是否有资格享受关税减免，主要包括原产地标准、原产地证明制度、运输规则、海关核查制度和透明度规则。RCEP 通过形成统一的原产地规则，一改亚洲过去“意大利面碗”式原产地规则的局面。首先，RCEP 采用区域内增值的方法，以契合亚洲地区中间品贸易比重大的特点，RCEP 统一将门槛设定为 40%，且采用对角线累积法计算，即所有区域内原材料和中间品的采购，不管跨境频率高低，都不影响对其原产地的认证，这极大地便利了中间品贸易的开展，同时方便跨国公司进行跨境生产、跨境销售。其次，从原产地规则的内容来看，RCEP“特定原产地规则”设置得相对简洁，没有根据品目再做进一步的规定，与 CPTPP 和 USMCA 相比，更方便企业使用；就区域价值成分而言，RCEP 统一将门槛设定为 40%，这意味着 RCEP 允许多达 60%的用于生产商品的材料来自非 RCEP 成员国，计算方法相对简单。RCEP 原产地规则有利于东亚和东南亚生产网络相互融合，各国可以发挥各自的比较优势，提高资源在亚洲的配置效率，进而维持亚太地区的供应链稳定。

（四）中日韩形成自由贸易区有助于巩固东亚供应链

中国、日本和韩国三大经济体 GDP 之和占东亚各国经济总量的 90%左右，约占整个亚洲经济总量的 70%，三国的供应链稳定和繁荣发展对于亚太地区供应链稳定具有重要作用。① RCEP 生效前，中日韩三国贸易总额为 6200 亿美元左右，其中关税额高达 3000 亿美元，约占贸易总额的 47%，贸易自由化的空间较大；2020 年中日韩制造业增加值占 RCEP 成员国制造业增加

---

① Muhui Zhang, “The China-Japan-Korea Trilateral Free Trade Agreement: Why Did Trade Negotiations Stall?” *Pacific Focus*, August 27, 2019.

值总额的近90%，占全球制造业增加值的39%。虽然日本、中国和韩国之间的自由贸易协定谈判于2012年11月开始，但谈判自2019年11月以来陷入停顿。随着中日韩共同参与的RCEP生效，中日韩三国企业出口的许多产品将享受关税减让的好处。RCEP的贸易创造效应将对稳定亚太地区供应链起关键作用。

（五）RCEP将通过提高区域内物流效率稳定供应链

物流是供应链的重要组成部分，物流效率的提高有助于降低运输成本，形成弹性供应链。物流效率的提升可以从两个方面稳定供应链。第一，在RCEP实施之前，复杂的区域供应链使清关流程效率低下且复杂。邻国之间的货物通常会在海关扣留较长时间，比如在新加坡，清关通常需要3~5天。此外，不同国家有不同的税收和关税结构，给不熟悉每个国家规则的企业带来诸多不便。RCEP简化了海关程序，提高了效率，普通货物可以在48小时内清关。这对于简化跨境供应链和物流管理意义深远。对于物流企业而言，这些变化预计将减少货物被分类和预留到目的地所需的时间，并且跨境交付速度可能会比以前更快。第二，这对时间敏感型产品具有贸易创造效应。时间敏感型产品一般对便捷运输的要求较高，如果无法在短期内送达用户，该商品便无法成为跨境贸易商品。比如蔬菜、水果等时鲜必需品，易腐易烂品以及部分对时效有要求的化学品，均符合时间敏感型产品的定义。随着RCEP的实施，各国物流效率有望进一步提高，亚太地区的很多时间敏感型产品将实现跨境流通与交易。

三　结语

作为全球最大的自由贸易区，RCEP的顺利实施对于促进亚太地区的经济持续发展具有重要意义。展望未来，RCEP成员国需要关注非关税壁垒的不利影响，RCEP的影响力依赖吸引更多的亚太经济体加入。更为重要的是，RCEP需要与时俱进，不断升级更多反映新时期经贸规则的条款，持续增强区域价值链韧性，为亚太地区经济发展提供源源不断的动力。

（一）关注非关税壁垒

RCEP 核准成员国间 90%以上产品的关税最终将削减至 0，这对于域内国家的贸易增长具有重要的推动作用。然而，贸易自由化条款会因非关税壁垒的存在而使 RCEP 的效果大打折扣。非关税措施是除关税之外，各国为限制进口而采取的贸易措施。比如为了遵守相关食品标准，需要支付更改产品以重新设计和变更系统的一次性成本，不同出口市场的不同要求以及进口国实施的不同标准、技术法规都会增加此类合规成本。就东盟内部而言，10 年来，东盟各国认识到降低非关税壁垒的重要性，并且各国多次承诺不使用非关税壁垒阻碍自由贸易，比如根据 2004 年签署的东盟优先部门一体化框架协议，成员国一直致力于减少非关税措施对农产品的贸易扭曲影响。但是必须承认的是，农产品检验检疫标准、标记规则、延缓通关等仍是阻碍各国进口的常用手段。此外，东盟非关税措施的监管改革进展缓慢，全球非关税措施数据库显示，东盟优先部门农产品贸易的非关税措施从 2000 年的 434 项增加到 2010 年的 1192 项，再增至 2019 年的 2181 项。[①] 在进口方面，卫生和植物检疫措施成为非关税措施的最大组成部分，约占措施总数的一半，这主要出于对非贸易政策的考虑，本质上是贸易保护主义。在新冠疫情的冲击下，各国仍维持相当程度的非关税壁垒。为了规避非关税壁垒的不良影响，2021 年 12 月中国出台了《国家标准化发展纲要》，要求“持续开展重点领域标准比对分析，积极采用国际标准，大力推进中外标准互认，提高我国标准与国际标准的一致性程度……促进内外贸质量标准、检验检疫、认证认可等相衔接，推进同线同标同质。创新标准化工作机制，支撑构建面向全球的高标准自由贸易区网络”。[②] 总之，RCEP 生效后，各国在政府

① “Why ASEAN Needs to Reduce Its Non-Tariff Measures on Agri-Food Imports,” The Diplomat, July 2021, https://thediplomat.com/2021/07/why-asean-needs-to-reduce-its-non-tariff-measures-on-agri-food-imports/.

② 《国家标准化发展纲要》，中华人民共和国国家发展和改革委员会网站，2021 年 12 月 1 日，https://www.ndrc.gov.cn/fggz/fzzlgh/gjjzxgh/202112/t20211201_1306575_ext.html。

削减关税以促进亚太地区供应链稳定之际，应重点关注非关税壁垒对亚太供应链的影响。

（二）提高自贸协定利用率

各国政府愿意签署自贸协定（FTA）的一个重要原因是 FTA 可以帮助企业获得更多的海外市场机会，进而增加企业的收入。然而，FTA 是否能发挥应有的政策效力，取决于企业能否利用 FTA 降低关税、运输等贸易成本，进而提高 FTA 的利用率。从过去的情况看，亚洲各国企业对区域内已生效的自贸协定的优惠关税利用水平偏低，[①] 新兴和发展中经济体的 FTA 利用率偏低的情况更为突出。因此，RCEP 生效后，应加大对 FTA 的宣传推广力度，帮助企业解读 RCEP 规则，进而挖掘贸易自由化带来的商业机会。目前，一些成员国政府在提高 FTA 利用率上的经验值得域内其他国家借鉴和学习。比如新加坡政府设立专门网站“企业新加坡”（Enterprise Singapore），帮助企业挖掘 RCEP 成员国的出口市场，[②] 该网站列出利用 RCEP 的两个步骤：第一步是查询海外市场对相关出口产品的优惠税率；第二步是查询产品 HS 代码的原产地规则，为企业提供清晰明确的使用路线图。澳大利亚专门设立 FTA 门户网站，[③] 在该网站可以通过输入产品名称、HS 代码以及潜在的出口市场来确定产品在不同 FTA 下的关税税率，以方便企业在各类 FTA 中进行比较。例如，澳大利亚企业将产品出口到中国时既可以选择中澳 FTA，也可以选择 RCEP，该网站为企业列出了选择方案，以方便企业进行对比，这可以提高使用 FTA 的便利度。这些经验值得其他 RCEP 成员国学习。

（三）推动相关规则升级

随着亚洲各国经济发展水平的不断提高，推动 RCEP 规则升级有助于反

① Kawai, Masahiro, Ganeshan Wignaraja, eds., “Asia's Free Trade Agreements: How Is Business Responding?” Edward Elgar Publishing, 2011.

② 参见“Enterprise Singapore,” https://www.enterprisesg.gov.sg。

③ 参见“Free Trade Agreement Portal,” https://ftaportal.dfat.gov.au/。

映各国对经贸规则的诉求，与此同时对于稳定亚太供应链具有重要作用。RCEP 的 15 个成员国中，日本、马来西亚、越南、新加坡、文莱、新西兰和澳大利亚 7 个成员国是 CPTPP 的缔约国，其他成员如中国、韩国、泰国等表示了加入 CPTPP 的意愿，这说明 RCEP 中约有 2/3 的成员国具有接受更高标准自由贸易规则的基础，这也是在今后推动 RCEP 规则升级的关键。首先，RCEP 的很多成员国在相关领域针对贸易伙伴单独设立关税减让表，关税减让最高年限长达 20 年。与 CPTPP 形成统一的关税减让表、生效后立即削减关税至 0 相比，企业使用 RCEP 货物贸易规则的难度更大，需要花更多精力研究和挖掘相关领域的贸易机会。其次，RCEP 在服务业开放上采取谨慎态度。考虑到全球服务业呈现快速增长势头，服务业产值在各国国民经济结构中的比重不断上升，东盟前五大经济体印尼、泰国、新加坡、菲律宾、马来西亚的服务业产值占 GDP 的比重分别达到 44%、60%、74%、60%、55%。服务业开放应该成为 RCEP 未来规则升级的重点领域。例如 RCEP 成员国的居民使用移动互联网服务的比例较高，电子商务和数字贸易等产业具有很大的发展潜力。RCEP 可以通过不断完善相关规则，用更高水平的市场开放与经贸规则持续推动区域经济一体化，为区域经济增长和全球经贸发展做出更大贡献。

B.7

2021年 APEC 第二十八次领导人非正式会议评析

刘均胜 *

摘　要： 新冠疫情给亚太地区带来巨大冲击，并可能对地区经济产生长期的影响。《2021 年亚太经合组织领导人宣言》将早日恢复经济和促进全球经济复苏作为最重要的任务，提出以更加创新、包容和可持续的方式恢复经济增长。应对新冠疫情和恢复经济是 APEC 当前最重要的任务。在应对新冠疫情上，宣言提出一系列倡议和政策主张，如将疫苗作为全球公共产品、采取以人民为中心的防疫措施、发挥贸易和投资在防疫方面的关键作用，等等。在恢复经济上，强调创新、包容和可持续的方式，这既是 APEC 在新增长战略上探索的继续，也是呼应新冠疫情所导致的社会生产、生活模式改变和产业转型的需要。新冠疫情需要人类共同面对，宣言及时有效的倡议和政策建议反映和深化了亚太共同体的共识。

关键词： 新冠疫情　《2021 年亚太经合组织领导人宣言》　经济复苏　亚太共同体

继 2020 年 APEC 取消领导人面对面会议后，作为 2021 年承办方的新西兰宣布取消亚太经合组织（APEC）第二十八次领导人非正式会议的实体会

* 刘均胜，经济学博士，中国社会科学院亚太与全球战略研究院副研究员，主要研究方向为亚太经济、区域合作。

议，改为以视频方式举行。连续两年以视频方式举办这样的会议从一个侧面说明新冠疫情的严重程度及其对国际交流的阻断。实际上，国际社会对暴发于2020年的新冠疫情缺乏有效的防控措施，其在亚太乃至世界其他地区的肆虐给经济社会带来的影响不断恶化，对亚太地区可以说是75年以来最大的经济冲击。作为亚太地区级别最高、涉及领域最广、影响力最大的区域合作机制，APEC 面对新冠疫情做出如何反应、如何应对等都备受瞩目。2021年是 APEC“后茂物时代”的开局之年，及时有效地应对新冠疫情对于未来 APEC 的发展具有重要意义。① 2021年11月12日通过的《2021年亚太经合组织领导人宣言》明确提出“早日恢复经济，促进全球经济复苏，是我们2021年最重要的任务”,② 并进一步提出要“以更加创新、包容和可持续的方式恢复增长”，可见 APEC 努力在短期与长期、应急事件与战略规划之间进行平衡，以实现更优的发展。

一 共同应对新冠疫情带来的挑战

应对新冠疫情是对《2020年亚太经合组织领导人宣言》中相关内容的继续，这体现了 APEC 对新冠疫情所造成的严重形势的持续关切，希望出台更具体有效的应对措施，以引领亚太地区乃至世界的抗疫行动。

（一）重视新冠疫情，为此特别召开中期领导人非正式会议来研究应对措施

不同以往，2021年7月16日，APEC 以视频方式召开了领导人非正式会议，主要讨论新冠疫情带来的健康和经济危机及其应对措施。在 APEC 发

① 1994年，在印度尼西亚召开的 APEC 领导人非正式会议确定了“茂物目标”，规定发达成员不迟于2010年、发展中成员不迟于2020年实现贸易和投资自由化。因此，2010年和2020年成为 APEC 自由化进程上的重要时间节点，参见“1994 Leaders' Declaration,” https：//www. apec. org/Meeting-Papers/Leaders-Declarations/1994/1994_ aelm。

② APEC，“2021 Leaders' Declaration,” https：//www. apec. org/meeting-papers/leaders-declarations/2021/2021-leaders-declaration.

展的30年历史上，针对单一议题在年中召开领导人层级的会议恐怕还是第一次。重要议题一般采取召开高官或者部长级会议的方式来商讨，由此可见新冠疫情不断恶化的形势和APEC对其的重视态度。

与《2020年亚太经合组织领导人宣言》相比，这次会后所发表的领导人宣言关于新冠疫情的政策主张更具针对性，主要集中在疫苗供应、创新和数字化，以及贸易和投资三个方面。[①] 在疫苗供应方面，领导人宣言提出只有加快获得安全、有效、有质量保证和价格适中的疫苗，APEC的抗疫才能取得胜利。新冠疫苗属于一种全球公共产品，对防疫具有重要作用。为此，要加倍努力增加疫苗的生产和供应，支持全球范围的疫苗共享，鼓励在相互认同的基础上自愿转移疫苗的生产技术。决心让疫苗成为全球公共产品是一个新的提法，这在《2020年亚太经合组织领导人宣言》中未提及。在此之前，疫苗尽管受到重视，但更多的是“各自为政”，将疫苗上升为全球公共产品说明，经过一年多的时间，APEC对防疫有了更深入的认识。

在创新和数字化方面，宣言强调，要大力发展数字化基础设施和技术以帮助民众和企业适应疫情带来的结构性变化，而此前对数字化技术的利用更侧重于提高生产效率和促进交易活动方面。在数字化交易方面，宣言提出要认识到合作对于促进数据流动和增强商业诚信的重要性，对进行数字化转型要给予更多的政策支持，以及通过提高数字化认知水平和技术来消除数字化鸿沟。

在贸易和投资方面，宣言强调，在亚太这个经济密切联系的地区，贸易和投资在抗击新冠疫情和疫情后的经济恢复方面具有关键性作用。各经济体要努力确保区域供应链能够安全和有效地配送新冠疫苗和相关产品。对于商品和服务，尤其是与健康和经济相关的关键物资，要为其流通提供便利。对于跨境旅行，要在不损害防疫效果的条件下努力恢复。《2020年亚太经合组织领导人宣言》呼吁以合作促进关键性商品、服务和人员的安全流动，消

---

① APEC, “APEC Economic Leaders’ Statement: Overcoming COVID-19 and Accelerating Economic Recovery,” Wellington, New Zealand, July 16, 2021, https://www.apec.org/meeting-papers/leaders-declarations/2021/2021_ilr.

除不必要的贸易壁垒和提高供应链弹性。这里所提到的“安全”和“不必要的”较为笼统，在实际运用中难以准确把握，相比之下，《2021 年亚太经合组织领导人宣言》中的提法更具体，这是在充分认识正常运行的区域生产链对防疫具有重要作用的基础上做出的。

（二）在已有的防疫实践和年中领导人声明的基础上，《2021年亚太经合组织领导人宣言》规划了应对新冠疫情的工作重点

通过对前期防疫工作的总结，APEC 认识到在防疫方面还存在一些值得注意的地方，如公众在获得新冠疫苗方面存在的不平等，贸易和投资在防疫和经济恢复上所发挥的关键作用，阻断跨境人员流动可能会对地区经济造成巨大损失，以及区域性卫生和健康服务体系需要完善，等等。

为此，《2021 年亚太经合组织领导人宣言》提出今后在贸易和投资、跨境人员流动、卫生和健康服务体系方面的应对措施。在贸易和投资方面的规定较为全面，提出要加强六个方面的工作：通过包括自愿转移疫苗生产技术在内的方式，支持全球层面在实现疫苗平等共享和增加疫苗生产供应上做出的努力；通过包括植入数字技术的贸易便利化和优化海关通关程序在内的措施，促进新冠疫苗和相关医药产品的贸易流动；提高应对新冠疫情的各类边境措施的透明度，鼓励取消非必要出口限制和非关税壁垒；自愿降低新冠疫苗和相关医疗产品的价格；确实履行《与贸易有关的知识产权协议》，支持新冠疫苗的研发、投资、生产和流通；建设性地参与世界贸易组织（WTO）第十二届部长级会议，确保给予新冠疫情务实、有效、前瞻性的多边回应。

上述工作中的第一项和第六项强调全球层面和多边应对，这些主张是新提出来的，说明 APEC 在防疫上的努力不再局限于区域层面，希望从全球和多边层面应对。长期以来，APEC 扮演“孵化器”和“探路者”的角色，即首先在亚太地区对一些自由化理念和政策主张进行实验，然后利用 APEC 这个平台的影响力在全球和多边层面加以推广。从这点看，APEC 的防疫工作在一定程度上具有“探路者”色彩，可能对全球防疫具有重要的示范和引领作用。

第二项和第三项分别是关于便利化和非关税壁垒的，属于贸易范畴。新冠疫情暴发以来，为了避免病毒迅速扩散，一些国家和地区采取了较为严厉的管控措施，这在一定程度上对商品服务流动造成阻碍。此外，出于保证供给和安全的考虑，一些国家对新冠疫苗和相关药品的出口进行限制。当然，新冠疫情初期的适当限制是无可厚非的。但管控一旦长期化和不断加码，以及过度拔高贸易安全方面的考虑，不仅会对区域内正常贸易造成负面影响，而且会导致贸易保护主义抬头，甚至产生区域生产链“脱钩”的危险。促进贸易和投资的自由化、便利化是 APEC 成立的宗旨，APEC 在这方面更为敏感，因此，其将促进贸易和投资便利化和限制贸易壁垒作为今后关注的重点。

在跨境人员流动上，《2021 年亚太经合组织领导人宣言》强调，应在不损害防疫效果的基础上，支持 APEC 在促进跨境人员流动的信息交流和协调上发挥更大的作用，包括有关航空、航海服务人员信息，新冠病毒的检测和接种证明，等等。2022 年，其在这方面取得实质性成果。与《2020 年亚太经合组织领导人宣言》相比，《2021 年亚太经合组织领导人宣言》明确提出 APEC 要在有关人员流动的信息交换协调上发挥作用，而不是仅仅呼吁在不损害防疫的情况下恢复人员流动，特别是给出了取得实质性成果的时间点，这为后期的监督和评估提供了参考。

在卫生和健康服务体系方面，APEC 努力为应对新冠疫情和未来可能出现的健康危机做准备。维持现有的关键性健康服务、引入和完善数字化技术、追求不断提升的健康水平，对实现覆盖全民健康的目标具有重要意义。在新冠疫情防治上要加强区域和国际合作，要以人民为中心制定应对措施，这些应对措施应以协调的、多部门联合和咨询为基础。值得一提的是，《2021 年亚太经合组织领导人宣言》提出实现覆盖全民健康的目标，这在以前的宣言中是没有的。另外，《2021 年亚太经合组织领导人宣言》提出防疫要加强区域和国际合作，围绕以人为中心制定防疫措施，这也是新提出来的。鉴于 APEC 各经济体在发展程度上的差异较大，卫生和健康服务体系建设存在“赤字”，实现卫生和健康服务体系的全覆盖可能需要较长的时间。

二　以更加创新、包容和可持续的方式恢复经济增长

新冠病毒具有不断变异的特征，这不但增加了防疫的难度，而且给地区经济造成多次冲击。如果因此经济行为主体的决策发生改变，进而影响经济运行机制，那么新冠疫情将对亚太经济产生持久的影响。① 因此，新冠疫情后的经济恢复，不仅需要关注短期经济指标，而且要考虑长期的经济增长。《2021 年亚太经合组织领导人宣言》将经济恢复作为首要任务，强调采用更加创新、包容和可持续的方式，体现了对经济恢复的复杂性有更深刻的认识。

（一）新冠疫情背景下经济恢复的迫切性及“滞胀”现象

由于受到新冠疫情的冲击，2020 年 APEC 经济总量大概下降了 3.7%，相当于产生了 2.9 万亿美元的产出损失。2021 年第二季度，APEC 的 GDP 出现 10.1%的强劲反弹，但第三季度降为 4.2%，其原因是新冠病毒变异导致感染病例增加和重启疫情防控措施，这使得供应链中断和消费需求下降。在 2021 年下半年出台的一系列经济政策的刺激下，2021 年 APEC 的 GDP 增速反弹到 6.1%，但这未能持续，2022 年 APEC 的 GDP 增速骤降为 2.6%。鉴于各国在防疫管理、疫苗接种、财政货币政策调整空间等方面存在巨大差异，未来 APEC 的经济增速将呈进一步下降趋势。② 经济增速的下降会导致社会贫困率上升，根据世界银行的报告，2020 年，疫情导致 8800 万人到 1.15 亿人陷入极端贫困状态，2021 年这一数字将继续上升，达到 1.5 亿人。③ 在这样的背景下，就不难理解《2021 年亚太经合组织领导人宣言》

---

① 李向阳：《后疫情时期亚洲地区全球价值链的重塑与中日经济合作的前景》，《日本学刊》2021 年第 3 期，第 10 页。

② Rhea C. Hernando, “Multiple Headwinds Derail Recovery,” *APEC Regional Trends Anaylsis Update*, Feb. 2022, p. 2.

③ “Covid-19 to Add as Many as 150 Million Extreme Poor by 2001”, World Bank Press Release, Oct. 7, 2020, https://www.worldbank.org/en/news/press-release/2020/10/07/covid-19-to-add-as-many-as-150-million-extreme-poor-by-2021.

为何将恢复经济增长作为优先考虑的政策目标。

一般在遭遇短期的外部冲击时，主要依靠财政、货币等宏观经济刺激政策来提振经济和增加就业。值得注意的是，《2021 年亚太经合组织领导人宣言》强调要以创新、包容和可持续的方式恢复经济增长，可以说相对于政策结果，更侧重于对政策手段的选择。这可能是出于以下原因。一是疫情防控和卫生保障体系的支出成本已经给各国的财政造成沉重负担，传统的刺激经济复苏的财政、货币等宏观政策的空间被大大压缩。针对防疫的巨大财政支出导致各国政府的债务水平不断上升，2020 年政府债务高达 GDP 的 65%，而疫情前 10 年的平均政府债务占 GDP 的 49%。在未来一段时间，APEC 的政府债务率将维持在 66%~67%的水平。[①] 这种较高水平的政府债务率不但会弱化政府采取“赤字”政策刺激经济的能力，而且会加剧宏观经济风险。

二是“滞胀”使得宏观经济政策陷于两难困境。疫情干扰甚至打断了正常的生产链、供应链，导致商品价格上升，通货膨胀现象开始显现。与 2020 年甚至疫情前的 2019 年相比，全球商品价格在 2021 年上涨。原油价格飞涨，布伦特原油价格（每桶）上升了 67%。食品价格呈上升趋势，特别是玉米、小麦、糖、牛肉和鸡肉。高涨的能源和食品价格导致 APEC 的通货膨胀率倍增，从 2020 年的 1.5%上升到 2021 年的 3%。当经济衰落和通货膨胀同时出现时，就会发生“滞胀”现象。对于“滞胀”，若采用传统的宏观经济政策，就会陷于两难境地：如果使用扩张性的财政、货币政策来拉动经济，那么社会总需求的增加会进一步加剧通货膨胀；如果使用紧缩性的财政、货币政策来降低通货膨胀率，那么社会总需求就会减少，经济衰退加剧。

（二）创新、包容和可持续是 APEC 新增长战略的关键词

《2021 年亚太经合组织领导人宣言》强调以“更加创新、包容和可持续

① “APEC's Climate Change Challenge Toward a Resilient Recovery: Policies Matter,” *APEC Regional Trends Analysis*, November 2021, p. 25.

的方式恢复增长”，这里的“创新、包容和可持续”等词语并非首次出现，而是自全球金融危机后，一直经常出现在 APEC 探索新增长战略的倡议之中。

在 2009 年新加坡 APEC 领导人非正式会议通过的《“倡导新的增长方式，构建 21 世纪互联互通的亚太”领导人》声明中就明确提出，“将追求以创新和知识经济为支撑的平衡、包容性、可持续的增长，以确保经济复苏的可持续性，并创造就业机会，造福人民”。这是 APEC 首次以领导人宣言和声明的双重方式提出新增长战略的倡议，标志着 APEC 真正意义上探索全方位增长与合作的开始。2010 年日本 APEC 领导人非正式会议以宣言附件的形式单独发表了《亚太经合组织领导人增长战略》，其中明确“亚太成员将不再继续‘常规增长’，而要提高‘质量增长’，包括平衡增长、包容性增长、可持续增长、创新增长和安全增长”。①

2011 年美国 APEC 领导人非正式会议首次将绿色增长作为三大议题之一。在领导人非正式会议上通过的《亚太经合组织领导人促进有效、非歧视和市场导向的创新政策的声明》附件中，创新被认为对 APEC 成员当前和未来的繁荣至关重要，由此提出创新增长，并给出开放市场、加强知识产权保护等鼓励创新的具体措施。② 2012 年，俄罗斯 APEC 领导人非正式会议将创新增长列为四大优先议题之一，绿色增长、创新增长及可持续增长受到高度重视。2013 年印度尼西亚 APEC 领导人非正式会议将可持续增长同实现茂物目标、促进互联互通共同列为三大优先议题。此次会议发布的题为《活力亚太，全球引擎》的领导人宣言提出，“决定推进一项发展议程来弥合发展差距，坚持实现可持续和公平增长的道路”。这次会议围绕可持续增长概念提出了一系列具体的落实措施，进一步丰富了 APEC 增长战略的内容。

---

① APEC, “The APEC Leaders’ Growth Strategy,” http://www.apec.org/Meeting-Papers/Leaders-Declarations/2010/2010-aelm/growth-strategy.aspx.

② APEC, “The Honolulu Declaration—Towards a Seamless Regional Economy,” *2011 Leaders’ Declaration*, https://worldjpn.net/documents/texts/APEC/20111113.D1E.html.

2014 年中国 APEC 领导人非正式会议将促进经济创新、改革与增长作为三大主题，赋予了新增长模式更多的内容。2015 年菲律宾 APEC 领导人非正式会议以“打造包容性经济，建设更美好世界”为主题，通过提出“包容性经济”丰富了 APEC 有关经济发展的内容。“包容性经济”就是呼吁推动社会各界、各部门，特别是妇女、青年、残疾人、当地居民、低收入群体、中小微企业全面参与经济增长，使其有能力为未来增长贡献力量和获得回报。宣言重申，各成员承诺在创新发展、互通增长和共享利益的基础上共同建立一个开放的亚太经济。[①] 2016 年秘鲁 APEC 领导人非正式会议的主题为“高质量增长和人类发展”，反映了经济新常态下成员对经济发展新范式的关切和探索。[②] 在维持必要的经济增长速度的前提下，提高经济增长质量，以增强广大民众对经济增长的参与感、获得感和幸福感。2017 年越南 APEC 领导人非正式会议以“打造全新动力，开创共享未来”为主题，强调要推动四个方面的合作，其中包括可持续、创新和包容性增长议题。“创新”、“包容”和“可持续”作为关键词，反映了 APEC 在该议题上的连续性和与时俱进。

2018 年巴布亚新几内亚 APEC 领导人非正式会议的主题是“把握包容性机遇，拥抱数字化未来”，强调要坚持包容性、可持续的增长战略，重视数字经济的发展，利用信息技术促进包容性和可持续增长的实现。其中，数字经济和信息技术属于创新方面的内容。2019 年智利 APEC 领导人非正式会议将数字社会，一体化 4.0，妇女、中小企业和包容性增长，以及可持续增长作为四大议题。2020 年马来西亚 APEC 领导人非正式会议强调通过数字经济和信息技术提升对包容性经济的参与，推动创新、可持续经济增长。

以上简要回顾了 2009 年以来历届 APEC 领导人非正式会议关于新增长战略的内容，从中可以看出创新、包容和可持续是反复出现的核心关键词。从新增长战略的角度来看，创新、包容和可持续的内涵可以概括如下。

---

① APEC, “Building Inclusive Economies, Building a Better World: A Vision for an Asia-Pacific Community,” *APEC Economic Leader's Declaration*, Manila 2015.

② APEC, “2016 Leaders' Declaration, Lima,” Peru on Nov. 20, 2016, http://www.apec.org/Meeting-Papers/Leaders-Declarations/2016/2016_aelm.aspx.

所谓创新，就是创建有助于创新和新兴经济部门发展的经济环境。具体措施包括促进数字经济发展；培养更多技术水平高、适应性强的劳动力；加强有关创新政策的交流和信息共享；通过高效、全面的知识产权制度推进创新活动；推动产品标准方面的合作；鼓励生命科学方面的创新；等等。

所谓包容，就是确保所有民众都有机会参与经济增长，并从全球经济增长中受益。具体措施包括创造就业、人力资源开发和积极的劳动力市场政策；促进中小微企业的发展和企业家精神的培育；提供更具包容性的金融服务；强化社会保障网络和对弱势群体的支持；给予妇女、老年人和其他弱势群体更多的经济帮助；等等。

所谓可持续（绿色），就是支持全球的环境保护，实现向绿色经济转型。具体措施包括强化能源安全、提高能源利用效率和推动实施低碳政策；发展低碳产业和部门；提供更多的环境产品和服务；提供绿色职业教育和培训；促进私人资本对绿色产业的投资；对农业和自然资源进行更有效的保护和管理；等等。

（三）新冠疫情使人们对创新、包容和可持续有了更深刻的认识

新冠疫情在 APEC 成员的扩散和各国出台的针对疫情的防控措施，使人们认识到新增长战略所强调的创新、包容和可持续并不是可有可无的口号，而是促进未来发展的必然选项。

1. 创新

在创新方面，与数字经济有关的互联网、大数据、区块链、人工智能等高新技术被大量应用到防疫方面，另外，新冠疫情冲击下的生活、生产方式的改变催生了对数字技术的广泛需求。例如，在新冠疫情的防治上，借助大数据和先进的分析技术，一些东南亚国家的政府能够在短时间内高效地向当地居民和企业提供所需的相关服务。使用大数据可以更有效地监控传染性疾病，加强防护和提高远程诊疗能力，这些在新冠疫情发生初期具有重要意义。①

① “APEC Capacity Building Workshop on Promoting Digital Economy,” Ha Noi, Viet Nam, Oct. 21-22, 2021.

新冠疫情冲击下，数字经济的一个突出的表现是，基于网络、数字技术的远程办公更广泛地流行。政府防疫政策中的居家隔离等措施使许多人暂时或长时间不能正常到工作地点上班，转而通过远程办公的方式来处理业务。在此情况下，公司和个人都需要通过新的途径来工作、交流，这强化了对数字技能的掌握和运用的需要。可以说，新冠疫情暴发后，数字技能和远程办公在维持工作岗位和个人生存上具有关键性的作用。越是需要高水平数字技能的职业，越能提供更多的远程办公就业机会。考虑到新冠疫情下不断攀升的失业率和庞大的失业人数，广大民众更迫切地需要掌握数字技能。统计表明，由于新冠疫情，APEC 的失业率从 2019 年的 3.8%上升到 2020 年的 5.4%，失业人数从 5800 万人上升到 8100 万人。

可见，新冠疫情的扩散和控制加速了 APEC 的数字化进程，采取数字化解决方案不再是可选项，而是必选项。不过，数字化趋势也带来了一系列挑战，如网络安全、数据隐私、网络诈骗，以及未适应信息时代的落后的管理和经济结构。

2. 包容

在包容方面，新冠疫情对不同社会群体的影响是不同的，妇女、老年人和残疾人等弱势群体相对来说会遭遇更大的冲击；中小企业相对于大企业、国有企业会受到更大的冲击。大量弱势群体由于新冠疫情而失业甚至重新返贫，由此导致的收入和贫富差距拉大已成为比较突出的社会问题。这违背了新增长战略所追求的目标，即确保所有民众都有机会参与和分享经济增长。

从就业影响来看，妇女相对会受到更多新冠疫情所带来的负面影响，因为受疫情打击最重的行业通常都雇用更高比例的妇女。研究表明，新冠疫情对女性工作的负面影响是男性的 1.8 倍，女性大约占总失业人口的 54%。与男性相比，女性更多从事非正式工作，新冠疫情以来，全球大约有 25%提供这样工作岗位的公司倒闭。[①] 在 APEC 经济体中，2019 年从事非正式工作

① Anu Madgavkar et al., "Covid - 19 and Gender Equality: Countering the Regressive Effects," McKinsey Global Institute, July 2020.

的妇女的比例从 29%到 75%不等。由于非正式工作缺乏失业保险和医疗保障，新冠疫情对其工作和收入的负面影响进一步放大。而且，在新冠疫情发生后的经济衰退中，由妇女创办的中小企业遭遇更多困难。在防疫措施导致停工期间，妇女通常要承担更多像照顾老人和孩子等这样的无偿、低价值的家务劳动。

除了传统由于性别、年龄、健康状况和地域等而造成的社会就业不公外，新冠疫情导致的对数字技能的需求对不同人群形成了新的不公平，这是当下实现包容性增长亟须解决的问题。在那些本来就大量使用数字技术和进行远程办公的工作，居家办公或隔离等防疫措施对这类从业人员的冲击相对较小。掌握数字技术的职员即使由于受到新冠疫情的影响而被辞退，也可以比较容易地找到新工作，因为新冠疫情下企业对数字技能有大量的需求。但是对数字技能要求不高的工作，诸如旅游、纺织、一般服务业的工作，通常受新冠疫情防控措施的影响较大，而且由于这些行业的从业人员普遍缺乏数字技能，进行职业转换很困难，他们一旦失业就面临很难再找到工作的窘境。此外，不同人群在掌握数字技能上存在差距，具有高学历、学习能力强的人可能更有条件和较快地掌握数字技能，而妇女、老年人、残疾人等在学习数字技术上可能面临的约束条件较多，这样就会削弱后者在劳动力市场上的求职竞争力。

由于新冠疫情，企业对包括电子商务在内的数字经济有着广泛需求，对此，中小企业和大企业之间会出现新的不公平。开展电子商务需要一定数量掌握数字技能的员工，相对于大企业，中小企业普遍缺乏这方面的人力资源。而且，对于升级到电子商务，在电子交易系统、基础设施和网络安全方面还需要进行大量投资，但中小企业相对于大企业在融资渠道和成本上面临更多的困难。①

如果新冠疫情给经济带来持续反复的冲击，那么未来将有更多的企业会采取自动化技术和设备，以替代现有生产线上的劳动工人。尽管自动化技术

① Lindsey Jones-Renaud et al.,"Women, Covid-19 and the Future of Work in APEC," APEC Policy Support Unit Policy Brief No. 38, Dec. 2020.

和设备的普及会创造新的就业机会，如自动化维修、操作和后台支持等，但同样由于存在技术门槛，高技术人员可能有更多的就业机会和获得更高的收入，而弱势群体将处于更加不利的地位。

3. 可持续

在可持续方面，新冠疫情在某种程度上警告人们要重视气候变化可能带来的风险。如果不重视可持续发展，未来这样的外部冲击可能会更加频繁地发生。因覆盖面积广和地理上的多样性，APEC 成员更容易遭受气候变化影响。据统计，每年全球 70%的自然灾害发生在 APEC 成员，自然灾害所造成的损失高达 1000 亿美元。① 气候变化不仅带来了自然灾害并且造成损失，而且会影响 APEC 经济体的金融体系、供应链，甚至消费者行为。由于气候变化会影响有形资产的价值，对有形资产的价值重估会影响股权和债券，这些变化最终会传导到金融市场。同时，也应看到，APEC 对于全球气候变化有一定的责任。由于快速的工业化进程，虽然 APEC 成员的人口占全球的 38%，工业产出占全球的 55%，但 APEC 成员的温室气体总排放量增长率超过世界同期温室气体的排放量增长率，2018 年，APEC 成员的温室气体排放量占世界的 60%。因此，相对于世界其他地区，APEC 成员对气候变化的影响更大，在控制温室气体排放上面临的压力更大，对其来说，从传统经济增长模式向低碳、可持续增长模式的转变更为迫切。

进一步，气候变化不利于包容性经济的增长，如果能控制和解决气候变化方面的问题，则有助于同时促进具有包容性和可持续的经济增长。气候变化对不同人群的影响是不同的，尤其是贫困人口、妇女、居住在农村和偏远地区的其他人受到的负面影响更大，这样就会加剧他们在经济参与和经济增长分享上的不公平。在自然灾害发生时，妇女可能会面临更多疾病和暴力犯罪的风险。生活在偏远、贫困地区的居民可能会受到由气候变化引起的更多的影响，诸如海平面上升、沙漠化、滑坡、火灾等。而且，由于医疗、社保

① "Climate Change in APEC: Assessing Risks, Prepairing Financial Markets, and Mobilizing Institutional Investors," World Bank Group, 2020, https://openknowledge.worldbank.org/handle/10986/33423.

和基础设施等方面存在的不足，贫困人口、偏远地区的居民在面临气候变化时所受到的危害可能会更加严重。

（四）关于促进更加创新、包容和可持续的经济恢复的倡议和承诺

根据《2021 年亚太经合组织领导人宣言》，为了实现更加创新、包容和可持续的经济恢复，其倡议和承诺涉及宏观经济政策、结构改革、多边和区域贸易、环境政策等。前文提到了新冠疫情给政府带来沉重的财政压力，因此在宏观经济政策上强调要从一国长期财政的可持续角度出发，将重点放在稳定工作、维持必要的公共服务和救治危重的新冠感染者方面。为了营造良好的宏观经济环境，APEC 要求各经济体的财长加强落实《宿务行动计划》，推进解决区域税收在征管上存在的问题。

结构改革被认为是实现更加创新、包容和可持续的经济恢复的关键政策工具。APEC 长期以来重视结构改革，并为此制定了“加强 APEC 的结构改革议程”（EAASR）。这次新冠疫情表明，服务业的结构改革和加速产业的数字化转型是突出重点。APEC 各经济体在提高服务业竞争力和进行服务业经营环境的创建上存在不小的差异，这导致新冠疫情对各经济体服务业的冲击以及由此造成的总经济影响不尽相同。当前服务业结构改革的目标是到 2025 年全面充分地实施“APEC 服务业竞争力路线图”（ASCR），为此各经济体要加快服务业结构改革的中期评估工作。

创新主要与产业的数字化应用和转型有关。今后，要进一步加快实施“APEC 互联网和数字经济路线图”（AIDER），完善数字化及基础设施，鼓励进行新技术开发和应用，以缩小数字鸿沟和构建开放、公平、包容性的数字营商环境。各经济体要在数字化互联互通和融合的政策与实践方面加强信息共享，以及在促进数据流动和数字化交易诚信方面加强合作。

在包容性经济增长方面，要认识到新冠疫情给不同群体带来的不同影响，在此情况下，保证全体人民能公平地参与经济活动具有重要意义。为此，要全面和加快推进落实 APEC“拉塞雷纳妇女与包容性增长路线图”以及其他关于妇女参与社会经济的倡议。社会对居住在偏远地区和农村的人要

给予更多的关注，通过合作来确保他们能够获得参与社会经济的机会，如进入全球市场、转型成为正式雇员等。对于中小企业，要给予更多的帮助以使它们能平稳应对新冠疫情。通过加强能力建设和消除在融资、技术、制度上的障碍，可以有效地提高中小企业运营的数字化水平。数字互联互通和创新在实现更具包容性、可持续的经济恢复上能发挥关键性作用。提高数字技能、鼓励采取创新性的工作方法、提供数字设备和基础设施，不但可以缩小数字鸿沟，而且可以确保中小企业和创业者能够利用数字时代不断涌现的新技术。

在可持续发展方面，APEC 和全世界都面临由气候变化所带来的前所未有的挑战。现在已经不仅要解决气候变化问题，而且要在气候变化的情况下思考人类如何生存。为此，APEC 对成员的碳中和承诺持欢迎态度，希望各成员共同努力以确保在经济和环境上形成互为支撑的政策机制。

APEC 已在深化地区可再生能源利用和其他环境友好型技术方面取得了长足的进步，作为向可持续能源转型的一部分，这有利于减少对化石能源的依赖。今后，APEC 还要继续加强合作以满足地区能源需求和保证能源安全。APEC 成员认识到，稳定的能源市场和向洁净能源转型对于可持续发展具有重要意义。基于此，在应对气候变化上，各成员一致认为 APEC 应发挥在思想和能力建设上的“孵化器”作用，并进一步整合各方在气候变化上的努力。

三　结语

新冠疫情给亚太地区带来前所未有的巨大冲击。不同于一般的短期冲击，新冠病毒的不断变异，不但增加了防疫的难度，而且其带来的多次冲击可能会对地区经济产生持久影响。为此，2021 年 7 月 APEC 召开领导人非正式会议以讨论新冠疫情导致的健康和经济危机及应对措施，并发布了 APEC 领导人声明，这样的重视程度在 APEC 历史上是没有先例的。11 月以视频方式举办的 APEC 第二十八次领导人非正式会议发布了《2021 年亚太经合组织领导人宣言》，将早日恢复经济和促进全球经济复苏作为首要任务，提出以更加创新、包容和可持续的方式恢复经济增长。上述两个文件密切相关，综合分析后可以看出，应对新冠疫情和恢复经济增长是 APEC 当前最为重要的任务。

在应对新冠疫情方面，《2021 年亚太经合组织领导人宣言》特别提出大规模接种新冠疫苗，新冠疫苗属于全球公共产品。贸易和投资被认为对防疫和经济恢复具有关键作用，《2021 年亚太经合组织领导人宣言》进一步提出加强六个方面的工作。APEC 在防疫上的努力不仅局限于区域视角，而且希望扮演“孵化器”和“探路者”的角色，在全球和多边层面推广相关举措，从而对全球防疫起到示范和引领作用。在跨境人员流动上，《2021 年亚太经合组织领导人宣言》明确 APEC 要在信息交换和协调上发挥作用，并且给出取得这方面实质性成果的时间点，这为后期的监督和评估提供了参考。在健康和卫生体系方面，APEC 要为应对新冠疫情和未来可能出现的健康危机做准备。值得一提的是，《2021 年亚太经合组织领导人宣言》提出要实现覆盖全民健康的目标，这在以前的宣言中是没有的。另外，《2021 年亚太经合组织领导人宣言》提出防疫要加强区域和国际合作，围绕以人为中心制定防疫措施，这也是一个新的提法。

在经济恢复方面，《2021 年亚太经合组织领导人宣言》强调要以更加创新、包容和可持续的方式实现。一般遭遇短期外部冲击之后，经济恢复主要依靠财政、货币等宏观经济刺激政策。《2021 年亚太经合组织领导人宣言》强调以更加创新、包容和可持续的方式恢复经济增长，这主要是由于防疫导致的财政负担过重，宏观政策空间被大大压缩，以及“滞胀”条件下宏观经济政策陷入两难困境。创新、包容和可持续是全球金融危机后 APEC 在探索新增长战略中反复提及的关键词。《2021 年亚太经合组织领导人宣言》强调以这样的方式恢复经济，除了是对新增长战略探索的延续外，还因为新冠疫情的出现使人们对此有了更深刻的认识，即新增长战略所强调的创新、包容和可持续并不是可有可无的口号，而是面对未来发展的必然选项。新冠疫情的暴发和防疫措施的实施，给人们的生产、生活模式带来了很大的变化，加速了社会和产业的转型，由此产生一系列问题，这需要从创新、包容和可持续的角度加以理解和寻找答案。

面对新冠疫情的冲击，从共同应对挑战到用更加创新、包容和可持续的方式恢复经济，从将疫苗作为全球公共产品到以人为中心制定防疫措施和覆盖全民健康的目标，体现了 APEC 对“亚太共同体”精神的发扬和追求。在亚太地区，各种“共同体”概念由来已久，最早可追溯到 1993 年美国的“新太平洋共同体”构想，中间还出现“东亚共同体”“经济共同体”“安全共同体”“社会文化共同体”等概念。直到 2015 年菲律宾 APEC 领导人非正式会议发布的宣言的题目中出现“亚太共同体”，APEC 从注重“亚太大家庭”到提出构建“亚太共同体”逐渐为 APEC 成员所接受。新冠疫情强化了这样的认识，“我们生活在一个地球村，各国休戚相关、命运与共。我们必须团结合作、共克时艰，共同守护人类健康美好未来”。[①] 可以说《2021 年亚太经合组织领导人宣言》顺应了这种认识，及时、有针对性地提出倡议和承诺，这有助于增强 APEC 的凝聚力，使 APEC 成员朝着亚太区域一体化和共同体方向迈进。

---

① 《团结合作抗疫 引领经济复苏——在亚太经合组织领导人非正式会议上的讲话》，新华网，2021 年 7 月 16 日，http://www.xinhuanet.com/mrdx/2021-07/17/c_1310066609.htm。

B.8

澜湄合作五周年：成就、经验与未来发展

邢 伟 许利平*

摘 要： 澜湄合作是中国与周边国家开展务实合作最成功的案例之一。澜湄合作机制正式启动五年以来，在多个领域实现了显著的发展。澜湄合作的制度设计覆盖全面，在非传统安全治理、经济合作、人文社会合作等领域均取得了丰厚的合作成果。澜湄合作的成功经验包括平等互信的政治基础，互利共赢、共同进步的发展导向，多元参与主体的包容性发展。在未来澜湄合作的发展过程中，应强化更具包容性的澜湄合作，推动全球发展倡议与澜湄合作深度对接，并深化澜湄非传统安全治理的路径。

关键词： 澜湄合作 平等互信 发展导向 包容性发展

2021年是澜湄合作正式启动五周年。五年来，澜湄六国通力合作，为澜湄合作的繁荣发展注入了新动能，澜湄合作成为中国参与区域合作的积极示范。新冠疫情发生以来，中国与湄公河国家同舟共济，最大限度克服了新冠疫情的影响，在澜湄精神的指引下，多层面、宽领域地促进地区经济社会等各项事业高质量发展。

* 邢伟，博士，中国社会科学院亚太与全球战略研究院助理研究员，主要研究方向为东南亚地区国际关系；许利平，博士，中国社会科学院亚太与全球战略研究院研究员，亚太社会文化研究室主任，主要研究方向为东南亚政治与国际关系、非传统安全、亚太社会与文化。

一　澜湄合作的进展

澜湄合作实施以来，在制度设计方面体现了覆盖全面的特点，各个领域的合作成果较为丰硕，显示出澜湄合作全面、多层次的合作特点。

（一）制度设计覆盖全面

中国对泰国首先提出澜湄合作的设想积极响应。2016 年 3 月，澜湄合作首次领导人会议的举行标志着澜湄合作全面启动。近年来，澜湄合作框架从“3+5 合作框架”拓展为“3+5+X 合作框架”，制定了《澜沧江—湄公河合作五年行动计划（2018-2022）》。2017 年 12 月召开的澜湄合作第三次外长会标志着澜湄合作从培育期进入成长期，① 也对澜湄六国共同建设合作机制提出了更高要求。2021 年 6 月 8 日，澜湄合作第六次外长会通过了《关于加强澜沧江—湄公河国家可持续发展合作的联合声明》《关于深化澜沧江—湄公河国家地方合作的倡议》《关于在澜沧江—湄公河合作框架下深化传统医药合作的联合声明》，发布了《〈澜湄合作五年行动计划（2018~2022）〉2020 年度进展报告》《澜湄流域经济发展带与“国际贸易陆海新通道”对接合作联合研究报告》《2021 年度澜湄合作专项基金支持项目清单》等研究报告和资料。中方还发布了《中国相关省区市与湄公河国家地方政府合作意向清单》和《中方推进澜湄流域经济发展带与“陆海新通道”对接初步建议与举措》等清单。② 中方与湄公河国家在机制化合作方面进行了较大努力，主动推动澜湄合作与东南亚互联互通的对接，中方也深化了与澜湄国家地方政府间的合作。

---

① 《澜沧江—湄公河合作第三次外长会联合新闻公报》，中华人民共和国外交部网站，2017 年 12 月 26 日，http：//russiaembassy. fmprc. gov. cn/wjb_ 673085/zzjg_ 673183/yzs_ 673193/dqzz_ 673197/lcjmghhz_ 692228/zywj_ 692240/201712/t20171216_ 10412974. shtml。

② 《澜沧江—湄公河合作》，中华人民共和国外交部网站，2022 年 6 月，http：//switzerlandemb. fmprc. gov. cn/wjb_ 673085/zzjg_ 673183/yzs_ 673193/dqzz_ 673197/lcjmghhz_ 692228/gk_ 692230/。

（二）各领域合作成果丰硕

在非传统安全合作方面，由于自然和人为方面的因素，加之近年来新冠疫情呈现反复态势，澜湄地区非传统安全风险较高。但澜湄国家能够团结一致，努力克服多种非传统安全风险，合作成果丰硕。2021 年 11 月，中国援建老挝的玛霍索综合医院项目一期工程移交仪式隆重举行。该项目系我国援外史上建筑面积最大、床位数最多、投资规模最大、设计标准最高的医院项目。[①] 该项目为老挝提升卫生治理水平、应对地区疫病威胁提供了较好的物质基础。2022 年 3 月，中国援建的柬埔寨考斯玛中柬友谊医院正式启用，由中国国家级中医医疗专家组负责中医科的技术指导和筹建工作。中国的传统医学此次走出国门，在医疗和抗击新冠疫情等方面帮助湄公河国家，发挥中国传统医学的作用。到 2021 年底，中国共向湄公河国家提供约 1.9 亿剂疫苗。[②] 中国为湄公河国家的公共卫生安全提供了公共产品，助力地区国家渡过疫情难关。

在环境安全领域，澜湄六国共同面临气候变化、旱涝灾害的威胁，并都处于工业化、城镇化的转型之中，在环境与水资源安全领域，近年来，各国都做出了积极的应对。在 2021 年第六次澜湄合作外长会发表的《关于加强澜沧江—湄公河国家可持续发展合作的联合声明》中，澜湄国家高度评价各国水利主管部门积极加强合作机制建设，稳步落实《澜湄水资源合作五年行动计划（2018-2022）》，在编制流域规划、保障大坝安全、进行小流域综合治理等方面开展务实合作。[③] 2021 年 12 月，第二届澜湄水资源合作论坛发布《第二届澜湄水资源合作论坛北京倡议》。澜湄合作机制成立以

---

① 《援老挝玛霍索综合医院项目一期工程移交仪式隆重举行》，中华人民共和国驻老挝人民民主共和国大使馆经济商务处网站，2021 年 11 月 12 日，http：//la. mofcom. gov. cn/article/jmxw/202111/20211103216775. shtml。

② 《中国参与澜湄及湄公河次区域合作 2021 年十大新闻发布》，中国新闻网，2022 年 1 月 28 日，https：//www. chinanews. com/gn/2022/01-28/9664069. shtml。

③ 《关于加强澜沧江—湄公河国家可持续发展合作的联合声明》，中华人民共和国外交部网站，2021 年 6 月 9 日，https：//www. mfa. gov. cn/web/gjhdq_ 676201/gjhdqzz_ 681964/lcjmghhz_ 682662_ 1/zywj_ 682674/202106/t20210609_ 10406848. shtml。

来，中国向湄公河国家分享中方境内澜沧江全年水文数据，提供2.4亿元人民币帮助湄公河国家开展水资源领域项目，编制了《澜湄水资源合作五年行动计划（2018-2020年）》，为澜湄水资源领域务实合作提供指导。① 通过开展“澜湄大坝健康体检”行动计划与“澜湄甘泉行动计划”“澜湄国家典型小流域综合治理示范”系列项目等，助力提升湄公河国家水资源治理水平，为湄公河地区人民带来了切实利益。澜湄六国同意加快实施《澜湄环境合作战略》和“绿色澜湄计划”，充分发挥澜湄环境合作中心作用，加强环境政策交流与对话，在生物多样性保护、空气质量提升、清洁水示范、可持续基础设施建设等方面加强合作。②

在经济与可持续发展方面，尽管新冠疫情跌宕反复、世界经济复苏乏力，澜湄合作依旧持续高水平发展。中国与湄公河国家的经济合作呈现繁荣发展的态势。在互联互通领域，中老铁路于2021年12月3日通车，开通以来至2022年5月23日，旅客发送总量突破309万人次，其中中国段为271万人次，老挝段为38万人次。国内段精准动态调整运力，增开动车组列车，日均开行客车23.5对，最高峰开行32.5对，最高日发送3.3万人。老挝段客流稳步增长，由初期开行2对到高峰期开行4对，最高日发送近5000人次，并在部分区段增开低票价慢车以满足老挝民众的需求。③ 中老铁路开通前5个月，中方出口货物15.26万吨，货值为37.33亿元；进口货物30.89万吨，货值为13.1亿元。中老铁路国际货运快速发展，运输网已覆盖老挝、泰国、新加坡等10余个共建“一带一路”国家。④ 2021年11月，中企承建

① 《第二届澜湄水资源合作论坛：携手应对水资源挑战　推动合作进入“快车道”》，人民网，2021年12月7日，http://finance.people.com.cn/n1/2021/1207/c1004-32301980.html。

② 《关于加强澜沧江—湄公河国家可持续发展合作的联合声明》，中华人民共和国外交部网站，2021年6月9日，https://www.mfa.gov.cn/web/gjhdq_676201/gjhdqzz_681964/lcjmghhz_682662_1/zywj_682674/202106/t20210609_10406848.shtml。

③ 《中老铁路旅客发送总量突破309万人次》，中华人民共和国国家发展和改革委员会网站，2022年5月26日，https://www.ndrc.gov.cn/xwdt/ztzl/zltl/202205/t20220526_1328427.html?code=&state=123。

④ 《中老铁路开通5个月国际货运总值破50亿元》，新华网，2022年5月4日，http://yn.news.cn/reporter/2022-05/04/c_1310582919.htm。

的越南首条城市轻轨项目交接仪式在河内举行，这标志着该项目投入运行。2021 年 12 月，中企承建的柬 11 号国家公路改扩建项目竣工交接。在澜湄合作框架内，中国与湄公河国家在互联互通方面进展迅速。

在产能合作方面，中方通过专项贷款、优惠贷款等方式，支持泰国暹粒新国际机场、缅甸皎漂深水港等 40 余个项目建设。中企积极参与柬埔寨西哈努克港经济特区、泰国罗勇工业园区、老挝赛色塔综合开发区建设，推动了当地经济发展与就业。[①] 农业合作方面，中国与湄公河国家 2021 年农产品贸易总额约为 282 亿美元，同比增长 18.6%。首届澜湄水果节在北京举行，致力于促进区域水果投资和发展贸易，深化农业产业合作。中国农业部牵头实施 13 个“丰收澜湄”农业合作项目，开展水稻、天然橡胶、香蕉、动植物疫病防控等多个领域农技交流合作，为湄公河国家培训农业人才。中国热带农业科学院推广橡胶树死皮康复综合技术，每年可为老挝挽回近 1.7 亿元人民币损失。中国农科院筛选的 3 个大豆品种在缅甸示范基地平均亩产超过 200 公斤。中柬农业部门就《关于推动香蕉产业合作谅解备忘录》达成一致。中越农业部门在广西东兴市北仑河口举行第四次联合增殖放流与养护活动，投入鱼虾类种苗近 5600 万尾。[②] 多层次、宽领域的农业合作为澜湄国家的民众带来了实实在在的利益。

数字经济是澜湄合作新兴的经济增长点，中国与湄公河国家一道，共同推动数字经济领域的合作发展。2019 年 4 月，华为与柬埔寨电信（Telecom Cambodia）达成 5G 合作协议。缅甸 Mytel 电信公司于 2019 年 8 月对华为 5G 设备进行首次测试。老挝的电信运营商也非常愿意与华为合作。[③] 2020 年 7 月，泰国 True 集团使用中兴通讯 5G 全系列产品和服务建设 5G 商用网络。在澜湄合作框架内，中方举办了面向湄公河五国的经贸投资促进活动，启用

---

① 《李克强在澜沧江-湄公河合作第三次领导人会议上的讲话（全文）》，人民网，2020 年 8 月 24 日，http：//politics. people. com. cn/n1/2020/0824/c1024-31835048. html。

② 《中国参与澜湄及湄公河次区域合作 2021 年十大新闻发布》，中国新闻网，2022 年 1 月 28 日，https：//www. chinanews. com/gn/2022/01-28/9664069. shtml。

③ 刘畅：《东南亚国家发展 5G 技术的现状与前景》，《南亚东南亚研究》2021 年第 3 期，第 72 页。

老挝、缅甸、柬埔寨云计算创新中心，开展创新项目，促进区域产业升级和现代化城市建设。①中国在数字基础设施技术方面具有较大优势，通过澜湄合作推动全球发展倡议和“一带一路”在东南亚地区的合作项目落地。

在人文社会交流领域，澜湄合作充分实现了青年、教育等方面的互动，为地区国家民众提供文化交流的机会，并助力其提升学习能力。青年是澜湄合作的未来。2019 年 7 月 22 日，澜湄青年交流合作中心在复旦大学正式成立。澜湄青年交流合作中心重点拓展区域人文交流、高等教育合作、青年创新创业、跨国社会实践、高校智库网络等项目，开展的项目主要有“澜沧江-湄公河流域治理与发展青年创新设计大赛”、“澜湄在线大学”以及“澜湄青年创新创业教育中心”。2020 年 8 月 25 日，澜湄合作第三次领导人会议对澜湄青年交流合作中心的高效运行及取得的丰硕工作成果提出表扬，认为中心“为深入推进务实合作发挥了积极作用”。青年交流与教育合作往往是密不可分的。2021 年 3 月 26 日，澜湄青年在线平台在首届澜湄青年交流校地合作论坛上正式启动运行。六国高校师生可在手机和电脑终端上通过定制平台展开沟通交流，进行在线学习、课程培训，也可以举办赛事。六国高校合力共建共享这一平台，充分发挥其在线教学、在线办学、在线会务的综合功能。未来，澜湄青年在线有望发展成为“澜湄在线大学”。②澜湄合作实施五年来，中国政府奖学金资助了湄公河五国 3 万余名学生来华学习，澜湄职业教育培训基地在云南培训 4 万余名来华务工人员，缅甸“咖啡增产项目”培训超过 1.1 万名咖啡种植者。③同时，中国还与老挝、柬埔寨等国合作开展了“澜湄书香”公益活动，中方为当地学校学生提供图书及文具等学习用品，为当地青少年学习知识及中国文化创造了条件。

---

① 《王毅谈疫情背景下澜湄合作新进展》，中华人民共和国外交部网站，2021 年 6 月 8 日，https：//www. mfa. gov. cn/web/wjbzhd/202106/t20210608_ 9137494. shtml。

② 《“澜湄青年在线”启动运行》，复旦大学信息公开网，2021 年 3 月 28 日，https：//xxgk. fudan. edu. cn/4d/e5/c5197a282085/page. htm。

③ 《王毅谈疫情背景下澜湄合作新进展》，中华人民共和国外交部网站，2021 年 6 月 8 日，https：//www. mfa. gov. cn/web/wjbzhd/202106/t20210608_ 9137494. shtml。

二 澜湄合作的成功经验

五年来，澜湄合作取得了多方面的成就。从政治基础、发展导向、多元主体参与的方面观察，澜湄合作具有如下成功经验。

（一）平等互信的政治基础

“同饮一江水，命运紧相连。”澜沧江-湄公河将中国与湄公河国家的命运紧密相连。澜湄国家在交往中坚持平等相待，在合作中有商有量，在交往时有情有义，充分照顾彼此舒适度，支持彼此走符合国情的发展道路。[①] 中国与湄公河五国均建立了战略伙伴关系，近年来，中国与老挝、柬埔寨、缅甸等国发表声明，共同建设命运共同体。尽管受到新冠疫情的影响，但澜湄合作的高层会晤并没有中断，根据实际情况举行了线上、线下会议。截至 2021 年已经举行了六次外长会和三次领导人会议。澜湄合作机制内各国领导人对合作充满信心和共识，对多领域的合作充满期待。澜湄各国坚持和平共处五项原则，求同存异，以平等互信的态度开展交流与合作，澜湄合作成为国家间开展区域合作的成功典范。湄公河国家是东盟国家，澜湄合作也考虑到了中国与东盟之间的合作关系。中方支持东盟在东亚合作中的中心地位，愿通过澜湄合作助力东盟共同体建设，深化中国-东盟战略伙伴关系。[②] 澜湄合作是中国与周边国家合作的榜样，对中国与东盟合作具有促进作用。湄公河国家的繁荣与发展可以对东盟其他国家起到积极的带动作用。

周边外交是中国外交的优先方向，在外交工作中处于非常重要的位置。湄公河国家是中国的近邻，近年来，中国通过元首外交为澜湄国家间政治关系的稳定提供了良好的基础。澜湄合作机制是流域各国共同主导的合作机

① 《亲诚惠容结硕果　砥砺前行谱新篇》，《人民日报》2021 年 6 月 11 日，第 3 版。

② 《李克强在澜沧江-湄公河合作第三次领导人会议上的讲话（全文）》，人民网，2020 年 8 月 24 日，http：//politics. people. com. cn/n1/2020/0824/c1024-31835048. html。

制，中国是澜湄国家经济与技术方面优势最大的成员国，提供了较多的公共产品，引领了机制的发展。然而，引领并不意味着赋予特殊收益，而是为了总体利益展现远见卓识的特殊责任。[①] 多边合作机制能够为各行为体提供对话、协商的场所。机制帮助政府通过合作追寻其自身利益。湄公河国家对经济发展的需求更大，因此国家间合作占了上风。[②] 平等互信为澜湄合作提供了牢固的政治基础。

（二）互利共赢、共同进步的发展导向

“发展为先、务实高效、项目为本”是澜湄发展模式的写照。澜湄六国均是发展中国家，部分国家还是联合国认定的“最不发达国家”。因此各国对于发展具有共同的诉求。2021 年，中国同湄公河五国的贸易额约为 3983.10 亿美元，同比增长约 23.20%。[③] 东盟数据显示，中国对柬埔寨、缅甸、泰国的投资存量近年来都在增加，2021 年底，中国对这三个国家的投资存量分别达到了 120.68 亿美元、72.07 亿美元、113.32 亿美元。[④] 根据《2020 年度中国对外直接投资统计公报》，2020 年，中国对外直接投资流量排名前 20 的国家（地区）包含泰国、越南、老挝、柬埔寨。[⑤] 中国对湄公河国家的经贸合作与投资克服了新冠疫情的影响，呈现不断增长的态势。澜湄合作机制已经支持了教育、卫生、妇女、减贫等领域 500 多个接地气、惠民生的项目，六国开展了互联互通及机场电站、产业园区等 40 多个大型基建和产能合作项目。[⑥] 中国在澜湄合作框架内为湄公河国家提供“两优”贷

① 〔美〕罗伯特·基欧汉、约瑟夫·奈：《权力与相互依赖（第四版）》，门洪华译，北京大学出版社，2012，第 227 页。

② Scott William David Pearse-Smith, “‘Water War’ in the Mekong Basin?” *Asia Pacific Viewpoint*, No. 2, 2012, pp. 147-162.

③ 根据 UN Comtrade Database（https://comtrade.un.org/data/）数据计算得出。

④ 根据 ASEAN Stats Data Portal（https://data.aseanstats.org/fdi-by-hosts-and-sources-stock）数据计算得出。

⑤ 中华人民共和国商务部、国家统计局、国家外汇管理局编《2020 年度中国对外直接投资统计公报》，中国商务出版社，2021，第 17 页。

⑥《亲诚惠容结硕果 砥砺前行谱新篇》，《人民日报》2021 年 6 月 11 日，第 3 版。

款，帮助地区国家实施经济发展项目。

在互联互通方面，中老铁路的建成通车对中老双方的人员和经贸往来有益，泰国可以借助中老铁路加快其水果出口中国的速度，未来，在海上，东盟国家也会得益于中老铁路的联通作用，将贸易融入国际陆海新通道之中，形成欧亚地区新的陆海贸易通道，加快后疫情时代东南亚融入经济全球化的步伐。湄公河国家能够通过互联互通、国际陆海新通道等融入新发展格局。同时，湄公河国家由于与中国地缘相邻，能够更多地受益于国际陆海新通道、《区域全面经济伙伴关系协定》（RCEP）的积极效应，中国能够更加便捷地与湄公河国家加强经贸合作，促进国内、国外经济协调发展，为澜湄合作机制的发展提供动能支撑。

（三）多元主体参与的包容性发展

多元主体参与澜湄合作体现了包容性发展的特点。澜湄国家积极推动澜湄合作与区域内其他合作机制对接。在 2019 年 12 月举行的澜湄水资源合作部长级会议上，澜湄水资源合作中心与湄公河委员会秘书处签署了谅解备忘录，各方将共享治理经验，开展数据与信息交换、流域监测、联合评估与研究等。① 澜湄水资源合作中心、湄公河委员会、国际水资源管理研究所（IWWI）还共同开展了联合研究项目，分析澜沧江上游大坝对于下游旱涝的影响。② 在域外行为体参与澜湄合作方面，中国积极探讨与日本、韩国、欧盟等开展第三方合作。③ 2018 年 10 月，第一届中日第三方市场合作论坛的签约项目中就包括中日泰机构在泰国工业园区合作开发智慧城市的内容。④

---

① "MRC Secretariat, LMC Water Center Ink First MOU for Better Upper-lower Mekong Management," MRC, December 18, 2019, http://www.mrcmekong.org/news-and-events/news/mrc-secretariat-lmc-water-center-ink-first-mou-for-better-upper-lower-mekong-management/.

② "The MRC Annual Report 2017: Progress & Achievements," MRC, April 10, 2018, http://www.mrcmekong.org/assets/Publications/MRC-Annual-Report-2017-final.

③ 《李克强在澜沧江-湄公河合作第三次领导人会议上的讲话（全文）》，人民网，2020 年 8 月 24 日，http://politics.people.com.cn/n1/2020/0824/c1024-31835048.html。

④ 《第一届中日第三方市场合作论坛在北京举行》，中华人民共和国商务部网站，2018 年 10 月 27 日，http://www.mofcom.gov.cn/article/ae/ai/201810/20181002800324.shtml。

中国地方政府也积极参与澜湄合作。深圳市国际交流合作基金会、柬埔寨民间社会组织联盟论坛就“湄公河太阳村”行动进行合作，向柬埔寨、缅甸共提供632套中小型太阳能发电设备，发电总装机容量为4.7万千瓦，解决了1.6万人日常小功率用电问题。深圳市国际交流合作基金会与柬埔寨余彭年慈善基金会联合发起“湄公河光明行”项目，为柬埔寨民众提供白内障救治服务。[①] 此外，爱尔眼科集团、厦门大学附属眼科中心医疗队等深入老挝、柬埔寨、缅甸，为病患进行免费治疗白内障的手术。地方政府在澜湄合作中的参与程度越来越高。

此外，湄公河国家的华人华侨社团积极参与当地社会治理。2018年5月初，柬埔寨桔井省出现河流污染，柬华理事总会捐献了8万美元，支援当地开凿47口水井，为2151户居民解决用水问题。[②] 柬埔寨福建总商会从2017年底开始为柬埔寨农村农户在50户（300人）以上的村庄援建一口水井，截至2022年3月6日共捐建交付了36口水井。[③] 2020年1月，柬埔寨福建总商会向柬国家婴儿和儿童中心捐赠食品、生活用品等物资。2020年4月，柬埔寨福建总商会向柬埔寨国家海关总署捐赠抗疫物资。地区合作机制、第三方国家、中国地方政府以及华人华侨社团等都是进行澜湄合作的积极力量，其积极因素能够为澜湄地区各项事业的发展服务。

三　未来澜湄合作的重要方向

澜湄合作机制成立以来，已经取得了丰厚的成绩，这得益于澜湄六国的共同努力。以澜湄命运共同体建设为目标，澜湄合作未来可以从以下三个方面完善合作与发展的路径。

---

① 《澜湄合作六周年，深圳带来一抹“暖色调”》，深圳市国际交流合作基金会网站，2022年3月27日，https://www.sfiec.org.cn/whatsNew/Inner/497。

② 《开凿水井助桔井人民　总理赞赏柬华总会义行》，柬中时报网，2019年4月10日，https://cc-times.com/posts/4699。

③ 《柬埔寨福建总商会捐建水井解决柬偏远农村饮水难题》，中国新闻网，2022年3月9日，https://www.chinanews.com.cn/hr/2022/03-09/9696850.shtml。

（一）推动更具包容性的澜湄合作

中国与湄公河五国共同推动澜湄合作的发展。从参与的行为体来看，未来应推动更加广泛的主体参与，包括国际非政府组织、地方政府、各国企业，并加强与域外国家、联合国及其相关机构、地区其他国际组织等的合作，推动更具包容性的澜湄合作发展。

首先，中方应推动国际非政府组织在湄公河国家加大合作力度。非政府组织拥有自身的核心价值观，与当地国家进行合作，需要文化层面的逐步认同，而且非政府组织本地化的过程会推进其国际化程度进一步提升。非政府组织形式灵活、亲民，通过民间交流更容易获得当地民众的信任，便于了解当地民众的真实关切。中国在推动与国际非政府组织合作的过程中，需要注意与湄公河国家本土非政府组织的对接合作。湄公河国家本土非政府组织对于湄公河国家的情况更为熟悉，更能了解所在国家央地关系、民众诉求。与湄公河国家本土非政府组织合作是了解当地情况、推动澜湄合作民生项目落地的重要一环。

其次，联合国及其相关机构是澜湄合作的重要合作方。作为全球最重要、覆盖范围最广的国际组织，联合国的权威性不言而喻。中方在澜湄合作中，可以与联合国粮农组织、世界卫生组织、联合国亚洲及太平洋经济社会委员会等机构开展深入合作，将南南合作与澜湄合作充分融合。与联合国相关机构在湄公河国家开展三方合作，可以更加高效地推动卫生健康、粮食安全、清洁能源等合作议题的开展。

最后，域外国家也参与到澜湄合作当中。中国及湄公河国家应客观看待美西方国家在湄公河地区开展合作的现状，在利益存在高度重合的领域，应加大沟通协调的力度，避免产生恶性竞争。可考虑吸收相关友华经济体以“澜湄+”的形式参与到澜湄合作当中。在发展中国家层面，中国-中东欧国家合作、南方共同市场、海湾合作委员会等均可以与澜湄合作机制开展对话，深化在绿色经济、数字经济等领域的合作。

（二）推动全球发展倡议与澜湄合作深度对接

发展是解决民众福祉问题的根本方式，能够积累社会发展所必需的物质基础。湄公河国家的发展水平不同，部分国家仍是最不发达国家。发展对于湄公河国家具有较高的重要性。全球发展倡议的提出顺应国际大势，与联合国2030年可持续发展目标高度契合，将可持续发展理念这一国际共识贯穿始终。

全球发展倡议立足于发展，对发展中国家而言，经济发展是最为显著的战略指标。发展包括但不局限于经济增长。经济增长的长期目的是消除贫困，以及促进社会整体的包容性和谐增长。发展经济要充分评估生态系统的承载能力，在长期的经济发展过程中不能一味追求速度。① 全球发展倡议具有高度包容的特点，倡导在经济发展的同时考虑自然环境的承载力，根据客观条件实事求是地进行经济开发，不能走“先污染后治理”的老路，在发展中不能竭泽而渔。在符合客观规律的基础上充分发挥多重手段的创新性功能，才有可能提升地区国家的经济水平。

推动发展导向的澜湄合作，需要将全球发展倡议的核心理念内化到澜湄各国的发展政策之中，澜湄各国需要贯彻可持续发展理念。中国应与湄公河国家联合制定符合各国利益的发展战略，尤其应关注互联互通，而且地区发展战略应与澜湄国家的发展战略相对接。同时，澜湄地区的生物多样性需要得到特别关注，在修建水利工程时，要为鱼类的洄游预留方案，在发展的同时要注意保护地区的生物多样性。在中老铁路开通的背景下，进一步拓展国际陆海新通道在中国中西部地区和东南亚地区的实践，充分调动澜湄各国地方政府参与互联互通和共建“一带一路”，以陆海联运的新模式推动新发展格局提质增效。另外，澜湄地区需要推动数字经济、绿色经济等新兴产业发展。中国应通过优势企业协助湄公河国家提升产业发展水平，帮助湄公河国家建立符合本地需求的数字产业和绿色产业标准。

---

① 〔瑞士〕吉尔贝·李斯特：《发展史——从西方的起源到全球的信仰》，陆象淦译，社会科学文献出版社，2017，第250~288页。

（三）深化澜湄非传统安全治理路径

中方倡导以共同、综合、合作、可持续的新安全观为核心的全球安全倡议。澜湄地区非传统安全问题突出，其外溢效应对于地区和全球安全都会造成不利影响。非传统安全治理的敏感度相对于传统安全合作较低，能够成为中方与湄公河国家推动地区安全合作的重要抓手。共商、共建是澜湄合作的核心原则，同时应平衡各国的需求和分歧，争取各国经济效益和安全效益最大化。[①] 澜湄国家需要加强合作，以和平共处五项原则和“东盟方式”的安全文化解决发展中面临的安全问题，通过议题合作带动澜湄地区的整体性安全合作。

湄公河地区的犯罪事件具有流动性，各国不可避免地会受到影响，流域国家可以通过共同预防与打击犯罪，促进地区安全秩序构建。中国作为湄公河国家命运与共的伙伴，为地区和平稳定力所能及地提供公共产品。建立湄公河流域执法安全合作机制、中国向湄公河委员会分享澜沧江全年水文信息数据等措施，保证了地区非传统安全形势向好发展。澜湄六国应差异化采用应对不同类型非传统安全问题的方式，对于环境问题、跨境犯罪问题、疫情问题等应制定不同的合作措施，通过共同认可的地区行动纲领，建立统一的治理团队，在不同领域合作应对安全问题。同时考虑到湄公河部分国家的经济水平，应推出一些“早期收获”项目，使当地民众在参与非传统安全治理的同时实现经济收入与生活水平的提升。

在非传统安全治理中，地方政府层面的合作很重要。基层在面临非传统安全威胁时往往脆弱性更大，更能够直接体会到安全治理的必要性。从长远看，加大“心联通”与文化交流力度，推动澜湄命运共同体意识的落地生根对于地区安全治理更为重要。地区国家民众真正意识到非传统安全问题对整个地区的影响后，才能真正参与地区非传统安全治理。

---

① 余潇枫、王梦婷：《非传统安全共同体：一种跨国安全治理的新探索》，《国际安全研究》2017 年第 1 期，第 24~25 页。

B.9

印太经济框架：内容、前景与应对

张 松　张中元*

摘　要： “印太经济框架”于2022年5月23日由美国总统拜登在访问日本期间启动，并于9月启动首次部长级谈判。该框架的首批参加国家共有14个，包括美国、日本、韩国、印度、澳大利亚、新西兰、印度尼西亚、泰国、马来西亚、菲律宾、新加坡、越南、文莱和斐济。“印太经济框架”是美国“印太战略”经济政策之一，旨在通过四大支柱完善其在亚太地区的战略布局、凝聚区域盟友和伙伴力量并强化在该地区的政治和经济秩序主导权。虽然“印太经济框架”的磋商和实施面临不确定性，但其作为由美国主导的新型印太区域经济合作框架，不仅将对地区的供应链体系产生影响，也会给中国的经济繁荣和发展带来挑战。中国需要对“印太经济框架”可能带来的不利影响做好应对。

关键词： 区域经济　自贸协定　印太经济框架

一　“印太经济框架”产生的背景及性质

（一）“印太经济框架”的提出

由于美国在2017年从《跨太平洋伙伴关系协定》（TPP）中撤出，

---

* 张松，经济学博士，中国社会科学院亚太与全球战略研究院助理研究员，主要研究方向为国际投资与贸易、发展经济学；张中元，经济学博士，中国社会科学院亚太与全球战略研究院国际关系研究室副主任、研究员，主要研究方向为国际经济学、区域合作。

2017~2021 年，美国在亚太地区的贸易日程基本上是一片空白，美国在经济最具活力的亚太区域没有参与重要的大型自贸协定。而在这段时间，中国一直强化在该地区的贸易地位，在《区域全面经济伙伴关系协定》（RCEP）的制定和实施方面发挥了重要作用，并正式申请加入《全面与进步跨太平洋伙伴关系协定》（CPTPP）。美国对此深表担忧，急切地想要恢复其在亚太地区的主导地位，建立一个以美国为中心的、多方位、多领域的经济框架，与中国在经贸领域进行主导权较量。

“印太经济框架”（Indo-Pacific Economic Framework，IPEF）的提出最早可以追溯到 2021 年 10 月，由美国总统拜登在东亚峰会上首次提出，其表示将围绕贸易便利化、产业链韧性、劳工标准、清洁能源等展开多领域、多方位的合作。随后拜登政府展开了一系列外交活动，并对公众进行宣传。例如，美国商务部长吉娜·雷蒙多（Gina Raimondo）在 2021 年 11 月对日本、新加坡和马来西亚等亚太国家进行访问，其间与上述三国以及新西兰和澳大利亚的官员就美国提出的新经济架构进行探讨。此外，美国贸易谈判代表戴琪（Katherine Tai）在 11 月访问日本、韩国与印度，就拜登政府提出的“印太经济框架”与其进行沟通。国务卿布林肯（Antony Blinken）于同年 12 月访问印度尼西亚与马来西亚，并在印度尼西亚大学做了一场题为“一个自由开放的印太”的主旨演讲，对美国的“印太战略”进行了一次全方位的阐述，其中强调美国推进“印太经济框架”的政策议程。

此后，美方官员在多个场合积极响应，推动构建“印太经济框架”。2022 年 5 月 23 日，美国等 13 个初始成员国共同宣布启动“印太经济框架”，随后斐济于 26 日宣布加入，成为第 14 个初始成员国。它们的经济总量占全球经济总量的比重高达 41%，高于 RCEP 成员国的 30%，从而成为全球最大的贸易集团。

（二）“印太经济框架”的主要内容

“印太经济框架”是一个涉及四大支柱的合作框架，参与国家可以选择全部接受或自主选择其中一项进行谈判，并达成相关标准。该框架旨在通过高标准协议的达成吸引更多成员参与。这四大支柱如下。第一，“联通经济”（Connected Economy），意味着加强国际贸易领域的合作，制定数字跨境流动和数字本地化标准，以应对在线隐私、歧视和不道德的人工智能运用等问题，并寻求制定强有力的劳工、环境标准和公司责任条款等。第二，“韧性经济”（Resilient Economy），旨在提高供应链的韧性，减少供应链断裂所带来的价格上涨问题。该支柱的措施包括建立供应链预警机制，确保关键原材料、加工材料、半导体和至关重要的矿物等物资的可获取性，改善关键领域的可追溯性，并协作推进生产的多元化布局，以确保物流体系的便利性、畅通性和高效性。第三，“清洁经济”（Clean Economy），主要是为应对气候变化采取行动，包括加强可再生能源、除碳、能效标准、遏制甲烷排放等新措施实施，加速发展和应用清洁能源技术，加快绿色和可持续基础设施建设，并提供更多的就业岗位等。第四，“公平经济”（Fair Economy），主要是为了维持良好的竞争环境而采取措施，包括加强税收、反洗钱和反贿赂机制的建设，交换税务信息，将贿赂定为刑事犯罪，打击腐败等，以促进公平竞争。在四大支柱中，“联通经济”这一支柱由美国贸易谈判代表办公室负责协调组织，而其他三个支柱由美国商务部协调组织。该框架的目标是通过协作和协调，促进区域内各国的经济合作和可持续发展。

总体来看，“印太经济框架”的主要内容均是原则性规定，缺乏具体的条款，但针对的内容极为明确，聚焦价值观、安全、标准和新兴领域，其中尤为关注供应链和数字经济领域。正如美国白宫国家安全顾问杰克·沙利文（Jake Sullivan）所说：“‘印太经济框架’旨在以印度-太平洋地区各经济体为中心开展一体化活动，侧重于数字经济，制订相关的准则和规定，并努力保证一个具有韧性的、安全的、可恢复的供应链。”①

① 《【苏庆义】印太经济框架作为经济协定的解析》，腾讯网，2022 年 6 月 2 日，https://new.qq.com/rain/a/20220602A0B2SA00。

（三）“印太经济框架”的性质

“印太经济框架”不属于自由贸易协定，它和当前亚太地区正在推动的《区域全面经济伙伴关系协定》以及《全面与进步跨太平洋伙伴关系协定》这两个国际协定并不相同。首先，它不需要国会批准，其在2021年10月提出，于2022年5月启动。由于不需要走很多美国国内的审批流程，进展很快。其次，由于不属于自由贸易协定，“印太经济框架”未涉及太多实质性贸易条款，比如未涉及关税减让、市场准入等。

“印太经济框架”是一个框架（framework），不是协定（agreement）。所谓“框架”，更多地侧重于国际规则和标准的制定，这是“印太经济框架”和其他区域自贸协定的最大不同之处。美国总统国家事务助理沙利文解释：“印太经济框架”是21世纪的经济安排，希望从四大支柱的角度应对21世纪的经济挑战。它对所有的成员给予规则和标准的支持，但并非一个具有约束力的、有争端解决方式的贸易协定。

“印太经济框架”超越了传统以贸易为主的经济合约，而延伸到供应链、基础建设、减碳、税收等领域，而这些领域涉及成员国的国内政策。传统的区域自贸协定通常只会规范成员国的对外领域，比如贸易关税、贸易制裁、贸易配额、最惠国待遇等，但是“印太经济框架”将传统领域的边界扩展到成员国的国内政策。举例来说，如果美国再次面临全球供应链的瓶颈，美国就可以通过该框架要求印太成员国更有效率地帮助其加快生产和运输的速度。另外，在减碳除碳方面，成员国在兑现《联合国气候变化框架公约》承诺的基础上，可能还要再达到一个更严格的标准。这些都是过去传统的区域经济贸易模式未涉及的范围，或许会触及国家主权的敏感地带，是成员国需要慎重考虑的，从“印太经济框架”相关成员国的反应也可以看出这一点。例如，在2022年5月23日的启动仪式上，印度尼西亚和韩国等成员国提及该框架不应该成为限制其他国家的工具，不应进行供应链的“脱钩”。还有一些成员如越南、马来西亚等出口型国家，提出要求设置宽限期，以了解相关成员的法律制度以及技术合作方面的政策。虽然“印太经济框架”不是自贸协定，但其成员需要在基础设施、清洁能源、数字贸易方面被迫做一些制度设计和投资，以达到美国定下的高标准。这可能会减损一些成员的经济竞争力和竞争优势，相关成员提出了它们的顾虑。

二　“印太经济框架”实施的前景

（一）“印太经济框架”谈判的难度

“印太经济框架”作为区域经济合作机制，其有效实施将面临诸多不确定因素。拜登政府提议，在 2023 年 11 月美国主办 APEC 领导人非正式会议之前，完成该框架的谈判。但是，从以往的经验来看，国际自由贸易协定中具体议题的磋商和最终文本的确定，需要各国进行大量的沟通和努力，通常耗时数年。“印太经济框架”成员国国情、发展阶段和水平都不尽相同，因此，各国是否能够达成一致存在不确定因素。另外，在尊重其他国家选择参加内容和做出承诺方面存在灵活性的情况下，自身主动做出承诺的政策具有不确定性。该框架的成员国“仅仅是在第一轮谈判中做出了承诺，在正式磋商开始之后，对于该框架最初的热情能否持续仍然存在疑问”。①

“印太经济框架”谈判的完成存在一些短期内难以解决的症结，比如劳工权益、减碳等议题。东亚许多国家以较低的劳工成本作为比较优势，使用低工资来吸引外资，促进经济发展。如果签署“印太经济框架”，它们必须遵守美国所制定的严格的劳工标准，这必然会影响它们的经济竞争力。主要的症结在于贸易以外的“边境后”法律和法规。劳工权利方面，很多发展中国家尤其是亚太国家的劳工法律和欧美有很多本质上的不同，比如工会的规定、产品的规章和性质等。举例来说，美国、加拿大和墨西哥在 1994 年

① Aidan Arasasingham et al.，“Unpacking the Indo-Pacific Economic Framework Launch，” Center for Strategic and International Studies，May 23，2022，https：//www.csis.org/analysis/unpacking-indo-pacific-economic-framework-launch.

签署的《北美自由贸易协定》（NAFTA）希望纳入劳工权益的相关条款，但是这一直受到墨西哥的反对。直到2018年美加墨更新的NAFTA才正式纳入劳工权益。仅仅三个国家要涵盖劳工权益一个条款，就花了24年的时间，可想而知，劳工权益要在“印太经济框架”中让所有成员接受，需要花相当长的时间。另外，在节能减碳方面，美国也会有更严格的要求，这是发展中国家目前难以实现的。这一系列条款可能会让亚洲国家有所却步。

当然美国也有可能通过妥协来降低若干标准。美国希望“印太经济框架”涵盖的成员越多越好，因为该框架的一个重要战略目的是抗衡中国参与的RCEP。因此只有让其他国家都能够接受美国提出的条件，才有可能有效完成框架的谈判。《日经亚洲》指出，如果美国想在印太地区遏制中国，就需要通过承诺扩大贸易和投资，在该地区形成经济同盟。但拜登政府的“印太经济框架”缺乏实质性内容，并不讨论如何与亚洲国家接触并将它们纳入经济框架。①

（二）成员国的积极性不一致

首先，“印太经济框架”各成员之间的发展存在很大的不平衡，很难相互配合。14个成员国中既有美、日、韩、澳、新等发达国家，也有泰国、马来西亚、菲律宾等发展中国家。由于各个国家的经济发展阶段、市场化水平、工业化程度都不同，确定一个平衡的准则将是一个巨大的挑战。在贸易政策上，发达国家和发展中国家表现出不同的立场，发达国家更注重贸易的公平性，发展中国家更注重贸易的自由性。在具体的贸易规则制定方面，发达国家的标准很难被发展中国家接受，比如像越南、泰国这样的发展中国家，就很难接受发达成员国在劳工权益、环境保护、电子商务及数字经济等领域相对较高的标准。

---

① 《这个“遏华大动作”，美日意见不合》，观察者网，2022年5月23日，https：//www.guancha.cn/internation/2022_05_23_640981.shtml。

成员国不同的积极性还体现在它们与中美的经济关系上。“印太经济框架”的某些条款可能造成一些东盟国家面临在中美之间“选边站队”的情况，使之左右为难。“印太经济框架”推行的“去中国化”会影响亚太区域一体化发展，并妨碍区域经济可持续增长。印度尼西亚贸易部长穆罕默德·鲁特菲（Muhammad Lutfi）在“印太经济框架”签约仪式上表明：“要想产生长远的正面效果，‘印太经济框架’就必须对亚太地区各国具有包容性和开放性。”① 一些东盟国家表明加入“印太经济框架”应不对其与中国的经贸往来产生负面影响。它们力图避免在中美之间做出抉择，成为大国博弈的牺牲者。

（三）供应链整合难度较大

“印太经济框架”启动得到了日本、韩国、澳大利亚、新西兰等发达国家的支持。其中美国、日本、韩国这三个国家在高科技产业领域特别是在美国最为关注的半导体芯片领域拥有巨大的产业优势。在以半导体芯片为代表的高科技产业中，“印太经济框架”的成员国占据领先和主导地位。在这些领域，美国利用对半导体技术和设备的控制排斥中国相关产业的图谋可以部分得到实现，从华为的遭遇即可看出端倪。日本和韩国加入“印太经济框架”后，其对半导体技术的控制力会进一步增强，在整个半导体供应链上，排斥中国企业的能力会更强。在高科技领域，“印太经济框架”能在多大程度上实现目标，取决于日韩两国的配合力度。但是对于日韩来说，这么做的代价是惊人的，不仅有经济上的巨大损失，还有政治和安全上的潜在风险。对于这一点，在未来的谈判和交易中，日韩两国会反复做出权衡。

然而，在高科技领域之外的供应链上，其他国家很难追随美国完全排斥中国。中国和东盟互为对方的第一大贸易伙伴，同时，中国是日本和韩国最

① Office of Assistant to Deputy Cabinet Secretary for State Documents and Translation, “Trade Minister Hightlights Four Issues on IPEF Launching,” Cabinet Secretary of The Republic of Indonesia, May 24, 2022, https://setkab.go.id/en/trade-minister-highlights-four-issues-on-ipeflaunching/.

大的贸易伙伴。对于中国和这些国家的经贸合作，除了涉及美国有巨大话语权的半导体产业外，还涉及其他数不清的行业和领域。在这些领域想要与中国“脱钩”，是不可能做到的，也不可能得到成员国的支持。中国有 14 亿人口的巨大市场，除非世界格局发生根本性变化，否则谁都不会放弃。“印太经济框架”能够在多大程度上实现战略目标，取决于美国准备付出多大代价做交换。如果美国愿意用本国的消费市场做筹码促使其他成员国加入，迫使它们将供应链转移出中国，否则就不能向美国市场出口，那样的话，围绕美国消费市场的产业链将发生转移。但是目前美国正在面临严重的通货膨胀，且美国没有这么做的意图。

三 “印太经济框架”与印太地区已有的贸易协定的关系

早在 2017 年 1 月的时候，时任美国总统特朗普签署行政命令，宣布美国退出《跨太平洋伙伴关系协定》（TPP）。后来日本牵头 TPP 中的其余国家签署《全面与进步跨太平洋伙伴关系协定》（CPTPP）。美国不会参加 CPTPP，因为其明确表示 CPTPP 在劳工权益、知识产权等规范上存在不足。可以看出，美国推出的“印太经济框架”是一个试图取代 CPTPP 的新的经济框架，其涵盖的不仅是传统贸易或者多边区域关系，还希望在供应链、税收、减碳、劳工权益等方面能够取得一些进展。“印太经济框架”在贸易基础上将美国的经济模式和意识形态加以延伸，雄心勃勃。如果能够和所有成员国顺利就“一系列支柱”达成共识，那么“印太经济框架”就可以有效替代 CPTPP，甚至与中国参与的 RCEP 抗衡。但是，在短期内，这实施起来有一定难度，如前文所述，因为很多协定和愿景超越了传统国家的贸易谈判范围，牵涉成员国的主权和国内政策，让所有成员国认同和接受可能需要一些时间。

“印太经济框架”包含七个东盟成员国，这与 RCEP 存在较大的重叠（见图 1）。“印太经济框架”关注的重点领域也与 RCEP 存在重叠，例如供应链、劳工标准、环境保护等。因此，比较、分析这两个有关经济合作的国际协定已成为学术界热门的话题。作为亚太地区的经济协定，RCEP 从 2022 年 1 月实施以来已初见成效，给东盟和亚太相关国家都带来了实际的利益，大大改善了该地区的贸易环境，促进了亚太地区产业链深度融合及经济和社会发展。

在 RCEP 规则不断深化的情况下，区域内的贸易流动将越来越多。RCEP 将向各方提供新的机遇，并不断加强亚太地区在全球经济中的作用。值得注意的是，虽然“印太经济框架”与 RCEP 有所重叠，但它们之间的差异在于前者涵盖更广泛的领域，例如数字经济和可持续发展等，而后者则侧重于贸易和投资。

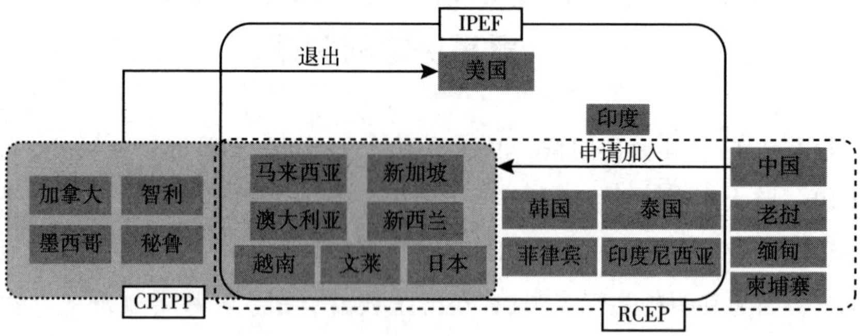

图 1　IPEF、CPTPP 与 RCEP 成员国（2022 年 6 月）

“印太经济框架”没有涉及实质性的贸易条款，这对 RCEP 或者对中国正在申请加入的 CPTPP 会造成何种影响？目前来看，“印太经济框架”不会实质性地取消关税，也没有取消非关税壁垒等贸易便利化措施。但这些其实是东盟七个成员国最关注也是最希望实现的。因为从经贸投资角度来看，它们希望更多国家来到与东盟相关的市场进行投资，在本地生产的最终产品可以通过自贸协定的零关税或者市场准入的便利化进入美国市场。但是“印太经济框架”未包含这些实质性的贸易便利化条款。在 5 月 22 日“印太经济框架”签约仪式上，韩国外交部官员在接受采访时表示，韩国加入“印太经济框架”不会和 RCEP 产生冲突。新加坡总理李显龙在采访时表示，“印太经济框架”目前不是一个自贸协定，其不能完全取代 CPTPP，会持续支持中国加入 CPTPP。

四 “印太经济框架”对中国的潜在影响及应对

（一）“印太经济框架”对中国产业的可能影响

从美国角度来看，“印太经济框架”这样的一个新的经贸框架的重要目的之一是排除中国的参与，即“去中国化”。“印太经济框架”是独立于中国的新的产业链安排。美国将提出更多的出口管制措施，会联动其他成员国限制向中国出口一些敏感产品和敏感技术。而这些产品和技术正是中国现在大量研发以及产业升级所需要的，比如集成电路的芯片、新能源汽车电池、医疗产品中的核心材料和技术等。就将对中国半导体行业、生物医药行业以及数字经济发展造成一些影响，虽然影响的大小在短期内难以评估。

“印太经济框架”如果顺利完成谈判，在“联通经济”和“韧性经济”的支柱下开始实施，就将对中国在印太经济中的影响和战略地位产生较大的压力。特别是在一些核心行业领域，其将让中国的产业链和供应链进一步缩减，从而导致中国与“印太”地区经济脱钩。“印太经济框架”一旦成功落地，将对中国在高技术领域的发展产生更大的阻碍，从而达到拜登所期望的与中国“科技脱钩”。

“印太经济框架”可能会加速关键供应链和产业链“去中国化”的进程。美国已在全球范围内制定了一系列政策以保障半导体及其他重要原材料产业链的安全，并在此基础上建立一套以减少对中国产品依赖为核心的贸易体系。在“印太经济框架”签署仪式上，美国总统拜登进一步指出：“我们应当致力于解决重要的供应链中的各种问题，并设立早期警报机制，把问题扼杀在萌芽状态。”美国参议院财政委员会主席罗恩·怀登（Ron Wyden）认为，“‘印太经济框架’改善了美国与亚洲合作伙伴的供应链路径”。而且，美国一直在强调，在重要的产业链和供应链上，对中国的过分依赖可能会以某些方式影响其他国家的政策。因此，各国可能加快“去中国化”的进程，并将其范围进一步扩展。

“印太经济框架”在数字贸易领域提出了较高的标准，强调要在区域内构建数据本地化和跨境传播的标准。尤其在将来，美国政府可能会对全球范围内的数字企业进行网络信用评级，制约跨国数据信息有效传输，进而对中国的大数据、云计算、人工智能、5G 通信等新兴技术企业进行有意的排挤。

（二）中国应对“印太经济框架”的策略

中国经济具有独一无二的规模优势，“印太经济框架”妄图将中国排除在全球供应链和产业之外，是不可能完成的任务。超大规模单一市场是中国的突出优势，不管是人口规模还是市场规模，[①] 中国在全球都是最大的。在低成本劳动力之外，规模优势是中国制造业最大的核心竞争力。一般而言，劳动力成本在制造业总成本中的占比为 10%左右。劳动力成本或高或低，对总成本的影响不大。一旦形成规模效应，平均生产成本就会显著下降，比如研发成本、固定资产投资成本、物流成本、市场开发成本、原材料采购成本等会下降。在这种情况下，规模经济可以大幅节约制造业的生产成本。也就是说，任何一种商品如果在中国有了一定的产能，那么它在世界的价格就会立刻降低。这就是中国市场的魅力。当前，中国经济已经发展到了足够大规模，面对美国的战略选择，只要中国保持信心，一方面坚定不移地推动中国市场实现由大到强的转变，另一方面坚定不移地推进对外开放，中国在亚太产业链和供应链中的中心地位就不会被美国动摇。

对于中国来说，对“印太经济框架”需要有理性的看法，既需要重视美国将其异化为地缘政治工具的一面，又不需要过高估计它在经济与贸易领域的实质性影响。在逆全球化浪潮横行、地缘政治主导世界的时代，经贸关系已经不可能完全摆脱泛政治化的影响。中国更需要关注的问题是自身的开放与发展，必须继续保持开放姿态，继续参与全球经济活动，继续进入国际

① 对于按购买力平价（PPP）衡量的 GDP，中国在 2013 年就已经超过美国，排世界第一。

市场。

一是不断深化对外开放，进一步加强与亚太地区的经济交流。加强与东盟国家的经贸、科技交流与合作，推动一系列有利于中国发展的经贸合作项目，以合作消弭竞争。应积极优化中国-东盟经济贸易结构，进一步融合中国-东盟的产业链与价值链，使未来的多边关系更加紧密。在此基础上，充分发挥中国与东盟的“10+1”合作机制、澜湄合作机制、中国-东盟自由贸易区 2.0 等现有的合作机制，设法主动塑造双方未来的关系，并在一定程度上制约外来力量的介入。

二是提高 RCEP 这一全球最大自贸协定的区域化辐射效应。通过 RCEP 化解“印太经济框架”对中国可能产生的负面影响。“印太经济框架”的成员主要集中在印太地区，对中国的“一带一路”高质量建设和亚太地区的影响力都会产生一些负面影响。中国要更多地使 RCEP 发挥贸易吸引力、投资吸引力和扩大效应。同时要加大力度申请加入其他大型自贸协定，比如全球第二大自贸协定 CPTPP 和《数字经济伙伴关系协定》（DEPA），以抵消“印太经济框架”的不利影响。

三是继续推动“一带一路”高质量建设，继续深化第三方市场合作。通过促进贸易、投资和产业集聚，以及优化价值链和供应链，加强基础设施互联互通，提供公共产品等，“一带一路”倡议将为共建国家带来更多的市场、投资和增长机遇。同时，“一带一路”倡议将对共建国家与中国的政治、经济和外交关系产生积极作用。这不仅可以缓解一些国家对中国的消极态度，而且可以减少部分国家特别是印太地区各国在中美两个大国间的抉择难题。

大国关系

Great Power Relations

B.10
2021年中印关系：低谷徘徊与重回正轨？

吴兆礼*

摘　要： 2021年中印关系在低谷徘徊，印度对华安全困境显著泛化。双边政治关系僵冷，中印高层交往与互动明显减少，双边政治与战略互信水平处于冷战结束以来的新低。印度试图在经贸领域与中国“脱钩”，两国经贸投资对话与磋商机制停滞，印度出台的限制中国投资以及针对中国企业的歧视政策对中国投资构成多重风险。为解决边界西段对峙和实现边境向“常态化管控”转变，中印边境事务磋商和协调工作机制与军长级会谈机制举行多轮会谈并发挥了重要作用。2022年，中印关系能否走出“困难期”面临多重挑战。

* 吴兆礼，博士，中国社会科学院亚太与全球战略研究院副研究员，主要研究方向为南亚国际问题研究、印度对外战略和印度大国外交。

关键词： 中印关系　政治互信　边界问题　安全困境

2020年6月加勒万河谷冲突以及后续紧张对峙，导致印度莫迪政府对华政策严重倒退，中印关系各个方面受到严重影响。2021年，中印关系继续低开低走，并始终在低谷徘徊。政治方面，两国高层互动基本中断，双边政治关系僵冷，两国政治互信短板或赤字现象更为突出。经贸方面，莫迪政府继续奉行打压政策，中印双边经贸财金政策沟通磋商机制处于搁置状态。安全方面，中印开展多层级军事会谈，中印军长级会谈机制继续承担双方管控危机和避免冲突升级的职能。总体上看，在印度对华安全困境显著泛化的背景下，2021年，中印政治、经济、安全与文化关系的表现不尽如人意，中国积极推动中印关系重回正轨的努力没有得到印方的回应，印方反而倾向于将责任推给中方，中印关系始终在低谷徘徊。

一　政治互信短板突出

受加勒万河谷冲突事件后莫迪政府对华政策倒退影响，2021年，中印政治互信潜在的短板问题更加突出。一方面，中印高层互动的频度明显降低，互动的层级大不如前；另一方面，中印共识基础“被弱化”，中印面向和平与繁荣的战略合作伙伴关系以及中印构建更加紧密的发展伙伴关系等基础性共识遭遇挑战，面临困境。在此背景下，中印政治关系“趋冷”。

中印高层交往与互动持续在低位运行。与以2018年武汉和2019年金奈两次非正式会晤为代表的中印高层交往相比，2021年，中印双边层面的高层交往与互动的频度较低，双边和多边层面的高层交往次数较少。首先是双边层面，两国高层互动主要体现为“电函”外交。其中，习近平主席于2021年4月30日就印度新冠疫情向印度总理莫迪致慰问电，指出“人类是休戚与共的命运共同体，世界各国唯有团结合作，才能最终战胜疫情”，表示“中方愿同印方加强抗疫合作，向印方提供支持和帮助”。[①] 中国国务委员兼外长王毅同印度外长苏杰生于2021年2月25日和4月30日先后两次通电话，一是就中印边境局势表明中方立场，二是关切印度新一轮新冠疫情。在2月25日的通话中王毅明确指出，“近期，印度对华政策发生摇摆倒退，两国务实合作受到影响干扰，这不符合双方利益。过去几十年经验反复表明，突出分歧无助于问题的解决，还会侵蚀互信的基础”。[②] 其次是多边场合的双边“外长会晤”。2021年，中印共举行两次外长会晤。2021年7月14日，国务委员兼外长王毅在杜尚别会见印度外长苏杰生，对中印关系现状、中印关系本质、中印关系定位、中印关系原则、中印互动模式、边界问题等涉及双边关系的诸多问题表明了中方的观点立场。[③] 2021年9月16日，国务委员兼外长王毅在杜尚别应约会见印度外长苏杰生，双方就中印关系以及地区局势交换意见。最后是多边层面的“视频线上会”。习近平主席和莫迪总理通过视频形式参加了2021年9月9日举行的金砖国家领导人第十三次会晤、2021年9月17日举行的上海合作组织成员国元首理事会第二十一次会议、上海合作组织和集体安全条约组织成员国领导人阿富汗问题联合峰会，尽管两国领导人在多边场合“同框”，但并未举行双边视频线上会议。2021年11月26日，中俄印三国外长以视频方式举行第十八次会晤，这次会晤是在全球新冠疫情带来负面冲击、经济处于复苏之中，以及恐怖主义、极端主义、贩毒和跨国有组织犯罪、自然和人为灾害、粮食安全和气候变化等威胁持续的背景下举行的，该会晤发表的联合公报指出，需要定期举行高级别会议，促进中俄印三国更紧密地合作。[④]

---

① 《习近平就印度新冠肺炎疫情向印度总理莫迪致慰问电》，新华网，2021年4月30日，http://www.xinhuanet.com/politics/leaders/2021-04/30/c_1127398732.htm。

② 《王毅同印度外长苏杰生通电话》，中华人民共和国外交部网站，2021年2月26日，https://www.mfa.gov.cn/web/wjbzhd/202102/t20210226_9604886.shtml。

③ 《王毅会见印度外长苏杰生》，中华人民共和国外交部网站，2021年7月15日，https://www.mfa.gov.cn/web/wjbzhd/202107/t20210715_9137611.shtml。

④ 《中华人民共和国、俄罗斯联邦、印度共和国外长第十八次会晤联合公报》，中华人民共和国外交部网站，2021年11月26日，https://www.mfa.gov.cn/web/ziliao_674904/1179_674909/202111/t20211126_10454095.shtml。

中国重视“大使外交”。2021 年 3 月 5 日，外交部副部长罗照辉会见印度驻华大使唐勇胜，就中印关系和边境事态坦诚深入交换意见。“双方一致认为，应坚持两国领导人重要共识，把握中印关系正确方向。双方同意落实好两国外长莫斯科会晤和日前通话达成的重要成果，保持外交军事磋商势头，实现边境地区和平安宁，使双边关系重回正轨。”① 2021 年 11～12 月，中国外交部亚洲司司长刘劲松、外交部部长助理吴江浩先后会见即将离任的印度驻华大使唐勇胜，国务委员兼外长王毅也以视频方式与其进行会见。王毅在会见时指出，“中印是两大文明古国、两大新兴经济体和搬不走的邻居。建立起互信，喜马拉雅山也阻挡不了我们友好交往；失去互信，一马平川也难使双方走在一起。中印应当成为伙伴和朋友”。② 同时，中国驻印度大使也展开大使外交，就新冠病毒全球溯源问题的原则立场在印度主流媒体上积极发声，推介中国脱贫攻坚取得的伟大成就和中国共产党“以人民为中心”的执政理念，阐述中国维护和践行多边主义以及推动构建人类命运共同体的外交实践与努力。

中国倡导与主持的一些多边会议遭遇印方的“不合作”。2021 年 4 月 27 日，国务委员兼外长王毅主持中阿巴尼斯孟六国外长合作应对新冠肺炎疫情视频会议，会议向印度发出了邀请，但印方没有参加本次会议。尽管如此，王毅重申中方愿随时根据印方的需要向印度人民提供支持和帮助，并希望会议能为印度战胜疫情提供助力。③ 在联合国安理会轮值主席国中国的倡议下，安理会于 2021 年 5 月 7 日以视频方式举行“维护国际和平与安全：维护多边主义和以联合国为核心的国际体系”高级别会议，会议由中国国务委员兼外长王毅主持，有 12 个国家的外长出席会议，印方由外交秘书什

① 《外交部副部长罗照辉会见印度驻华大使唐勇胜》，中华人民共和国外交部网站，2021 年 3 月 5 日，https：//www. fmprc. gov. cn/wjbxw_ 673019/202103/t20210305_ 9605654. shtml。

② 《王毅会见印度离任驻华大使唐勇胜》，中华人民共和国外交部网站，2021 年 12 月 6 日，https：//www. mfa. gov. cn/web/wjbzhd/202112/t20211206_ 10463063. shtml。

③ 《王毅：中方愿随时根据印方需要，向印度人民提供支持和帮助》，中华人民共和国外交部网站，2021 年 4 月 27 日，https：//www. mfa. gov. cn/web/wjbzhd/202104/t20210427_ 9137240. shtml。

林拉代表出席，印度外长苏杰生缺席此次会议。

综观2021年中印高层互动与交往可以看出，中印高层互动频次明显减少，互动方式主要是电函与线上视频方式，互动渠道主要是金砖国家、上海合作组织以及中俄印三国外长会晤机制等多边与小多边平台。而且更为重要的是，受新冠疫情与边境局势紧张的双重影响，将两国领导人非正式会晤发展为年度会晤机制的设想，以及莫迪总理接受邀请、计划于2020年在中国举行中印第三次非正式会晤的安排，都未能实现。客观地看，中印高层互动出现这一局面的原因主要有两个。一是新冠疫情大流行以及彼此出台防疫措施，导致面对面的直接互动难以实现。二是加勒万河谷冲突事件后中印政治互信持续走低，莫迪政府对华政策日益由竞争与合作转向对冲与对抗，陷入僵冷的双边政治关系囿于矛盾与问题集中爆发而难以转圜，领导人举行双边会晤的时机与条件还未成熟。在此背景下，强化高层引领与加强战略沟通对把握中印关系方向的积极效应有所弱化，猜忌与疑虑成为双边政治关系的显著特征。

中印战略对话与特别代表会晤机制安排陷入停滞。中印关系的机制化建设是维护中印关系健康稳定发展的基础与保证，然而，2021年中印政治与战略互信持续走低，不仅导致外交部门主导的中印战略对话受阻，而且导致涉及宏观重大议题的特别代表会晤未能按计划如期举行。一方面是不设固定议题的中印战略对话停摆。不设固定议题的中印战略对话起始于2005年，2018年2月至2019年4月的一年多时间，中印两国共举行五轮战略对话，战略对话成为中印两国就国际形势、各自内外政策、双边关系和共同关心的国际和地区问题交换意见的重要机制，然而，战略对话自2020年以来未能按计划开展。另一方面是第二十三次特别代表会晤未能如期举行。事实上，作为中印双方讨论边界问题的主渠道，同时是双方进行战略沟通的重要平台，经过长期建设，特别代表年度会晤机制已经形成。2019年12月，中国和印度在新德里举行边界问题特别代表第二十二次会晤，双方商定2020年在中国举行中印边界问题特别代表第二十三次会晤。然而，受中印关系低谷徘徊影响，第二十三次特别代表会晤未能如期举行，而且，截至2022年6月，中印双方也未给出第二十三次特别代表会晤的具体议程安排。

中印互不构成威胁以及互为发展机遇这一重要战略共识的基础有所弱化。一方面是印度对华安全困境明显泛化并外溢至政治、经济与人文等多个领域，印度对中国的疑虑加重；另一方面是在印度对华政策倒退和印度加速向美日“印太战略”倾斜的背景下，中国对印度的所作所为表示关注。中印两国领导人曾就中印不是竞争对手而是合作伙伴、中印互不构成威胁且互为发展机遇达成重要战略共识，但目前，这一战略共识的基础有所弱化。一是印度对中国的疑虑进一步加重。与中国始终从全局性、长期性和战略性看待中印关系并致力于与印度实现战略对接的政策不同，印度对华政策具有明显的“两面性”。印度认为在战略地位认知上“中国并没有从平等伙伴地位出发给予印度应有的尊重”，认为“中方没有照顾到印度的利益和关切”，尊重主权是促进地区互联互通的重要前提。对于加勒万河谷冲突后中印关系紧张态势，印度外长苏杰生宣称中印关系必须建立在“三个相互”的基础上，即“相互尊重、相互理解和共同利益”。[①] 二是中国对印度在战略上向美国倾斜的警惕与关注有所上升。中国长期以来始终重视印度在促进地区和平发展与繁荣和全球治理领域的地位与作用，并未将印度定位为战略对手，而是始终坚持中印互不构成威胁与互为发展机遇。但印度战略界对华认知日益倾向负面，莫迪政府对华政策趋于强硬并且呈现明显的对冲对抗特征，加之印度与美国在“印太战略”框架下战略协调的深度与广度加速拓展，尤其是美日印澳“四边机制”（QUAD）加速发展，为此中方重申搞封闭排他、针对他国的“小圈子”违背时代潮流并且与地区国家的意愿背道而驰。[②] 中国驻印大使有针对性地指出，“‘小圈子的多边主义’

---

① “Jaishankar Outlines 8 Principles for Repairing India-China Ties,” The Hitavada, January 29, 2021, https://www.thehitavada.com/Encyc/2021/1/29/Jaishankar-outlines-8-principles-for-rep airing-India-China-ties.html.

② 《2021年9月24日外交部发言人赵立坚主持例行记者会》，中华人民共和国外交部网站，2021年9月24日，https://www.fmprc.gov.cn/web/wjdt_674879/fyrbt_674889/t1909577.shtml。

仍是集团政治，‘本国优先的多边主义’还是单边思维，‘有选择的多边主义’不是正确选择”。①

二 印度试图推进与中国的经济“脱钩”

2020年，印度莫迪政府针对中国企业和中国投资出台一系列歧视性政策，试图在产业链与供应链领域“去中国化”，然而，印度推动与中国经济“脱钩”的结果并不理想。中印双边经贸与投资在2021年呈现不同发展态势，中印双边贸易额不降反增，创历史新高，但相互投资进一步萎缩。受中印关系大环境影响，中印双边层面的经贸合作机制与安排或是被推迟或是遭搁置。

中印双边贸易逆势上涨，创历史新高。中印在2010年就确定了2015年双边贸易额实现1000亿美元的目标，然而，2015年，双边贸易额只达到716.23亿美元。中印双边经贸在2019年和2020年均小幅萎缩，其中，2019年同比下降2.8%，2020年同比下降5.6%。然而，在印度试图与中国经济“脱钩”的大环境下，中印双边贸易额在2021年突破1000亿美元目标，双边贸易额实现1256.64亿美元，同比增长43.3%，其中中国对印出口额为975.21亿美元，同比增长46.2%；中国从印度进口额为281.43亿美元，同比增长34.2%。② 中国对印度的主要出口商品有机电产品、化工产品和贱金属及制品等，而中国自印度的主要进口商品有矿产品及原料和化工产品等。客观来看，在印度试图与中国经济“脱钩”的背景下，中印双边贸易额突破1000亿美元的主要驱动力为印度从中国进口医疗产品以应对第二波新冠疫情。长期以来，印度始终关注与中国贸易的逆差规模（逆差逐年扩大趋势），从2021年双边贸易数据看，印度对中国的贸易逆差达693.77亿美元，

① 《驻印度大使孙卫东与印度学者库尔卡尼视频对话》，中华人民共和国驻印度共和国大使馆网站，2021年4月4日，http://in.china-embassy.gov.cn/chn/sgxw/202104/t20210404_8910199.htm。

② 数据来源于《海关统计月报》，中华人民共和国海关总署网站，http://www.customs.gov.cn/customs/302249/zfxxgk/2799825/302274/302277/4185050/index.html。

两国贸易不平衡问题十分突出。实际上，印度对中国的贸易逆差增长主要基于两个因素：一是印度向中国出口的大宗商品篮子狭窄，而且主要是棉花、铜、钻石或天然宝石等初级商品；二是印度大多数农产品以及较有竞争力的行业如药品和信息技术行业面临市场准入障碍。同时，中国几乎向印度出口了所有章类商品，尤其是机械设备、工业制成品以及生活日用品。而且，印度在消费类电子产品、电脑硬件和通信设备等 86 个章类商品上依赖中国。[①]

印度修改外国投资审批路径使中国对印度直接投资陷入停滞。莫迪政府以所谓的“国家安全”为由修改外国投资审批路径，收紧对中国的投资审查，不过，中国对印度直接投资仍有小幅度增长。2021 年，中国对外直接投资流量规模（达 1788.2 亿美元）位列世界第二、存量（达 27851.5 亿美元）位居全球第三，尤其是在中国对共建“一带一路”国家直接投资存量达 2138.4 亿美元的背景下，[②] 中国对印度直接投资的规模与两国经济体量和对外投资规模不成比例。据中国商务部统计，2019 年，中国对印度直接投资流量创 2016 年以来新高，约为 5.35 亿美元；但 2020 年大幅度萎缩，只有 2.05 亿美元；2021 年，中国对印度直接投资流量为 2.79 亿美元，较 2020 年略有增长。截至 2021 年末，中国对印度直接投资存量为 35.19 亿美元，较 2020 年的 31.83 亿美元存量仅增加约 3.36 亿美元。[③] 据印度商工部统计，自 2000 年 4 月至 2021 年 12 月，中国对印度直接投资总额为 24.50 亿美元，在对印度直接投资国中，毛里求斯、新加坡和美国位列前三，中国居第 20 位，中国对印直接投资约占印度 FDI 流入的 0.43%。[④] 根据中国商

---

① Remya Nair, Neelam Pandey, "India 'Critically Dependent' on China in Imports across 86 Tariff Lines, GoM Report Says," The Print, December 9, 2020, https://theprint.in/economy/india-critically-dependent-on-china-in-imports-across-86-tariff-lines-gom-report-says/563511/.

② 中华人民共和国商务部、国家统计局、国家外汇管理局编《2021 年度中国对外直接投资统计公报》，中国商务出版社，2022，第 8~26 页。

③ 中华人民共和国商务部、国家统计局、国家外汇管理局编《2021 年度中国对外直接投资统计公报》，中国商务出版社，2022，第 50~56 页。

④ Department for Promotion of Industry and Internal Trade, Ministry of Commerce and Industry, Government of India, "Quaterly Fact Sheet: Fact Sheet on Foreign Direct Investment (FDI), from April, 2000 to December, 2021," https://dpiit.gov.in/sites/default/files/FDI_Factsheet_Spetember-21.pdf.

务部数据，2021 年，印度在中国的投资为 632 万美元，同比下降 47.4%；截至 2021 年底，印度在中国的累计投资为 9.496 亿美元。客观而言，中印相互投资规模始终较小，与两国的经济体量并不相称。尤其是新冠疫情暴发后，加勒万河谷冲突导致莫迪政府对华政策严重倒退，印度试图在经济上与中国"脱钩"，对中国来说，多重因素叠加导致印度的投资环境日趋严峻。中国在印度的投资停滞、受阻，中国在印度的所有投资申请都必须经过强制性的安全审查。通过 2020 年 4 月针对邻国出台修订外商直接投资政策以及同年 10 月生效的"2020 年外国直接投资综合政策"可以看出，印度对华安全困境显著泛化，印度对中国在敏感领域的投资以及科技初创企业保持警惕。根据印度智库报告，在截至 2020 年 3 月的 5 年里，印度 30 家独角兽企业中有 18 家是中国投资的。[①] 2021 年 2 月以来，印度计划对中印贸易关系和中国投资方面的立场做出调整，准备在坚持"三管齐下"标准操作准则条件下有选择性地"谨慎"地考虑中国投资，现实情况是仍有大量中国投资申请被搁置。中国对印度的投资在 2021 年面临地缘政治、法律制度及营商环境等多重风险与挑战。

莫迪政府持续打压在印中企。一是禁用有中国背景的应用程序（App）。印度于 2020 年 6 月 29 日宣布禁用 59 个应用程序（包括抖音、微信和 UC 浏览器等），于 2020 年 8 月 10 日宣布禁用 47 个应用程序，于 2020 年 9 月 1 日宣布禁用 118 个应用程序，于 2020 年 11 月 19 日宣布禁用 43 个应用程序，在 2020 年共有 267 个有中国背景的应用程序被禁用。2022 年 2 月 14 日，印度电信部宣布再禁用 54 款中国应用程序，自 2020 年 6 月以来印度共封禁 321 款中国应用程序。二是加大对在印中企的审查与处罚力度。印度通信和信息技术部从 2020 年 11 月起叫停自中国进口含有无线网络的电子设备。印度政府于 2021 年 5 月 4 日宣布禁止中企参加 5G 试验，允许移动运营商与包括爱立信、沃达丰、诺基亚和三星在内的设备制造商进行 5G 试验，

① Amit Bhandari, Blaise Fernandes, Aashna Agarwal, "Chinese Investments in India," Gatewayhouse Report No. 3, February 2020, https://www.gatewayhouse.in/wp-content/uploads/2020/07/Chinese-Investments_2020-Final.pdf.

但并未将中国的华为和中兴列为参与者。2021 年 12 月，印度财政部税收局以“涉嫌逃税”为由对来自中国的手机制造商小米、OPPO、一加、富士康等在印度的办公室和制造厂进行突击搜查，并自 2022 年 1 月以来相继以“偷逃关税”和“涉嫌洗钱”为由对相关中国企业进行处罚。

中印双边经贸对话机制停摆。中印战略经济对话（SED）、中印财金对话（FD）、中印经贸联合小组（JEG）以及诸多联合工作组等中印双边经贸财金对话机制基本上处于停摆状态。2019 年 9 月在新德里举行第六次中印战略经济对话后，中印对是否启动以及何时启动第七次中印战略经济对话仍无明确安排。2005 年 4 月建立的中印财金对话计划每 12~18 个月举行一次，然而，第九次中印财金对话在 2019 年 9 月举行后，中印财金对话陷入停摆状态。中印经贸联合小组以及中国国务院发展研究中心与印度国家转型委员会的对话磋商机制也同样陷入停摆状态。受双边政治互信进一步走低以及印度对华安全困境外溢影响，与 2019 年高频度举行相关对话形成对比，2020 年以来，中印两国关于经贸财金领域的对话机制与安排全部停摆。

三　边境局势发展

2020 年 5 月中印边界西段出现多点对峙后，中印安全领域的互动主要集中在边境事务尤其是解决紧迫的边界对峙以及边防部队脱离接触上。中印两国通过外交和军事渠道就边界相关问题保持建设性沟通，其中中印边境事务磋商与协调工作机制（WMCC）与军长级会谈机制对于推动局势逐步从应急处置向常态化管控转变发挥了重要作用。

中印双方就缓和边界态势寻求共识基础。2020 年 7 月 5 日，中国国务委员兼外长王毅同印度国家安全顾问多瓦尔就缓和边界事态达成四点共识：把边界问题置于双边关系的适当位置并避免分歧上升为争端，遵守系列协定协议共同努力缓和边境地区的局势，不断完善和加强边境地区信任措施建设以避免影响边境地区和平与安宁的事件再次发生，抓紧落实两国边防部队军长级会谈达成的各项共识以尽快完成双方一线部队脱离接触进程。[①] 同年 9 月 10 日，中印两国外长莫斯科会晤达成五点共识。一是应遵循两国领导人达成的关于发展中印关系的一系列重要共识，包括不让两国分歧上升为争端。二是边境地区当前形势不符合双方利益，两国边防部队应该继续对话，尽快脱离接触，保持必要距离，缓和现地事态。三是双方应恪守现有边境事务协议和规定，维护边境地区的和平与安宁，避免采取任何可能使事态升级的行动。四是继续通过中印边界问题特别代表会晤机制保持沟通，继续开展中印边境事务磋商与协调工作机制磋商。五是随着局势缓和，双方应加快完成新的建立互信措施，维护和增强边境地区的和平安宁。[②] 2021 年 2 月 25 日，王毅与印度外长苏杰生通电话，指出要坚持两国领导人达成的战略共识，坚定走相邻大国互信合作的正路，不走怀疑猜忌的歪路，更不走消极倒退的回头路。要妥处边界问题，避免双边关系因此陷入负面循环。[③] 同年 7 月 14 日，王毅在杜尚别会见印度外长苏杰生，指出中印边境事态责任不在中方，重申中方愿意同印方通过谈判磋商寻求双方都接受的解决方案，强调两国要着眼长远，从应急处置逐步转向常态化管控，防止涉边事件对双边关系造成不必要干扰。[④] 9 月 16 日，王毅在杜尚别应约会见印度外长苏杰生时表示，中方始终本着积极态度妥善处理中印边境问题，指出要巩固好一线部队脱离接触成果，严格遵守两国协议协定和达成的共识。[⑤]

通过高频度举行中印边境事务磋商与协调工作机制会议推动边境局势缓

---

① 《王毅同印度国家安全顾问多瓦尔通电话　就缓和两国边界事态达成积极共识》，中华人民共和国外交部网站，2020 年 7 月 6 日，https：//www. mfa. gov. cn/web/wjbzhd/202007/t20200706_361079. shtml。

② 《中印外长发表联合新闻稿，双方达成五点共识》，中华人民共和国外交部网站，2021 年 9 月 11 日，https：//www. mfa. gov. cn/web/ziliao_674904/1179_674909/202009/t20200911_7947961. shtml。

③ 《王毅同印度外长苏杰生通电话》，中华人民共和国外交部网站，2021 年 2 月 26 日，https：//www. mfa. gov. cn/web/wjbzhd/202102/t20210226_ 9604886. shtml。

④ 《王毅会见印度外长苏杰生》，中华人民共和国外交部网站，2021 年 7 月 15 日，https：//www. mfa. gov. cn/web/wjbzhd/202107/t20210715_ 9137611. shtml。

⑤ 《王毅会见印度外长苏杰生》，中华人民共和国外交部网站，2021 年 9 月 17 日，https：//www. mfa. gov. cn/web/wjbzhd/202109/t20210917_ 9604973. shtml。

和。中印边境事务磋商与协调工作机制始建于2012年，主要由两国外交和国防等部门参与，目标是加强军事和外交渠道沟通协调，处理、保持与边境地区和平、安宁相关的事务，致力于通过对话磋商和平解决与边境地区有关的问题。截至2021年11月18日，中印两国共举行了23次边境事务磋商与协调工作机制会议，其中，在加勒万河谷冲突事件后，中印共举行了9次边境事务磋商与协调工作机制会议，而在2021年就先后举行了3次会议（2021年3月12日举行第21次会议、2021年6月25日举行第22次会议、2021年11月18日举行第23次会议）。在2021年11月18日举行的边境事务磋商与协调工作机制第23次会议上，双方表示按照两国外长杜尚别会晤共识精神，继续努力推动边境局势进一步缓和，争取尽快从应急处置向常态化管控转变。[①] 实际上，在2021年10月10日中印第13轮军长级会谈陷入僵局后，边境事务磋商与协调工作机制成为中印双方保持军事和外交沟通的重要渠道，对巩固既有会谈成果和避免局势出现反复发挥了重要作用。

军长级会谈在取得积极成果的同时陷入僵局。中印启动军长级会谈的共同目标是解决两军在边界西段的多点对峙。为缓和中印边界西段紧张局势，中印两军从2020年6月6日至2021年10月10日共举行13轮军长级会谈。其中在2021年举行了五轮会谈（第九轮会谈至第十三轮会谈），会谈达成一些共识，但在第十三轮会谈后陷入僵局。在2021年1月24日举行的第九轮军长级会谈中，双方就尽早推动班公湖南北岸双方军事力量脱离接触达成共识。根据共识，中印两军位于班公湖南、北岸的一线部队从2月10日开始同步有计划地组织脱离接触，并于2月19日完成脱离接触。2月20日举行的第十轮军长级会谈延续了积极态势，双方同意遵照两国领导人达成的重要共识，继续保持沟通对话，稳控现地局势，稳步有序达成双方都可接受的解决方案，共同维护边境地区和平与安宁。[②] 在7月31日举行的第十二轮

---

① 《中印举行边境事务磋商和协调工作机制第23次会议》，中华人民共和国外交部网站，2021年11月18日，https：//www. fmprc. gov. cn/web/wjbxw_ 673019/t1919359. shtml。

② 《权威发布丨中印第十轮军长级会谈联合新闻稿》，中华人民共和国国防部网站，2021年2月21日，http：//www. mod. gov. cn/topnews/2021-02/21/content_ 4879507. htm。

军长级会谈中，中印就双方军事力量在戈格拉地区脱离接触达成共识，并于8月4~5日在戈格拉对峙点脱离接触。但中印军长级会谈对其他接触点如何脱离接触以及脱离接触的具体方式仍存在分歧，尤其是双方就温泉摩擦点脱离接触仍未达成共识。10月10日举行的第十三轮军长级会谈中，尽管中国为推动边境局势缓和降温做出努力、体现诚意，但印方仍坚持不合理也不切实际的要求,[①] 印方反而宣称谈判陷入僵局是因为中方不能提供任何前瞻性建议。[②] 事实上，印方提出中方撤出温泉地区并恢复至2020年4月前状态这一不切实际的要求导致谈判陷入僵局。对于印方不切实际的要求、立场左右摇摆以及虚张声势，中国西部战区新闻发言人警告印方不要误判形势，要求印方恪守两国两军有关协议协定和共识并切实拿出诚意和行动。[③] 实际上，第十一轮和第十三轮军长级会谈均未发布联合新闻稿，原因在于双方对从戈格拉—温泉地区撤军存在巨大分歧，而且印方的要求与诉求违背了第十轮军长级会谈达成的基本共识。可以说，印方坚持不合理和不切实际的要求——要求中国部队从对峙点撤军，主张将实控线现状恢复到2020年4月前状态，幻想保留印度军队的“蚕食成果”——始终是谈判过程曲折反复的主要原因。

四　中印关系展望

加勒万河谷冲突事件后，印度对华安全困境显著泛化，莫迪政府对华政

---

① 《西部战区新闻发言人龙绍华大校就中印第十三轮军长级会谈发表谈话》，中华人民共和国国防部网站，2021年10月11日，http://www.mod.gov.cn/topnews/2021-10/11/content_4896448.htm。

② "'China Wasn't Agreeable & Couldn't Provide forward-looking Proposals': Army Says LAC Talks End in Stalemate," *India TV News*, October 11, 2021, https://www.indiatvnews.com/news/india/india-china-13th-military-talks-collapse-eastern-ladakh-border-row-indian-army-statement-739701.

③ 《西部战区新闻发言人龙绍华大校就中印第十三轮军长级会谈发表谈话》，中华人民共和国国防部网站，2021年10月11日，http://www.mod.gov.cn/topnews/2021-10/11/content_4896448.htm。

策严重倒退，2021 年的中印关系在低谷徘徊。2022 年，中国奉行积极对印政策的基调不会改变，印度对华政策大幅回调的可能性较小。在地缘政治回归和大国博弈加剧的背景下，受莫迪政府对华政策惯性影响，加之缓和边境紧张局势以及边境“从应急处置向常态化管控转变”难度大，中印关系在未来一年能否走出低谷回归正常发展轨道仍具有不确定性。

互信仍是中印关系的短板，印度对中国的政治与战略信任严重不足对中印关系走出低谷构成重大障碍。事实上，与中国始终奉行积极的对印政策并从长期性、全局性和战略性看待印度和处理与印度关系不同，印度对华政策从“竞争与合作”走向“竞争与对冲”的趋势明显。这也是王毅外长希望中印“应当继续坚持互不构成威胁、互为发展机遇的战略共识”的重要背景。为推动中印关系与务实合作进入健康稳定发展轨道，王毅外长明确提出了“三要三不要”。[①] 可以预测，中国对印度的积极政策不会改变，但囿于历史因素与现实问题，尤其是受印度对华安全困境泛化与外溢影响，中印提升政治与战略互信的空间仍未打开。

经贸“暖”与投资“冷”的趋势有可能延续。在经贸领域，中印双边经贸额突破 1000 亿美元，表明两国在经贸领域有较强的相互依赖性，印度与中国“脱钩”“断链”的政策效果并不理想。从客观上看，中印双边经贸增长并不是“政策驱动”的结果，而是由需求决定的。在投资领域，受双边政治与安全关系影响，印度投资环境对中国企业并不友好，中国企业对印度的投资面临多重风险，中企投资印度的积极性下降，中国投资印度的流量与存量存在“双降”的可能。从积极方面看，鉴于两国贸易结构以及相互需要关系，2022 年双边经贸额超 1000 亿美元并不存在难度。而且，印度对于中国投资与中印双边经贸的立场在近期有回归务实与理性的可能。不可否认，印度对华安全困境泛化对印度在相关政策上回归务实与理性的时间与程度均形成抑制。从消极方面看，莫迪政府在区别对待中国企业的道路上有可

① 《王毅会见印度离任驻华大使唐勇胜》，中华人民共和国外交部网站，2021 年 12 月 6 日，https://www.mfa.gov.cn/web/wjbzhd/202112/t20211206_10463063.shtml。

能变本加厉，针对中国企业的歧视性限制措施有可能进一步强化。

缓解中印边界西段紧张局势，巩固双方边防部队脱离接触成果，避免现地局势出现反复，解决中印边界西段剩余问题，仍是中印关系面临的最为紧迫的问题。中印边境事务磋商与协调工作机制以及军长级会谈将继续对加强双方认知立场沟通、推动边界紧张局势进一步缓和、推进双方一线部队脱离现地接触发挥积极有效的作用，但在解决对峙以及实现脱离接触的基础上进行“常态化管控”的难度巨大。首先，当前双方都强化了军事力量在边境前沿的部署，尤其是印度宣布向中印边境地区增兵和部署先进装备，试图取得对中国的军事优势；其次，两国都在边境地区提速进行基础设施建设，而且印度提出“以长期、整体、全面的方式”推进边境基础设施和军民融合“双用途”基础设施发展；最后，双方对实控线存在不同认知，加之存在无序巡逻问题，发生对峙甚至冲突的风险依然存在。这些因素对解决当下对峙以及实现边境向“常态化管控”转变构成挑战。

B.11
中印尼关系进入合作新格局

许利平 *

摘　要： 作为亚太地区重要的双边关系，近年来，中印尼关系持续攀升，双方合作确立了政治、经济、人文、海上合作“四轮驱动”新格局。2021~2022 年，双方政治互信稳步提升、经贸往来日益频繁、人文交流日臻密切、海上合作方兴未艾，彰显出中印尼两国良好的合作势头。然而，领土争端的制约、印尼频生出口禁令的负面影响以及美国因素的掣肘都对两国关系的深入发展构成威胁，双方需要妥善应对。未来，双方在促进中小企业数字化、深化清洁能源发电和加强粮食安全等方面的合作将加强。

关键词： 中印尼关系　政治互信　经贸往来　人文交流　海上合作

在亚洲新兴经济体群体性觉醒的国际背景之下，中国与印尼两国的关系已然成为亚太地区乃至全球范围内不容忽视的一对双边关系。近年来，在两国领导人和各类合作机制的牵引下，中印尼关系实现了全方位发展，中印尼合作已经从政治、经济、人文“三驾马车”齐头并进，升级为政治、经济、人文、海上合作“四轮驱动”新格局。① 中印尼关系已经迈入提质升级的新阶段。2021~2022 年，两国各领域合作成果丰硕，彰显出双方合作强大的韧性和巨大的潜能。

---

* 许利平，博士，中国社会科学院亚太与全球战略研究院研究员，亚太社会文化研究室主任，主要研究方向为东南亚政治与国际关系、非传统安全、亚太社会与文化。

① 《王毅同印尼对华合作牵头人、统筹部长会谈》，《人民日报》2021 年 12 月 6 日，第 3 版。

一　中印尼合作的亮点

近年来，中印尼两国在政治、经济、人文、海上等领域的合作亮点纷呈，取得了卓有成效的进展。

（一）政治互信稳步提升

自2013年建立全面战略伙伴关系以来，中印尼两国的政治互信稳步提升，凝聚更多共识，具体体现在以下三个方面。

其一，保持高层互动与沟通。2021年4月20日、2022年1月11日、2022年3月16日，习近平主席与印尼总统佐科通电话，就疫苗合作、“一带一路”合作以及地区和国际问题进行沟通和协调，进一步增进了双方的战略互信。同时，双方外事部门和投资部门领导人进行线下沟通，彼此增进了了解，夯实了务实合作的基础。2021年伊始，国务委员兼外交部长王毅出访印尼，分别同印尼海洋与投资事务统筹部长卢胡特以及印尼外交部长蕾特诺举行会谈，并拜会了印尼总统佐科。双方表示愿一道践行多边主义，捍卫国际公平正义。[①] 印尼蕾特诺和卢胡特于2021年4月、6月、12月以及2022年3月访华，同王毅举行会谈。[②] 印尼外长成为疫情期间首个访华的外国外长，体现了中国和印尼两国对双边关系的重视。

其二，建立高级别对话合作机制。2021年6月，中印尼高级别对话合作机制正式成立，标志着双边关系提质升级的制度化建设进入新阶段。该合作机制由两国原有的政治安全、人文、经济三个副总理级机制整合而成，旨在更好地汇聚双方优势资源，形成更大合力，更加高效务实、全面深入地推

① 《印尼总统佐科会见王毅》，《人民日报》2021年1月14日，第3版。

② 参见《王毅分别同印尼、菲律宾外长举行会谈》，《人民日报》2021年4月3日，第3版；《中国印尼高级别对话合作机制首次会议举行》，《人民日报》2021年6月7日，第3版；《王毅同印尼对华合作牵头人、统筹部长会谈》，《人民日报》2021年12月6日，第3版；《王毅分别同印尼外长、乌兹别克斯坦副总理、伊朗外长、塔吉克斯坦司法部长会谈会见》，《人民日报》2022年4月2日，第3版。

进两国在当前国际形势下的合作。在 2021 年 6 月的中印尼高级别对话合作机制首次会议上，双方达成了铸牢命运与共的战略团结、深化新冠疫苗和卫生健康合作、推动共建“一带一路”提质升级、开拓海上合作广阔空间以及丰富人文交流时代内涵等五项重要共识。[①] 中印尼高级别对话合作机制的建立无疑将为双方的合作提供更为强劲的牵引力。

其三，高水平开展疫苗合作。作为关乎民生和国家安全的重要领域，中国与印尼的新冠疫苗合作映射出双方高水平的政治互信。2021 年伊始，佐科总统率先接种了中国科兴公司生产的新冠疫苗。[②] 在他的示范下，印尼为政府高官陆续接种了科兴疫苗。自 2021 年 1 月 14 日起，印尼正式开始大规模分阶段为全民免费接种来自中国的新冠疫苗。双方的疫苗合作不仅存在于简单的采购层面，除了供应疫苗外，中国还向印尼转移疫苗研发、生产等上游技术。[③] 此外，中国还于 2021 年 12 月向印尼捐赠了 2 亿多剂新冠疫苗，[④] 再次展现出两国友好的政治关系。

（二）经贸往来日益频繁

长期以来，经贸领域是中印尼两国合作的亮点。2021~2022 年，双方的经贸往来更是取得了许多新突破。

在双边贸易领域，贸易额创新高。截至 2021 年底，中国已经连续 9 年成为印尼最大的贸易伙伴，两国双边贸易额达到 1243.4 亿美元，首次突破 1000 亿美元大关，同比增长 58.43%，增幅居中国与东盟国家双边贸易额之首。印尼攀升为中国在东盟的第三大出口国。与此同时，中国已经连续 6 年

① 《中国印尼高级别对话合作机制首次会议　达成五点重要共识》，《国际日报》网站，2021 年 6 月 7 日，https：//guojiribao. com/？ p=46905，最后访问时间：2022 年 4 月 17 日。

② 《印尼总统佐科接种中国疫苗　中方：显示两国高度政治互信》，《国际日报》网站，2021 年 1 月 14 日，https：//guojiribao. com/？ p=11812，最后访问时间：2022 年 4 月 17 日。

③ 《疫苗合作成为中国与印尼抗疫合作亮点》，《国际日报》网站，2021 年 1 月 15 日，https：//guojiribao. com/？ p=11861，最后访问时间：2022 年 4 月 18 日。

④ “Explaining China’s Relationship with Indonesia, Its Gateway to Southeast Asia,” The China Project, December 2，2021，https：//thechinaproject. com/2021/12/02/explaining－chinas－relationship－with－indonesia－its－gateway－to－southeast－asia/，最后访问时间：2022 年 4 月 18 日。

成为印尼最大的产品出口目的地国，以及印尼主要投资来源国。2021 年，印尼对中国出口额达到 636.3 亿美元，同比增长 70.02%。[①]

在金融合作方面，两国在货币结算便利化领域取得了历史性突破。2021 年 7 月，印尼央行已完成与中国进行本地货币结算交易的操作技术要求。同年 9 月，中国-印尼本币结算机制正式启动。[②] 这一历史性突破意味着两国之间的交易不再简单需要使用美元。

在能源基建方面，一批大型合作项目正在印尼"生根发芽"。2021 年 4 月，印尼投资协调委员会与中国恩菲工程公司签署了合作备忘录，旨在推动印尼东部铜矿冶炼业合作。[③] 同年 8 月，中国能源建设公司签订了印尼拉波塔电厂采购-施工总承包项目合同。[④] 该项目旨在缓解印尼摩罗哇丽工业园区用电紧张的状况，对促进中印尼以及中国-东盟经济合作同样具有重要意义。同年 9 月，中国诚鑫锂业集团和青山控股集团联合投资了印尼莫罗瓦利工业园的锂矿项目。[⑤] 该项目将满足当地电动车电池行业日益增长的需求。

在产业园合作方面，两国合作模式实现创新。2021 年伊始，双方便签署了《中国-印尼"两国双园"项目合作备忘录》。中方确定福建省福州市福清元洪投资区为中方园区；印尼方采取一园多区模式，确定阿维尔那工业

---

① "Indonesia's Trade Performance with China in 2021 is Encouraging," Embassy of Republic of Indonesia Beijing, People's Republic of China, April 13, 2022, https://kemlu.go.id/beijing/en/news/18380/indonesias-trade-performance-with-china-in-2021-is-encouraging，最后访问时间：2022 年 4 月 19 日。

② 《印尼-中国今日正式使用"盾币-人民币"交易结算》，《国际日报》网站，2021 年 9 月 6 日，https://guojiribao.com/?p=76873，最后访问时间：2022 年 4 月 19 日。

③ "BKPM Collaborates with China ENFI to Promote Copper Smelting Industry in Eastern Indonesia," BKPM, April 13, 2021, https://www.bkpm.go.id/en/publication/detail/news/bkpm-collaborates-with-china-enfi-to-promote-copper-smelting-industry-in-ea，最后访问时间：2022 年 4 月 19 日。

④ "Energy China Signed a 3×380MW Coal-Fired Power Plant Project in Indonesia," Seetao, August 9, 2021, https://www.seetao.com/details/102605.html，最后访问时间：2022 年 4 月 19 日。

⑤ "China's Chengxin, Tsingshan Team up for $350 Million Indonesia Lithium Project," The Jakarta Post, September 24, 2021, https://www.thejakartapost.com/news/2021/09/24/chinas-chengxin-tsingshan-team-up-for-350-million-indonesia-lithium-project.html，最后访问时间：2022 年 4 月 20 日。

园、巴塘工业园和民丹工业园为印尼方合作园区。[①] 该项目旨在通过产业链、供应链分工合作，打造两国之间产业合作的连通器和转化器。当前，该项目正在加速推进中。同年7月，双方共同举办了“两国双园”全球招商推介会，以促进园区各项目更快落实。[②]

（三）人文交流日臻密切

新冠疫情导致的空间上的阻隔并不能切断两国之间的人文交流。在后疫情时代，双方凭借网络平台举办了宽领域、多层级的线上人文交流活动。

在科教领域，两国的合作多为官方牵头、民间协作。2021年3月，印尼高等教育信息学与计算机科学协会委托中国黎明职业大学承办的师资专题培训班在线上正式开设。此次培训班聚焦“科技金融”和“大数据”等前沿主题，为来自印尼各高校的63名教师进行培训。[③] 同年9月，华为与印尼国家网络和加密机构（BSSN）续签了2年前签署的合作备忘录，华为将继续通过网络安全高级课程帮助该机构开发人力资本。除了政府培训项目外，华为为印尼当地大学和培训学校提供免费的软件开发和硬件升级短期课程。[④] 同年11月，“印尼第四届HSK中国留学教育展”顺利举行。来自中国的20余所顶尖高校为印尼3000多名大中学生提供宝贵的留学信息。[⑤]

在文化领域，双方的交流涉及艺术、宗教、语言、美术、地理等多个领

---

① 《中国-印尼“两国双园”项目加速推进》，《国际日报》网站，2021年4月15日，https://guojiribao.com/? p=31789，最后访问时间：2022年4月20日。

② 《2021中印尼“两国双园”全球招商推介会成功举办》，中华人民共和国商务部网站，2021年7月16日，http://big5.mofcom.gov.cn/gate/big5/www.mofcom.gov.cn/article/jiguanzx/202107/20210703180832.shtml，最后访问时间：2022年4月20日。

③ 《印尼职教师资培训项目在中国黎明职业大学开班》，《国际日报》网站，2021年3月8日，https://guojiribao.com/? p=19800，最后访问时间：2022年4月20日。

④ “Huawei Strengthens Contribution and Cooperation in Indonesia Cyber Security,” Huawei, September 28, 2021, https://www.huawei.com/en/news/2021/9/tripartite-cooperation-agreement-indonesia-cyber-security，最后访问时间：2022年4月20日。

⑤ 《“印尼第四届HSK中国留学教育展”顺利举行》，《国际日报》网站，2021年11月16日，https://guojiribao.com/? p=99479，最后访问时间：2022年4月21日。

域。2021 年 1 月，印尼三一一大学孔子学院举办了为期两天的茶文化主题活动，该校 60 多名师生线上品味中国的“活色茶香”。[①] 同年 3 月，中国印尼管理协会在线上举办了主题为“了解印尼穆斯林文化”的跨文化对话，旨在消除中国民众对伊斯兰文化的一些负面印象。[②] 同年 4 月，中国驻印尼大使馆与阿拉扎大学孔子学院联合举办了“国际中文日”庆祝活动。活动中，阿拉扎大学的学生表演了太极拳、古筝、京剧等极具中国特色的节目。[③] 同年 10 月，“印尼巴迪克和中国蜀绣文化传承国际研讨会”在线上成功举办。两国 150 多位大学生和文化爱好者深入感受跨越万里之遥的两种非物质文化遗产相遇所产生的美感。[④] 同年 11 月，中国驻印尼大使馆和新疆维吾尔自治区政府联合举办了“新疆是个好地方”视频交流会。印尼政府、政党、地方、智库、高校等各界代表参加了此次活动，以深入了解新疆的风土人情和社会民生。[⑤]

（四）海上合作方兴未艾

中印尼同为地区海洋大国。近年来，在双方政治、经济、人文合作进一步加深的背景下，中印尼两国的海上合作逐渐兴起。当前，双方的海上合作主要涵盖海上安全、海洋经济、海上科技等领域。

在海上安全合作方面，双方开展了海上联合军事演练。2021 年 5 月，

---

① “Teachers and Students of Indonesian Universities Taste China's ‘Living Tea Fragrance’ Online,” Teller Report，January 31，2021，https：//www. tellerreport. com/news/2021-01-30-%0A---teachers-and-students-of-indonesian-universities-taste-china-s-%22living-tea-fragrance%22-online%0A--. ryM7AD-Qed. html，最后访问时间：2022 年 4 月 21 日。

② 《中国印尼管理协会在线论坛“了解印尼穆斯林文化”》，《国际日报》网站，2021 年 3 月 14 日，https：//guojiribao. com/？ p=21920，最后访问时间：2022 年 4 月 21 日。

③ 《中国驻印尼使馆举办“国际中文日”庆祝活动》，《国际日报》网站，2021 年 4 月 20 日，https：//guojiribao. com/？ p=150035，最后访问时间：2022 年 4 月 21 日。

④ 《当印尼“国服”遇上中国蜀绣》，《国际日报》网站，2021 年 10 月 4 日，https：//guojiribao. com/？ p=85953，最后访问时间：2022 年 4 月 22 日。

⑤ 《中国驻印尼大使馆、新疆维吾尔自治区政府共同举办“新疆是个好地方”视频交流会》，《国际日报》网站，2021 年 11 月 21 日，https：//guojiribao. com/？ p=101136，最后访问时间：2022 年 4 月 22 日。

中国南部战区海军远海训练编队远赴雅加达附近海域，与印尼海军进行联合演练。此次演练内容包括编队通信演练、编队运动、联合搜救等科目。① 本次联合海上军演展现了两国维护地区和平与稳定、推动构建海洋命运共同体的实际行动。

在海洋经济合作方面，双方的合作聚焦科学、可持续地开发海洋资源。2021 年 6 月，中科院海洋所与印尼科学院海洋研究中心签署了《印尼海洋生态牧场建设项目合作意向书》。② 双方旨在通过共建热带海洋生态牧场示范基地，来深化双方在生物多样性保护和生物资源开发利用等领域的合作。

在海上科技合作方面，一批早期合作项目已经开始积极落实。2021 年 10 月，在中国-印尼海上科技合作技术委员会第十一次会议上，双方确认由中印尼海上合作基金支持“风能与太阳能互补海岛节能型海水淡化示范工程”实施；双方同意将“中国—印尼船舶交通管理（VTS 操作员能力建设研讨会）”“中印尼海洋与气候中心发展二期”等项目提交高级别对话合作机制会议审批立项。此外，双方还就包括马鲁古“国家鱼仓”在内的渔业全产业链合作等具有潜力的项目深入交换意见。③ 双方在海上科技方面的合作有助于进一步提升两国海洋产业合作水平，共筑两国海洋合作新高地。

二　中印尼关系的挑战

虽然中印尼合作取得了不少突出成绩，但受海域划界、经济政策变化、地缘政治结构等因素影响，双边关系面临一些具体挑战。

---

① 《中国印尼海军举行海上联合演练》，中华人民共和国国防部网站，2021 年 5 月 9 日，http：//www. mod. gov. cn/action/2021-05/09/content_ 4884820. htm，最后访问时间：2022 年 4 月 22 日。

② 《【中国科学报】中国与印尼科研机构计划共建海洋生态牧场》，中国科学院网站，2021 年 6 月 23 日，https：//www. cas. cn/cm/202106/t20210623_ 4794485. shtml，最后访问时间：2022 年 4 月 22 日。

③ 《中国印尼举行海上合作技术委员会第十一次会议》，中华人民共和国外交部网站，2021 年 10 月 22 日，https：//www. fmprc. gov. cn/wjb_ 673085/zzjg_ 673183/yzs_ 673193/xwlb_ 673195/202110/t20211022_ 9607294. shtml，最后访问时间：2022 年 4 月 23 日。

（一）海域划界争端的干扰

中印尼两国关于南海海域的划界争端由来已久。中印尼双方在此问题上存在认知上的落差。印尼方面不承认双方存在海域划界争端，不与中国进行任何官方层面的谈判，这为问题的解决增加了不少难度。2021 年下半年，双方在相关海域的争端风云再起。

中国与印尼连续数月在纳土纳海域内的石油钻井平台上进行对峙。中方一再要求印尼方停止在该地区的钻井活动，但印尼方仍一意孤行。[①] 印尼还与美国海军于 2021 年 8 月在该海域附近举行了加鲁达盾军事演习。该军事演习是 2016 年以来美国和印尼举行的规模最大的一次联合军演。[②] 印尼围绕纳土纳海域的一系列举措无疑对中印尼关系造成一定负面干扰。

（二）印尼出口禁令的负面影响

2022 年，印尼在“下游工业政策”的引导下，接二连三发布出口禁令，旨在将重点放在原材料加工上，以提升产品经济附加值并刺激经济增长。[③]

2021 年 12 月 31 日，印尼能源与矿产资源部发布声明，2022 年 1 月 1~31 日，禁止煤炭出口，这涉及正在装运以及尚未装运完毕的运煤船。印尼作为全球第一大动力煤出口国，是中国进口动力煤主要来源地之一，正值冬季供暖用煤的高峰，其做出的突然举动必将对中国能源安全造成一定负面冲击。据测算，2021 年，中国自印尼月均进口动力煤约 1600 万吨，若印尼禁

① “China Demanded Halt to Indonesian Drilling Near Natuna Islands,” The Diplomat, December 2, 2021, https://thediplomat.com/2021/12/china-demanded-halt-to-indonesian-drilling-near-natuna-islands-report/，最后访问时间：2022 年 4 月 23 日。

② “Indonesia Hails ‘New Era’ for U.S. Ties, Hosts Biggest Joint Military Drills,” Reuters, August 5, 2021, https://www.reuters.com/world/asia-pacific/indonesia-hails-new-era-us-ties-hosts-biggest-joint-military-drills-2021-08-05/，最后访问时间：2022 年 4 月 23 日。

③ “Indonesia Economic Development through Downstream Industries,” BKPM, https://www5.bkpm.go.id/en/publication/detail/news/indonesia-economic-development-through-downstream-industries，最后访问时间：2022 年 4 月 23 日。

止煤炭出口，约将影响中国动力煤有效供应的 5. 3%。2021 年前 11 个月，中国从印尼进口了 1. 77 亿吨发电煤炭。[①] 无疑，这会在短期内对中国国内的能源供应造成一定程度的影响。无独有偶，印尼总统佐科在 2021 年 11 月宣布将于 2023 年停止出口铜矿和铝土矿，[②] 并计划于 2024 年对锡矿实施出口禁令。[③] 当前，印尼是中国主要的锡、铝资源以及最大的煤炭来源国。2021 年 1~8 月，印尼向中国出口 1021 万铝土矿，成为中国第三大铝土矿供应商。[④] 印尼颁布或计划实施的一系列出口禁令必将在一定程度上影响双方的贸易往来。

（三）美国因素的掣肘

近年来，伴随着美国重返亚太步伐的加速，包括印尼在内的东盟国家在美国全球战略中的地位显著提升。为了更好地遏制中国，拜登政府于 2022 年 2 月提出了执政以来的首份“印太战略”报告。印尼日益增强的综合国力以及其对关键海上航道的控制权使其被美国视为“印太战略”的重要支点。为此，美国采取一系列举措，以拉近同印尼的距离。

2021 年 11 月，拜登与佐科进行首次会晤时，向印尼示好，表示支持印

---

① “Indonesia Coal Ban ‘Manageable’ for China, But Temporary Energy Headache Looms Amid Australia Dispute,” China Macro Economy, January 4, 2022, https://www.scmp.com/economy/china-economy/article/3161971/indonesia-coal-ban-manageable-china-temporary-energy-headache，最后访问时间：2022 年 4 月 25 日。

② “Indonesia Mulls Copper Concentrate Export Ban from 2023,” Argus, November 25, 2021, https://www.argusmedia.com/en/news/2277296-indonesia-mulls-copper-concentrate-export-ban-from-2023; “In donesia’s Bauxite Export Ban to Have Limited Impact on China Supply,” November 25, 2021, https://www.spglobal.com/commodityinsights/en/market-insights/latest-news/meta ls/112521-indonesias-bauxite-export-ban-to-have-limited-impact-on-china-supply，最后访问时间：2022 年 4 月 25 日。

③ “Indonesia Mulls Ban on Tin Exports in 2024,” S&P Global, November 24, 2021, https://www.spglobal.com/marketintelligence/en/news-insights/latest-news-headlines/indonesia-mulls-ban-on-tin-exports-in-2024-67798868，最后访问时间：2022 年 4 月 25 日。

④ “Ceramic Filter Inalum Adalah,” Adtech, October 29, 2021, http://www.adtechamm.com/ceramic-filter-inalum-adalah/，最后访问时间：2022 年 4 月 25 日。

尼作为全球第三大民主国家在印太地区的领导地位。① 2022 年 2 月，拜登政府在出台的“印太战略”报告中将印尼定位为地区优先合作伙伴。② 基于对自身利益的考量，印尼将美国的“印太战略”视为发展机遇。2021 ~ 2022 年，美国与印尼的国家高层进行了多次会晤，积极磋商如何开展合作。2021 年 5 月，美国副国务卿舍曼将印尼当作其东南亚之行的第一站。同年 8 月，美国国务卿布林肯同蕾特诺达成共识，宣布启动两国首轮“战略对话”。③ 同年 11 月，拜登与佐科进行会晤，着重磋商海上自由议题，影射中国南海问题的意图尤为明显。④

除了高层会晤之外，美国和印尼还举行了一系列联合军演，以增进双方的战略互信。2021 年 8 月，印尼与美国、日本、澳大利亚等国举行了规模庞大的“海猫”联合军演。⑤ 同年 11 月，印尼和美国重启了由于新冠疫情而中断两年之久的“卡拉特”演习。⑥

印尼与美国的“亲密”举动无疑会影响其与中国的外交关系。中国无意反对印尼与其他国家交好，但美国在印太地区“别有用心”的战略部署

---

① “Readout of President Joseph R. Biden, Jr.'s Meeting with President Joko Widodo of Indonesia,” The White House, November 1, 2021, https://www.whitehouse.gov/briefing-room/statements-releases/2021/11/01/readout-of-president-joseph-r-biden-jr-s-meeting-with-president-joko-widodo-of-indonesia/, 最后访问时间：2022 年 4 月 25 日。

② “Fact Sheet: Indo-Pacific Strategy of the United States,” The White House, February 11, 2022, https://www.whitehouse.gov/wp-content/uploads/2022/02/U.S.-Indo-Pacific-Strategy.pdf, 最后访问时间：2022 年 4 月 25 日。

③ 《美国印尼启动“战略对话”，声称要共同捍卫“南海航行自由”》，澎湃新闻，2021 年 8 月 4 日，https://www.thepaper.cn/newsDetail_forward_13883885，最后访问时间：2022 年 4 月 25 日。

④ “China, Myanmar at the Forefront of US-Indonesia Meeting,” East Asia, November 1, 2021, https://www.voanews.com/a/china-at-the-forefront-of-us-indonesia-meeting-/6296215.html，最后访问时间：2022 年 4 月 25 日。

⑤ “Navies of 21 Countries Kick off US-Led Drills in Southeast Asia,” *Al Jazeera*, August 11, 2021, https://www.aljazeera.com/news/2021/8/11/navies-of-21-countries-kick-off-us-led-drills-in-sou theast-asia，最后访问时间：2022 年 4 月 26 日。

⑥ “U.S., Indonesia Commence Bilateral Maritime Exercise CARAT Indonesia,” U.S. Embassy in Indonesia, November 1, 2021, https://id.usembassy.gov/u-s-indonesia-commence-bilateral-mari time-exercise-carat-indonesia/，最后访问时间：2022 年 4 月 26 日。

对中国的国家利益构成了巨大威胁。倘若印尼与美国继续密切联系，必将削弱其与中国的政治互信。

三　中印尼关系展望

2021~2022 年，虽然中印尼关系遇到一些挑战，需妥善处理，但两国关系的未来依旧具有广阔的前景。2022 年伊始，印尼正式成为 G20 轮值主席国，将优化数字技术、促进能源转型和增强应对危机能力作为要优先落实的三大事项。因为它们不仅符合印尼本国需求，也顺应全球形势。[①] 结合近期两国的相关政策，双方在以下领域的合作将大有作为。

（一）促进中小企业数字化

近年来，印尼将促进中小企业数字化作为国家主要经济政策之一。2022 年 4 月，印尼中小企业与合作社部长德登表示，中小企业的业务流程已经与数字技术息息相关。佐科总统就加快印尼中小企业数字化转型下达指示，鼓励它们成为国民经济的支柱。印尼约 96%的商业参与者是中小企业，在国家提供就业方面发挥重要作用。[②] 为此，印尼计划创建一个包括中小企业上下游业务流程的生态系统，并希望在 2024 年能有 3000 万家中小企业参与其中。[③]

要快速实现中小企业数字化转型，就必须有强大的数字技术支持。而中

---

① 《印尼宣布担任 G20 轮值主席国期间优先事项》，中华人民共和国驻印度尼西亚共和国大使馆经济商务处网站，2022 年 1 月 24 日，http://id.mofcom.gov.cn/article/sbmy/202202/20220203278132.shtml，最后访问时间：2022 年 4 月 26 日。

② 《政府鼓励中小微企业成为国民经济的支柱》，中华人民共和国驻印度尼西亚共和国大使馆经济商务处网站，2022 年 4 月 18 日，http://id.mofcom.gov.cn/article/sbmy/202204/20220403307613.shtml，最后访问时间：2022 年 4 月 27 日。

③ 《中小企业与合作社部长对印尼 3000 万家中小微企业参与数字生态系统表示乐观》，中华人民共和国驻印度尼西亚共和国大使馆经济商务处网站，2022 年 3 月 28 日，http://id.mofcom.gov.cn/article/sbmy/202204/20220403302339.shtml，最后访问时间：2022 年 4 月 27 日。

国有能力和愿意支持印尼国内的中小企业进行数字化转型。目前，中国在数字经济领域的技术和市场占有率已然处于世界领先水平。根据 2019 年联合国公布的《数字经济报告》，中国与美国在全球数字经济发展的浪潮中独占鳌头：两国占据了全球 75%以上的云计算市场与 50%的物联网支出。[①] 根据中国信通院发布的 2021 年《中国数字经济发展白皮书》，中国互联网、大数据、人工智能和实体经济已经深度融合。2020 年，中国产业数字化规模达到 31.7 万亿元，占国内生产总值的 31.2%。[②] 2021 年 12 月，中印尼两国举行首届数字交流合作论坛，双方就助力印尼数字人才培养、加快印尼数字化转型进行了深入的交流和研讨，其中包含如何开展中小企业数字化方面的合作。[③] 由此可见，促进印尼国内中小企业数字化将成为未来数年双方数字经济合作的重点方向之一。

（二）深化清洁能源发电合作

大力发展绿色经济同样是近年来印尼的主要经济政策之一。2022 年 4 月，印尼工商会馆成立了碳市场中心以作为印尼担任 G20 轮值主席国推动能源转型承诺的一部分。印尼政府确定，到 2025 年，新能源和可再生能源的发电率将达到 23%。[④] 无疑，清洁能源发电将成为未来双方合作的重点领域之一。

2021 年 5 月，印尼战略与国际研究中心主办了“中国在印尼可再生能

---

① “Digital Economy Report 2019,” United Nations, September 4, 2019, https://unctad.org/system/files/official-document/der2019_annex1_en.pdf，最后访问时间：2022 年 4 月 27 日。

② 《中国数字经济发展白皮书》，中国信通院网站，2021 年 4 月，http://www.caict.ac.cn/kxyj/qwfb/bps/202104/P020210424737615413306.pdf，最后访问时间：2022 年 4 月 27 日。

③ “The First Indonesia-China Digital Exchange and Cooperation Forum Was Held to Promote the Co-Construction of the Digital Silk Road,” Teller Report, December 17, 2021, https://www.tellerreport.com/business/2021-12-16-the-first-indonesia-china-digital-exchange-and-cooperation-forum-was-held-to-promote-the-co-construction-of-the-digital-silk-road.ByBpL6GYcF.html，最后访问时间：2022 年 4 月 27 日。

④ 《印度尼西亚工商会馆成立碳市场中心以支持能源转型》，中华人民共和国驻印度尼西亚共和国大使馆经济商务处网站，2022 年 4 月 27 日，http://id.mofcom.gov.cn/article/sbmy/202204/20220403308937.shtml，最后访问时间：2022 年 4 月 28 日。

源再投资”国际论坛，旨在尽快增加中国各企业在印尼可再生能源方面的投资。[①] 同年 8 月，印尼启动了以“无空气污染”为主题的燃料驱动汽车转换为电动汽车的试点项目。中国企业积极响应印尼的需求。2021 年 11 月，上汽通用五菱将 Mini EV 电动车引入印尼，并在南雅加达的五菱旗舰中心展出。[②] 当前，印尼的清洁能源发电市场仍是一片蓝海。由此可见，未来将有更多中国企业涌入该市场。

（三）加强粮食安全合作

在后疫情时代，粮食安全的重要性愈发凸显。印尼作为人口大国，非常重视粮食安全，希望实现国内食品供应充足、价格可负担以及安全优质且营养均衡的目标。然而，印尼国内的地理地貌使得其不适合生产小麦、苹果、柑橘等温带农作物。为此，印尼需要通过引入新技术、提升管理能力和加强与全球市场的联系来提高国内粮食供应的韧性。[③]

中国作为全球农耕大国，拥有先进的农业技术、管理经验和广阔的农产品市场，是印尼天然的粮食安全合作伙伴。在疫情期间，中国粮食产量的逆势增长愈发增强了印尼同中国开展粮食安全合作的决心和信心。未来，两国可在粮食储备和粮食应急机制、粮食生产以及投资农业创新等方面进行合作。双方可通过加强在水稻、大豆、玉米和其他作物生产方面的合作，确保肉类、蔬菜、水果以及水产品的可靠供应，以提高粮食生产率。两国粮食安全合作的加强将为双方乃至亚太地区的粮食供应稳定做出积极贡献。

---

① 《能源投资论坛期待吸引中国投资印尼可再生能源》，《国际日报》网站，2021 年 5 月 30 日，https://guojiribao.com/?p=44731，最后访问时间：2022 年 4 月 28 日。

② 《中国五菱将宏光 Mini EV 廉价电动车引入印尼》，中华人民共和国驻印度尼西亚共和国大使馆经济商务处网站，2021 年 11 月 17 日，http://id.mofcom.gov.cn/article/sbmy/202111/20211103218355.shtml，最后访问时间：2022 年 4 月 28 日。

③ “Indonesia’s Food Consumption and Trade: Will Domestic Reform Keep up with Demand?” Australian Government Department of Agriculture, Fisheries and Forestry, December 2, 2021, https://www.agriculture.gov.au/abares/products/insights/indonesias-food-consumption-and-trade#indonesias-appetite-for-food-imports，最后访问时间：2022 年 4 月 28 日。

B.12
岸田政权上台后日本政治经济动向及中日关系

李成日*

摘　要： 2021年，日本举办了东京奥运会与残奥会，实现了从菅义伟到岸田文雄的首相交替，进行了众议院选举等。新任首相岸田文雄在10月举行的众议院选举中获胜，在一定程度上巩固了执政基础。但由于没有有效控制新冠疫情、经济增长低迷等原因，岸田内阁的支持率一直没有提升。由于日本在中美战略博弈中倾向于美国，加上受到新冠疫情的影响，中日两国之间人员交流大幅减少，双边关系没有得到改善，并且面临日益增多的挑战和困难。

关键词： 岸田内阁　中美战略博弈　新冠疫情　日美同盟　中日关系

一　菅义伟政权的结束及岸田政权的上台

2020年9月，菅义伟接替安倍晋三当选日本第99任首相，提出了“为国民服务”的口号，得到了62%的较高支持率。原定于2020年7月24日开幕的东京奥运会，在延期一年后终于在2021年8月8日正式开幕，但由于新冠疫情的影响，包括开幕式在内的大部分比赛以无观众的方式进行。虽然

* 李成日，博士，中国社会科学院亚太与全球战略研究院助理研究员，主要研究方向为东北亚国际关系、中日关系。

日本史上最大规模的代表团（包括254名运动员）参加了此次奥运会并获得了史上最多的58枚奖牌，但日本各种舆论调查结果显示，日本社会普遍认为东京奥运会的举办并不成功。其实，菅义伟试图通过成功举办东京奥运会和残奥会，拉动国民的支持率，在众议院选举中获胜，以为今后继续执政奠定基础。由于东京奥运会以无观众方式举行，开幕前所期待的经济效果减少，因此其并没有给菅义伟的执政带来积极效果，加上民众对日本政府新冠政策的不信和不安情绪加剧，这严重动摇了菅义伟政权的执政基础。

另外，2021年4月举行的众议院和参议院议员的补选中，自民党候选人没有得到1个席位。7月举行的东京都议会选举中，自民党获得了33个席位，虽然赢得了第一大党的地位，但未能实现获取50个席位的原定目标。另外，在3月举行的千叶县知事、6月举行的静冈县知事以及8月举行的横滨市长竞选中，自民党候选人或自民党支持的候选人都输给反对党的候选人。尤其是参加横滨市长竞选的前国家公安委员长小此木八郎是菅义伟首相大力支持的有力候选人，小此木八郎的惨败对菅义伟来讲是一个很大的意外，也是对他选举领导能力的巨大冲击。对于接二连三的选举失败，自民党内部开始出现对菅义伟首相的不满，对菅义伟能否带领自民党在众议院选举中获胜提出疑问，这给菅义伟继续执政带来强大的压力。菅义伟出任初期的支持率为74%（《读卖新闻》的舆论调查），但到了任期后期已经跌到26%（很低的支持率），这不得不让菅义伟重新考虑能否继续执政的问题。

“不受欢迎”的菅义伟在2021年9月30日首相任期届满之前的9月3日突然宣布辞职。自民党随即于9月29日举行了新任总裁选举。前外相岸田文雄和新冠疫苗担当相河野太郎之间展开了激烈的竞争。最终，岸田文雄战胜了河野太郎，当选自民党第27任总裁（2021年日本自民党总裁选举结果见表1）。10月4日，岸田文雄取代菅义伟成为日本第100任首相。菅义伟的首相就任时间共384天，是战后34名首相中第12个任期短暂的首相。

表 1　2021 年日本自民党总裁选举结果

单位：张

	第一次投票			最终投票		
	国会议员	党员	合计	国会议员	都道府县	合计
岸田文雄	146	110	256	249	8	257
河野太郎	86	169	255	131	39	170
高市早苗	114	74	188			
野田圣子	34	29	63			
合计	380	382	762	380	47	427

资料来源：笔者根据日本媒体报道内容自行制作。

2021 年 10 月 14 日，岸田首相宣布解散众议院，31 日举行新一届众议院选举。在此次众议院选举中，自民党获得了大胜，在 465 个众议院席位中确保了 261 个席位，加上联合执政的公明党获得的 32 个席位，自公联合执政党确保了 293 个席位（第 49 届日本众议院选举结果见表 2）。岸田文雄率领的自民党占据了众议院单独过半席位，奠定了“岸田时代”的稳定的基础。11 月 10 日，岸田文雄就任日本第 101 任首相，解散了第一届内阁，成立了新的内阁（岸田内阁中的自民党各派系的构成情况见表 3）。从 2012 年安倍晋三重新执政以来，自民党再次掌权，一党占据优势的政治体制进一步得到了延续。

表 2　第 49 届日本众议院选举结果

单位：个

政党名称	选举前席位	选举后席位	小选举区	比例代表
自民党	276	261	189	72
公明党	29	32	9	23
立宪民主党	109	96	57	39
日本维新会	11	41	16	25
国民民主党	8	11	6	5
日本共产党	12	10	1	9
令和新选组	1	3	0	3
社会民主党	1	1	1	0
其他	2	0	0	0
无所属	12	10	10	0
合　计	461	465	289	176

资料来源：笔者根据日本 NHK 报道内容自行制作。

表 3　岸田内阁中的自民党各派系的构成情况

单位：人

派系名称	各派系人员数	国务大臣人数	自民党内职务及其他
岸田派（宏池会）	46	5	自民党总裁
安倍派（旧细田派）	99	4	总务会长、参议院干事长
茂木派（旧竹下派）	55	4	参议院议员会长
麻生派（旧河野派）	54	3	自民党副总裁、众议院议长、参议院议长、干事长
二阶派（志帅会）	43	2	
无党派	35	2	政务调查会长、干事长代理
森山派	7	0	
石破派	9	0	已解体
有隣会（旧谷垣派）	12	0	
菅义伟派	20	0	

资料来源：笔者根据日本媒体报道内容自行制作（截至 2021 年 11 月 10 日）。

二　岸田新政府的政治经济外交政策基调

岸田文雄首相一上任就表示，“将与大家一起创造新时代”，强调了三大承诺，即守护有关国民生活和增加国民收入的重点政策，通过有效应对新冠疫情以及实现增长和分配的良性循环来实现“新资本主义”，并表示致力于维护国民的外交和安全。为此，他提出了相关政策，具体内容如下。

第一，对新冠疫情，强调以“令人信服的解释”和“总是考虑到最坏的情况”为原则，并推进有效应对。为此，首先要确保病床充足、医疗提供体制完善，增加治疗对策等，并为稳定人心，及时向国民提供和共享相关信息，尽快达成社会共识。① 同时，充分验证过去的应对措施，加强疫苗接种、

① 「第二百五回国会における岸田内閣総理大臣所信表明演説」、2021 年 10 月 8 日、日本首相官邸、https：//www. kantei. go. jp/jp/100_ kishida/statement/2021/1008shoshinhyomei. html，最后访问时间：2022 年 1 月 30 日。

口服治疗药的实用化、免费核酸检测范围的扩大等，以获得国民支持并与政府合作，采取包括经济支援在内的措施，形成整体性新冠疫情应对方案。

第二，逐步实现以“开创后新冠的新社会”为理念的“新资本主义”。通过实现“新资本主义”，缓解越来越严重的贫富差距和分化，追求“增长和分配的良性循环”和数字化建设等。为此，岸田文雄提出了经济增长战略，其中包括科技立国、“数字田园城市国家”构想、经济安全、为消除人生百岁时代的不安而实施社会保障改革等，促进科技领域人才的培养，大力支持创新活动，促进地方基础设施建设。作为增长战略的一环，他强调经济安全的重要性，推进确保战略物资、防止技术外流、构建强韧化的供应链等。另外，他还提出了分配战略，包括加强对劳动者的分配、扩大中间阶层、重新研究公共价格、纠正财政单一年度制度的弊端等。他还强调，推进对地方交通、物流基础设施建设的大力投资，加大对农业、旅游、中小企业等地方产业的支援力度等。

第三，强调以日美同盟为基轴的外交基调，在世界对日本的“信赖”和岸田文雄的“三种觉悟”下，毫不动摇地实施外交安全政策，推进“自由开放的印太”构想。他的所谓“三种觉悟”包括守住自由、民主、人权、法治等普遍价值的觉悟，果断守护日本的领土、领海、领空以及国民生命财产安全的觉悟，积极应对核裁军、核不扩散以及气候变化等全球问题以主导全球治理的觉悟。他还提出，在任期内将修改《国家安全战略》《防卫计划大纲》《中期防卫力量整备计划》等，大力加强防卫力量，积极应对经济安全课题。在核不扩散、气候变化等全球层面问题上继续做出贡献，并为推进“信任的数据自由流动”（DFTT）的进程，将努力主导数字化领域国际规则的制定。

第四，为有效应对发生大规模自然灾害或恐怖袭击等“国家危机事态”，政府主张将保护国民的生命和财产放在首位，实现应对机制一体化，并推进机动灵活应对。为此要充分做好应对“最坏情况”出现的准备，全面增强危机应对管理能力。

第五，继续致力于从东日本大地震中复兴和“国土强韧化”。积极向国民宣传，“如果没有东北地区的复兴，日本就不会再生”，并承诺大力支援灾民生活、农业生产的再生，致力于福岛的复兴。同时，为将东北地区打造成具有较强的灾难应对能力的地区，积极推进“国土强韧化”事业。

总之，对岸田政权来讲，如何有效应对新冠疫情是最优先的政策课题。因为新冠疫情防控问题直接关系到民众对政府的信赖度和支持率，也关系到岸田文雄长期执政所需要的稳定的支持基础。①

值得关注的是，岸田文雄在2021年12月施政演说中首次使用“对敌方基地的攻击能力”这一词语，并强调了必要性。② 之后，自明党内部开始讨论修改《国家安全战略》《防卫计划大纲》《中期防卫力量整备计划》三个安全文件，其中是否拥有对敌方基地的攻击能力成了最重要的讨论焦点。2022年1月，日美两国举行了外交、国防“2+2”会议，双方达成共识，确保同盟战略和安全政策的高度整合性，并反映到各自的安全战略文件里，加深对各自的作用、任务以及能力的相关讨论，加强共同的综合性威慑力量。同年4月，日本自民党向岸田文雄内阁提交了“为制定新的国家安全战略等的建议”。③ 该建议明确提出印太以及东亚地区可能发生武力冲突，强调俄罗斯等国家是对日本和国际社会的“安全威胁”，强烈主张拥有“对敌方的反击能力”。2022年底，日本修改《国家安全战略》《防卫计划大纲》《中期防卫力量整备计划》三个安全文件。

三　新冠疫情下日本经济以及经济安全新动向

日本经济同世界其他国家、地区一样，也受到新冠疫情的严重打击，

---

① 「内閣支持増47.1%優先課題「年金・医療」トップ―時事世論調査」、『時事通信』、2021年11月12日。

② 「第二百七回国会における岸田内閣総理大臣所信表明演説」、日本首相官邸、2021年12月6日、https://www.kantei.go.jp/jp/101_kishida/statement/2021/1206shoshinhyomei.html，最后访问时间：2022年1月30日。

③ 自由民主党「新たな国家安全保障戦略等の策定に向けた提言～より深刻化する国際情勢下における我が国及び国際社会の平和と安全を確保するための防衛力の抜本的強化の実現に向けて～」、自民党公式サイト、https://www.jimin.jp/news/policy/203401.html，最后访问时间：2022年1月30日。

2020年经历了大幅后退。2021年第一季度的经济增长率同比下降4.2%。第二季度经济增长率达到了1.9%，但未能摆脱新冠疫情的制约。第三季度经济与疫情第五次大流行联系在一起，GDP再次减少0.6%，其政策目标和现实之间的乖离更加明显了。[①] 从经济增长率变化来看，新任首相岸田文雄的执政未能改变日本经济持续低迷的状况。从企业规模来看，大企业的损失程度相对较小，而中小企业的受损程度更大，面临的困难更多。从对外贸易规模来看，2021年第二季度以后才恢复到2019年的水平。但是2021年下半年出现了贸易赤字现象，这显然是受到全球范围内的能源和原材料价格上涨影响的结果。这些经济动向必然影响到自民党内阁的支持率。但是，从2021年10月众议院选举结果来看，日本国民仍然倾向于选择自民党，希望维持日本政局的稳定。

岸田文雄提出了“新资本主义”的核心口号，强调摆脱新自由主义，推进实现“增长和分配之间的良性循环”。但是，从内容来看，其并没有新的具体措施，诱导舆论的意图比较鲜明。

众议院选举以后，岸田政权的经济政策中最引人瞩目的是对儿童津贴的支付。虽然有年收入960万日元（大约人民币50万元）的限制，向18岁以下儿童支付10万日元的津贴是岸田政府的超过30万亿日元（大约人民币1.766万亿元）的经济政策的核心内容。尽管如此，30万亿日元的大规模的经济政策能否提升劳动分配的效果仍然是未知数。因此，日本国内对岸田政权的积极财政政策是不是一次性的“放款”持怀疑态度，社会舆论并未显示出“好意”。

另外，经济安全领域的政策投入是日本政府政策的另一重要变化。在日本国家安全保障局（NSS）于2020年4月下设经济组以来，经济安全政策逐步成为政府核心政策之一。国家安全保障局有90多名专职人员，其中20%以上为经济组所属。日本的经济安全政策已经牵涉外交安全政策、通商

① 「内閣支持増47.1%優先課題年金・医療トップ一時事世論調査」、『読売新聞』、2021年11月15日。

政策以及产业政策等，所以，在国家安全保障局的统筹下，经济产业省、财务省、外务省、防卫省、法务省以及公安调查厅等相关部门都积极参与推进相关政策具体化。2021 年 6 月，日本政府发表的“经济财政运营与改革的基本方针 2021”和“增长战略 2021”都强调，经济安全是核心政策的目标。同年 10 月，岸田内阁新设“经济安全保障专职大使”职务。11 月，内阁官房长官下设 50 人规模的“经济安全保障法制准备室”，并召开了为准备制定“经济安全保障推进法”的首次专家会议。岸田内阁计划在 2022 年底完成“经济安全保障推进法”的制定工作，进一步致力于确保高端技术的优势。

日本 2022 财年防卫预算申请金额为 5.48 万亿日元，较 2021 财年增长 2.6%，将超过 GDP 的 1%。为确保高端技术的优势，2021 年 8 月公布的防卫预算案首次明确提出加强“游戏改变者”（game changer）技术研发和防卫产业基础，并将装备研发预算设定为史上最大规模的 3257 亿日元（大约人民币 170 亿元）。[①] 根据日媒报道，将制定的“经济安全保障推进法”涉及专利公开的限制、加强全球供应链强韧性的恢复、高端技术研发支援、重要基础设施安全的确保等。[②] 因此，岸田内阁将进一步强调经济安全的重要性，并将其与增强防卫力量联系在一起，继续加大对防卫部门的投入力度。

此外，值得关注的是日本正在同时推行《全面与进步跨太平洋伙伴关系协定》（CPTPP）和《区域全面经济伙伴关系协定》（RCEP），试图确保在东亚地区通商秩序博弈中占据优势地位。中国大陆和中国台湾地区已经申请加入 CPTPP。目前，在美国没有表示加入 CPTPP 的情况下，日本表面上在观望中国加入 CPTPP 的情况，但实际上对中国加入问题持并不积极的态

---

① 『わが国の防衛と予算令和 4 年度予算の概要』、防衛省自衛隊公式サイト、2021 年 8 月 31 日、http：//www. mod. go. jp/j/yosan/yosan_ gaiyo/2022/yosan_ 20210831pdf，最后访问时间：2022 年 1 月 30 日。

② 『経済安保法案、特許公開制限など 4 本柱 対中国念頭に』、『日本経済新聞』、2021 年 11 月 14 日。

度。其实，日本的经济安全政策明显意识到中国的快速发展，经常提出中国难以接受的价值标准，处处对中国设置障碍并制造一些困难。因此，今后需要进一步观察日本的经济动向，尤其是经济安全政策的变化及其影响。

四　岸田上任后对外关系动向及中日关系挑战

岸田文雄首相上任后，继续强调强化日美同盟，为实现“自由开放的印太”构想，继续推进“安倍路线”，并提出“新时代现实主义外交”口号，开始推进“岸田色彩”的外交。另外，日本继续推进所谓“印太构想”，加强美日印澳“四边机制”（QUAD）、北约（NATO）、美英澳三边安全伙伴关系（AUKUS）、东亚峰会（EAS）、东盟地区论坛（ARF）以及东盟扩大国防部长会议（ADMM-Plus）等小多边、多边合作体系的联系和合作。同时，强化与东盟、欧洲等地区伙伴国的联系与协作。岸田首相就任后的首访国家是东南亚地区的越南，其意图很明显，即拉拢南海问题上的一些声索国。2021 年 11 月 24 日，岸田访问了越南，与范明正总理进行了首脑会谈，双方达成共识，加强海上安全合作。

2022 年 2 月俄乌冲突爆发后，日本立即站在美欧西方世界一边，紧跟美国步伐，很早就对俄罗斯采取严厉的经济制裁措施。俄罗斯将日本列入“不友好国家”名单。安倍晋三执政时期缓和的日俄关系已经跌入 1956 年建交以来的最低谷，在短期内很难得到改善，日俄之间的所谓“北方四岛”（俄罗斯称“南千岛群岛”）领土问题的解决将被无限期推迟。

2022 年 5 月，韩国保守政府上台，改变了文在寅政府的对日强硬基调。新任总统尹锡悦向日本派出“日韩政策协议团”，试图改善韩日关系。但是韩国司法部门已经介入调查日本殖民统治时期的“强征劳工”问题，所以韩国新政府很难打破所谓“三权分立”原则，加上日本政界对韩国政府的严重不信任，虽然双方会有互动，但难以圆满解决“强征劳工”“慰安妇”等历史遗留问题。

日朝关系自 2015 年以来一直停滞不前。2021 年拜登政府上任以后，在对朝关系上并没有采取有效措施，只强调“先谈判、先弃核”的过去主张，双方关系没有任何一丝改善的动向。岸田首相虽然主张“无条件与朝鲜领导人谈判”，但并没有拿出诚意，反而加大对朝经济制裁力度，加上2022年朝鲜多次试射导弹，日本国内对朝鲜的舆论继续恶化，日朝两国关系仍然停滞不前，继续对立、对抗。

岸田内阁认为，中美战略博弈长期持续，并日益加深，加强对美关系对日本有利。在这种判断前提下，日本推进对美以及对华关系。因此，在对外关系上，日美同盟仍然占据最优先的重要地位，而且日美关系与对华政策联系在一起，日本在中美战略博弈中的对美倾斜的政策方向将持续下去，这必然给中日战略互惠关系带来挑战。

2021年11月，岸田内阁新设“人权问题”首相辅佐官，将保守派代表人物、前防相中谷元任命为首任“人权问题”首相辅佐官。中谷元担任日本“思考人权外交超党派议员联盟”会长，该组织强烈主张制定日本版“马格尼茨基法”。日本《朝日新闻》在11月9日发文称，任命中谷元担任首任“人权问题”首相辅佐官，意味着岸田政府在所谓“人权问题”上表现出主动姿态，并试图借此“牵制中国”。由于日方强调所谓人权、价值观以及理念等，而且企图插手中方所谓“人权问题”，因此，在价值观、人权问题上，中日之间可能会出现一些矛盾。

日本是中国主要经济贸易伙伴，中日之间经贸合作是两国合作的最主要领域。自2007年开始，中国一直是日本最大贸易伙伴国，而日本是中国第二大贸易伙伴国。即便受到新冠疫情的影响，两国之间贸易额仍持续增长。2021年，中日贸易总额为3714亿美元，其中，中国出口额为1658亿美元，进口额为2056亿美元。另外，日本是中国第三大外资来源国。截至2021年底，日本累计对华投资额为1230亿美元，在中国利用外资国别中排名第一。[①] 因此，今后两国之间贸易和投资合作仍然是两国合作的引擎，也是最重要的合

---

① 《中国同日本的关系》，中华人民共和国外交部网站，2022年1月，https://www.mfa.gov.cn/web/gjhdq_676201/gj_676203/yz_676205/1206_676836/sbgx_676840/，最后访问时间：2022年1月30日。

作领域。

与中日之间贸易额持续增长相比，两国国民对对方的非好感度持续上升，舆论环境持续恶化，确实令人担忧。2021 年 10 月 20 日，日本非营利特定活动法人“言论 NPO”和中国国际出版集团（CIPG）在日本和中国分别进行了第 17 期“中日共同舆论调查”。[①] 根据此项调查结果，日本人对中国印象不好者的比例从 2020 年的 89.7%增加到 90.9%，达到了 2017 年以来的最高数据。中国人对日本印象不好者的比例从前一年度的 52.9%增加到 66.1%，也是 2017 年以来的最高数据。受到新冠疫情的影响，两国之间人员往来和交流大幅减少，两国的舆论环境持续恶化。即便如此，两国民意仍然重视两国关系，并希望持续建立两国之间的合作关系。第 17 期“中日共同舆论调查”结果显示，[②] 对中日两国关系重要性认识的肯定回答的比例为，日本人占 66.4%，中国人占 70.9%；参与调查的 42.8%的日本人和参与调查的 70.6%的中国人认为，为维护稳定的、和平的地区秩序，中日两国需要构建新的合作关系。

五　结语

回顾 2021 年，日本经历了举办东京奥运会以及残奥会、从菅义伟到岸田文雄的首相交替以及众议院选举等重大议程，但仍然继续维持 2012 年以来的自民党执政。菅义伟首相虽然成功举办了东京奥运会和残奥会，但未能拉动低迷的国内政治支持率，完成仅一年多的首相任期，就结束了短暂的首相生涯。之后上任的岸田文雄首相提出了“新时代”、“新资本主义”、“经济增长和分配良性循环的社会”、新冠疫情对策以及经济安全等口号，在

---

① 「第 17 回日中共同世論調査 日中世論比較結果」、2021 年 10 月、日本言论 NPO 财团、https：//www.genron-npo.net/world/archives/11542-2.html，最后访问时间：2022 年 1 月 30 日。

② 「第 17 回日中共同世論調査 日中世論比較結果」、2021 年 10 月、日本言论 NPO 财团、https：//www.genron-npo.net/world/archives/11542-2.html，最后访问时间：2022 年 1 月 30 日。

2021 年 10 月举行的众议院选举中取得了胜利，在一定程度上巩固执政基础。但由于始终没有有效控制新冠疫情，加上日元大幅贬值、经济增长低迷、银行利息上升、外贸赤字增加等原因，他的支持率迟迟没有提升。因此，如何提高内阁支持率将是今后岸田首相面临的最重要的政策课题。

2022 年 7 月举行的参议院选举是考验岸田首相的第一道难关。他率领自民党在参议院选举中获胜，为延续“岸田时代”进一步巩固了执政基础。因为 2025 年参议院选举之前没有重大选举，所以岸田率领的自民党在参议院选举中获得稳定过半席位，非常有利于长期执政。因此，国内政局的稳定、有效应对新冠疫情、迅速恢复经济以及改善与中、俄、韩、朝等邻国的关系将是岸田政府的政治经济外交领域的重大难题。

2022 年是中日邦交正常化 50 周年。由于新冠疫情以及日本国内政局混乱等影响，中日两国的舆论环境没有得到明显改善，尤其是日本对华“非好感度”持续上升。2021 年东京奥运会、2022 年北京冬奥会本来是中日两国人民友好往来和交流的大好机会，但是受到新冠疫情的严重影响，两国之间的人员往来大幅减少，两国人民对对方国家的认知态度始终没有改变，这影响两国关系持续、健康发展。

2021 年 10 月，习近平主席同日本首相岸田文雄通电话时强调，维护和发展中日友好合作关系，符合两国和两国人民根本利益，也有利于亚洲乃至世界和平、稳定、繁荣。① 和平发展、友好交流、互惠合作是中日两国人民的共同向往。因此，中日两国应以中日邦交 50 周年为契机，全面回顾建交 50 年来的友好交往和合作历程，总结经验教训，共同展望未来新的发展前景。

① 《习近平同日本首相岸田文雄通电话》，中华人民共和国外交部网站，2021 年 10 月 8 日，https：//www. fmprc. gov. cn/web/zyxw/t1913173. shtml，最后访问时间：2022 年 1 月 30 日。

B.13
2021年中韩关系：成果、挑战及走向

李永春*

摘　要： 2021年，经过两国政府共同努力，中韩关系全面快速发展，战略沟通不断深化，经贸往来再创新高，人文交流蓄势待发，体育合作迎来高潮，军事交流日益深化。与此同时，由于受到国际国内诸多因素影响，中韩关系面临一些风险和隐患。2022年中韩迎来建交30周年，中韩关系的发展机遇和挑战并存，韩国大选的结果影响中韩关系的走向。

关键词： 中韩关系　韩美同盟　韩国大选

朴槿惠政府执政时期，由于韩方不顾中方坚决反对，执意引进“萨德”系统，两国关系遭遇重创，堪称建交以来中韩关系面临的最大挑战。文在寅政府执政之后，采取对华友好政策，在“萨德”问题上做出“三不一限”承诺。经过双方共同努力，两国阶段性处理了这一问题，推动中韩关系逐渐重回正轨。进入2021年以来，中韩关系继续全面快速发展，双方在各领域的交流合作均取得丰硕成果，给两国和两国人民带来了实实在在的利益。与此同时，辉煌成就的背后也有很多不易，中韩关系面临诸多因素的挑战。

* 李永春，博士，中国社会科学院亚太与全球战略研究院助理研究员，主要研究方向为朝鲜半岛问题。

一 中韩关系发展取得丰硕成果

通过双方共同努力，2021 年，中韩关系进一步深化发展，两国在各领域的交流合作均取得丰硕成果，主要体现在以下几个方面。

（一）高层互动密切频繁

中韩包括最高层在内的各层级交流往来频繁，政府、议会和政党间交流十分活跃。新冠疫情发生以来，习近平主席同文在寅总统多次通电话，互致信函，保持密切战略沟通，为两国关系发展“掌舵领航”。进入 2021 年以后，两国元首之间继续保持密切的战略沟通。2021 年 1 月 27 日，习近平主席同文在寅总统通电话，两国元首互致新春问候，共同宣布正式启动“中韩文化交流年”，并表示 2022 年是中韩建交 30 周年，双方将回顾、总结双边关系 30 年发展成果，推动中韩战略合作伙伴关系迈上新台阶。①

除了最高层之间的交流以外，两国政府各层级之间的交流较为频繁。2021 年 12 月 2 日，中共中央政治局委员、中央外办主任杨洁篪在天津同韩国国家安保室长徐薰举行磋商。双方积极评价两国关系稳健成长，就双边关系和共同关心的国际、地区问题深入交换意见，取得丰硕成果，为两国关系发展注入新动力。此外，王毅国务委员同韩国外长郑义溶成功实现互访。2021 年 4 月 2~3 日，韩国外长郑义溶访华，国务委员兼外长王毅在福建厦门同郑义溶外长举行会谈。双方就中韩间各领域交流合作深入沟通，并就共同关心的问题交换意见。9 月 14~15 日，王毅国务委员兼外长对韩国进行正式访问，会见文在寅总统，同郑义溶外长举行会谈。王毅国务委员用“相互尊重、聚焦合作、致力和平”三点启示全面总结双边关系发展的历史经

① 《2021 年中韩关系十件大事》，中华人民共和国驻大韩民国大使馆网站，2021 年 12 月 31 日，http：//kr.china-embassy.gov.cn/zhgx/202112/t20211231_ 10477889.htm。

验，双方就中韩关系及共同关心的问题交换意见。[①]

除了两国政府之间以外，两国议会和政党之间的交流较为频繁。2021年11月16日，全国人大常委会副委员长王东明同韩国国会副议长金相姬共同主持以线上方式举行的全国人大与韩国国会定期交流机制第十二次会议。双方围绕双边关系和立法机构交往、人文交流、经贸合作等议题交换意见，表示将共同努力，推动中韩战略合作伙伴关系持续深入发展。[②] 中韩间各级别克服疫情困难，保持密切频繁沟通，为双方各领域交流合作夯实政治基础，为两国关系沿着正确轨道向更高水平发展提供了重要保障。

（二）经贸合作走实走深

据中国海关统计，1992年建交时，中韩贸易总额只有50.3亿美元，但经过短暂的沉寂期之后，中韩两国之间的经贸交流与合作规模飞速增长，成为促进和稳定两国关系发展的“动力源”和“压舱石”。2020年，在新冠疫情反复延宕的大背景下，世界经济普遍陷入不景气，但中韩经贸合作顶住疫情冲击，连续两年逆势增长，创下新高。2020年中韩贸易额达到2852.6亿美元，同比增长0.3%。进入2021年以来，中韩经贸继续保持这种良好的发展势头，全年贸易额更是突破3000亿美元大关，达到3623.5亿美元，增长26.9%，是建交初期的72倍，创下历史新高，在全球经济萎靡不振的情况下表现得十分亮眼，充分体现了两国经贸合作的巨大韧性和潜力。[③] 2003年，韩国对华出口额首次超过对美国的出口额。此后，中国连续多年成为韩国最大贸易伙伴。2021年，对华贸易在韩国整体贸易中的占比达到24%，且八成韩国贸易顺差来自对华贸易。中韩贸易额接近韩美、韩日、韩欧贸易

---

① 《2021年中韩关系十件大事》，中华人民共和国驻大韩民国大使馆网站，2021年12月31日，http://kr.china-embassy.gov.cn/zhgx/202112/t20211231_10477889.htm。

② 《2021年中韩关系十件大事》，中华人民共和国驻大韩民国大使馆网站，2021年12月31日，http://kr.china-embassy.gov.cn/zhgx/202112/t20211231_10477889.htm。

③ 资料来源：根据中华人民共和国海关总署网站（网址为http://www.customs.gov.cn/）统计数据计算整理得到。

额之和，充分证明了中韩经贸合作的巨大潜力和强劲动力。[①]

中韩两国通过第十三届中国-东北亚博览会、第四届中国国际进口博览会等优质平台，进一步加强经贸往来合作，取得丰硕成果。2021 年 11 月 30 日，中韩两国召开中韩经贸联委会第 25 次会议，就贸易投资合作、区域合作等事宜深入交换意见，为中韩经贸合作下一阶段高质量发展注入动力。在此次会议上，双方发布《中韩经贸合作联合规划（2021—2025 年）》，确认了两国深化经济合作的必要性，为未来五年中韩经济合作指明新方向。此次联合规划特别强调两国在游戏、电影、广播等文化产业领域的合作，商定努力实现中方“一带一路”倡议和韩方“新南方、新北方政策”的对接。[②]在两国经贸合作方面，双方同意发挥各自优势，深化务实合作，打造高质量合作伙伴，加快中韩自贸协定第二阶段谈判，加强科技创新领域合作，积蓄和释放合作潜力。此外，为了促进在地区及国际经贸方面的合作，双方同意共同维护多边主义，一起推动《区域全面经济伙伴关系协定》（RCEP）尽早生效。

（三）人文交流蓄势待发

自建交以来，中韩双边在文化领域的密切交流和友好合作发挥了增进两国人民相互了解和友谊的柔性力量，为发展更加成熟、稳健的中韩战略合作伙伴关系做出积极贡献。近年来，由于受到新冠疫情等因素影响，两国人文交流的广度和深度均被削弱，但在双方的共同努力下，两国充分利用互联网等多种途径继续维持人文交流。

为了纪念建交 30 周年，中韩两国元首共同宣布启动“2021～2022 中韩文化交流年”。2021 年 9 月 15 日，“2021～2022 中韩文化交流年”开幕式在首尔隆重举行。开幕式以“2021～2022 中韩文化交流年”官方标语“文化增友谊，同行创未来”为主题。中国文化和旅游部部长胡和平通过视频致

---

① 资料来源：根据韩国贸易协会（网址为 https：//www. kita. net）统计数据计算整理。

② 《2021 年韩中关系十大新闻》，（韩国）《成均中国观察》2022 年第 1 期，第 140 页。

辞表示，举办“中韩文化交流年”体现了两国元首对中韩关系的深切关怀、对文化交流的高度重视，反映了两国人民扩大交流的共同心声、增进理解的美好愿景。我们愿与韩方一道，携手办好“中韩文化交流年”，加强文化交流和旅游合作，扩大人员往来，为推动中韩战略合作伙伴关系发展注入新的活力。韩国文化体育观光部长官黄熙在致辞中说，2022 年是北京冬奥会和冬残奥会举办之年，也是韩中建交 30 周年，两国交流与合作正迎来新的契机。希望通过大力开展文化交流，实现共同繁荣，将灿烂文化留给子孙后代。①

同日，中韩人文交流促进委员会会议在首尔举行，通过了《2021、2022 年“中韩文化交流年”项目名录》，商定在外交、文化、体育、旅游、教育等领域开展 160 个活动项目。以“中韩文化交流年”为契机，中韩人文交流有望迈上新台阶。中韩两国中央政府各部门通过各类社交网络平台积极宣传纪念活动，韩国驻华文化院、首尔中国文化中心和两国地方政府也携手开展了丰富多彩的文化交流活动项目，例如短视频大赛、摄影大赛、音乐会、中国戏剧朗读演出等。

在“中韩文化交流年”正式开启、中韩建交 30 周年即将到来之际，中韩民间克服疫情影响，开展“云互动”。中韩地方、民间交流紧密顺畅，经济、文化、体育等各个领域的友好交流活动百花齐放，努力增进两国人民的相互理解。

（四）体育合作迎来高潮

随着 2022 年北京冬奥会脚步日益临近，全球冬奥氛围愈加热烈。但是，美国以所谓的“人权”问题为由宣布对北京冬奥会进行所谓“外交抵制”，不派遣任何外交或官方代表参与，英国、加拿大、澳大利亚、日本等美国盟友追随美国进行外交抵制，但韩国表示不参与抵制北京冬奥会，法国、意大

① 《“中韩文化交流年”开幕式在韩国举行》，新华网，2021 年 9 月 15 日，http：//www. news. cn/2021-09/15/c_ 1127866376. htm。

利等国也未追随美国参与抵制，表明在对华政策上，美国及其盟友之间存在分歧，美国意图拉拢盟友打压中国的算盘并未如意。中韩两国作为友好近邻和战略合作伙伴，一直相互支持对方国家举办奥运会。中方积极支持韩国举办 2018 年平昌冬奥会和 2024 年江原道冬青奥会。作为上届冬奥会东道国，韩国总统府、外交部多次强调坚定支持北京冬奥会，祝愿北京冬奥会取得成功。韩国政治、经济、文化、体育各界人士纷纷通过举办友谊赛、创作艺术作品、录制视频等多种方式表达对北京冬奥会成功举办的真诚祝愿，中韩冬奥领域合作迎来高潮。这充分体现了两国的友好合作关系和奥运大家庭风范，中方对此予以积极评价。

2021 年 12 月 16~17 日，北京冬奥会倒计时 50 天之际，由中国驻韩国大使馆、韩国文化体育观光部、京畿道议政府市共同主办的“中韩冰壶——北京冬奥会加油赛”成功举行。中国驻韩国大使邢海明表示，中国将同国际奥委会和各国体育健儿一道，全力展现“更高、更快、更强、更团结”的奥林匹克精神，为世界奉献一届简约、安全、精彩的奥运盛会，为冬奥运动的普及推广和国际奥林匹克事业做出新的贡献。韩国文体部长官黄熙在贺词中表示，本次比赛适逢北京冬奥会倒计时 50 天，具有特殊意义，希望比赛能为深化韩中友谊、声援北京冬奥会成功发挥带头作用。①

（五）军事交流日益深化

受到韩美军事同盟的影响，作为中韩关系重要组成部分的军事领域曾是阻碍两国关系健康发展的绊脚石。近年来，中韩两军本着相互尊重、平等互利的原则，积极开展多领域交流与合作，增进了相互了解，加深了友谊。2020 年以来，中国国务委员兼国防部长魏凤和上将与韩国国防部长先后两次通电话，就加强两军高层往来和疫情防控、舰艇互访、海空联络等领域务实合作，推动中韩战略合作伙伴关系深入发展，共同维护地区和平与稳定达

① 《“中韩冰壶——北京冬奥会加油赛”成功举行》，中华人民共和国驻大韩民国大使馆网站，2021 年 12 月 17 日，http：//kr. china-embassy. gov. cn/chn/sghd/202112/t20211220_ 10471753. htm。

成重要共识。2021 年 3 月，中韩两军根据形势发展变化和实际需要，修订了关于两国相邻海、空军间直通电话设置及使用的谅解备忘录，对进一步增进两军一线部队间的沟通发挥更加积极的作用。

2021 年 9 月 27 日，按照 2013 年双方达成的协议，韩方将 109 位中国人民志愿军烈士遗骸及 1226 件相关遗物移交给中方。2014～2020 年，韩方共向中方移交了 716 位中国人民志愿军烈士遗骸。① 这项工作凝结着中韩双方的共同努力，彰显出两国跨越历史隔阂、共同开创和平友好未来的良好风貌，对进一步发展两国两军间的友好关系、增强两国政治互信具有重要意义。

二　中韩关系发展面临严峻挑战

虽然经过双方共同努力，中韩关系逐步好转，并且在政治、经济、文化等诸领域均取得了一系列成果，但受到国际国内诸多因素的影响，中韩关系的健康发展面临一些风险和隐患，需要中韩两国各界认真思考解决之道。

（一）韩美同盟

当前国际局势风云变幻，百年未有之变局和世纪疫情交织叠加，地缘政治竞争回潮，冷战对抗风险上升，不稳定、不确定因素明显增加。特别是近年来美方推行强力打压中国的政策，把中国当作最主要的“威胁”，在意识形态、政治外交、经贸合作、人文交流等领域对华施压和进行限制，强化对华“战略竞争”布局。拉拢盟友或伙伴、逼迫他国就范向来是美国维持霸权的重要手段。韩国是美国在东亚的重要盟友，因此美国希望通过加强韩美同盟，将韩国拉入旨在围堵中国的“反华联盟”之中。美国用极端的“二选一”与敌友逻辑要求韩国选择美国，这种强压政策给韩国外交带来了不小的压力，导致韩国的选择空间不断萎缩。面对日益激烈的中美战略博弈，

① 《2021 年中韩关系十件大事》，中华人民共和国驻大韩民国大使馆网站，2021 年 12 月 31 日，http：//kr. china-embassy. gov. cn/zhgx/202112/t20211231_ 10477889. htm。

历届韩国政府均奉行“安美经中”（即安全依靠美国，经济依靠中国）的策略。但是，随着美国和国内亲美保守势力施加的压力日益增加，在文在寅政府后期，韩国开始偏向于美国。

2021年5月21日，韩国总统文在寅访问美国，韩美两国总统发表了《韩美联合声明》，称韩美首脑“强调了维持台湾海峡和平稳定的重要性”。[①]

中国外交部发言人赵立坚表示，台湾问题纯属中国内政，事关中国主权和领土完整，不容任何外部势力干涉。对此，韩国外长郑义溶表示韩国政府的基本原则是继续明确维持“一个中国”原则，协调发展韩美同盟与韩中战略合作伙伴关系，联合声明只包含“维护台海和平与稳定的重要性等原则性内容”。[②] 此前，韩国一直在中美间保持战略模糊性，此次《韩美联合声明》是否意味着韩国由此将倒向美国在韩国引发激烈争论，越来越多的人担心此举会使中韩关系受损。

（二）军备扩张

文在寅政府非常重视改善韩朝关系，同时大力推进自主国防建设，强调国家的安全要建立在坚实的国防力量基础之上。在2021年发表的《韩美联合声明》中，韩美宣布终止《韩美导弹指南》，获得韩国朝野一致好评。韩国认为，此前由于受到该指南限制，韩国在研发弹道导弹方面落后于朝鲜，但一直积蓄了相关技术和开发能力，随着该指南终止，韩国在射程和弹头重量方面不再受限，从而可以快速追赶甚至超越朝鲜。1979年10月，韩美两国签署《韩美导弹指南》，其主要内容是作为美国转让导弹技术的代价，限制韩国开发射程超过180公里、弹头重量超过500公斤的弹道导弹，其目的是提高韩国在安全问题上对美国的依赖度。此后，2001年和2012年，韩美两国对该指南进行修改。文在寅总统执政后的2017年和2020年，双方两次

① 《韩美联合声明首提“台湾”，政府是否偏向美国?》，韩联社，2021年5月22日，https：//www. yna. co. kr/view/AKR20210522041200504。

② 《郑义溶称和平解决朝鲜半岛问题和两岸关系问题的原则具有相同的性质》，韩联社，2021年5月24日，https：//www. yna. co. kr/view/AKR20210524155500504? section=nk/news/all。

修改该指南，规定韩国导弹最大射程不得超过800公里，但完全放开了对弹头重量的限制，以及对发展运载火箭固体燃料的限制。有观点认为，这是美国为了牵制中国而采取的"迂回战略"。2019年《中导条约》失效后，美国试图在盟国部署中程弹道导弹，但相关国家均对此持消极态度，因为在美俄、中美战略博弈的情况下，谁也不想因部署美国中程导弹而成为"活靶子"。于是，美国试图通过给韩国松绑让其发展中程导弹，这样不用直接在韩国部署中程导弹，也可以实现其目的。韩国国防部表示是否终止该指南并非考虑周边国家反应之后才能决定的问题。[①] 但是，对于韩国而言，终止《韩美导弹指南》不仅会引发中俄两国高度关注，朝日两国也不会善罢甘休，这势必会引发东北亚地区激烈的军备竞赛。

（三）朝核问题

文在寅政府执政之后，为了解决朝核问题，大力推进朝鲜半岛和平进程，对朝采取友好合作政策，以2018年平昌冬奥会为契机，大幅改善韩朝关系，实现韩朝首脑会晤，取得了签署《板门店宣言》《平壤共同宣言》《9·19军事协议》等一系列成果。在其积极斡旋下，促成了历史性的朝美首脑会谈，使世人重新看到了解决久拖不决的朝核问题的希望，中方对此予以积极评价。然而，由于朝美围绕实现"无核化"的具体方式的分歧巨大，半岛无核化进程停滞不前。此外，由于韩国迫于美国的压力在韩朝合作方面毫无作为，韩朝关系持续恶化。为了改善韩朝关系，进而推动朝美对话重启，韩国政府欲以《终战宣言》为催化剂恢复半岛和平进程。

在签署《终战宣言》等问题上，韩国政府虽然表示对终战当事方采取开放态度，但实际上更倾向于通过"三方"（韩国、朝鲜、美国）之间的协商解决问题。[②] 面对日趋加剧的中美战略博弈，韩国担忧与中国过度接近可

---

① 《国防部表示，终止导弹指南从未考虑过周边国家的反应》，韩联社，2021年5月24日，https://www.yna.co.kr/view/AKR20210524065900504? section=nk/news/all。

② 金东灿：《文在寅政府的对华政策评价及对下届政府的政策建议》，（韩国）《成均中国观察》2022年第1期，第131页。

能引发美国的战略猜忌，从而不利于朝美对话重启。

此外，2021 年 5 月发表的《韩美联合声明》首次提及台海和南海问题，引发舆论高度关注。对于其背景，韩国学界的主流观点是，为了在执政末期在对朝政策上取得成果，以便在 2022 年 3 月总统选举中使共同民主党占据优势，韩美双方做了一笔交易，即为了在对朝问题上获得美国支持，韩国在对华问题上向美国妥协。[①] 韩国外长郑义溶在韩美首脑会谈后称“此次会谈最大的成果是为重启朝鲜半岛和平进程获得了动力”也可以证明这一点。

三　今后中韩关系的走向

2021 年，中韩关系虽有坎坷和遗憾，但还是取得了一系列成果。这一年里，中韩战略沟通不断深化，经贸往来再创新高，人文交流蓄势待发。2022 年对于中韩两国而言都是非常重要的一年，双方共同迎来建交 30 周年。因此，今后中韩关系的走向引起两国国民的共同关注。

拜登总统上台后，在多个领域进一步加大对中国的打压和围堵，中国对此采取坚决的应对措施，这使中美关系日益紧张。在这种情况下，韩国在中美之间维持战略模糊性越来越难。因此，2022 年韩国大选的最终结果不仅决定今后韩国政局的走向，而且关系到韩国新政府会在中美之间做出怎样的战略选择，从而对今后的中韩关系和韩美关系产生直接影响。这从总统候选人提出的选举公约中可见一斑。

对于中美战略博弈及韩国的应对，共同民主党候选人李在明强调实用外交，尹锡悦则强调韩美合作，呈现明显的差异。李在明指出，韩国没有必要在中美之间“选边站队”，从而缩小战略选择的空间，让中美两国均选择与韩国合作，才是最佳的外交策略。他提出“继承自主独立精神的、以国家利益为中心的实用外交”，强调韩国具有与中美两国在多个领域同时进行合

① 《为了在南北关系上获得美国支持，文总统呼应美国对华施压?》，（韩国）《中央日报》2021 年 5 月 25 日，https：//news. joins. com/article/24065586？cloc = joongang-home-newslistleft。

作的地位和能力。与此不同，国民力量党候选人尹锡悦则表示将以构建“韩美全面战略同盟”为基础参与全球自由民主联盟，与共享民主价值的国家加强合作，并持续参与美日印澳“四边机制”（QUAD）工作小组，逐步成为正式成员。他强调为确保国家不受核威胁，有必要构建与“五眼联盟”合作的体系。此外，他还表示，将基于“相互尊重”“政经分离”“共同利益”的原则重新确立韩中关系。①

综观历届韩国总统选举，每到大选季就会刮起“北风”即“朝鲜之风”，保守政党炒作朝鲜“威胁”，制造紧张气氛，为保守势力上台制造根据。此外，其还利用捏造事实、栽赃陷害等手段，抹黑、打击政敌，瓦解国民对政敌的支持基础。但值得高度重视的是，在此次大选季，韩国保守势力试图利用韩国国民对中国的误解、曲解，挑起其对中国的不信任、不满，以便更有力地贯彻其“亲美路线”。在他们的推波助澜之下，“中国议题”成为此次总统选举中广大选民关注的焦点之一。

2022 年 3 月 9 日，韩国总统选举结果揭晓，国民力量党候选人尹锡悦以微弱优势战胜共同民主党候选人李在明，成功入主青瓦台，引起韩国各界及相关国家的关注。中韩两国既是近邻，也是互利共赢的战略合作伙伴，无论国际地区形势和韩国国内情况如何变化，发展好中韩关系都是两国的必然选择，也是必然趋势。中方相信新一任韩国总统也会持相同的观点。因此，中韩两国需要进一步加强沟通，妥善处理中韩间敏感问题，在维护自身利益的同时兼顾对方合理关切，维护两国互信与合作基础。面对一系列挑战，中韩两国应携起手来，坚持正确方向，破除困难干扰，推动中韩关系行稳致远。

---

① 《在解决核问题、韩朝经济合作及应对中美竞争方面存在差异》，韩联社，2021 年 11 月 7 日，https：//www. yna. co. kr/view/AKR20211106035200504？section=nk/news/all。

B.14

莫里森右翼政府的外交政策对中澳关系的影响

谢来辉*

摘　要： 2020年以来，澳大利亚莫里森政府采取了一系列反华举措，导致中澳关系进入新一轮恶化螺旋。2021年，双边关系持续恶化的趋势进一步延续。中澳两国的全面战略伙伴关系面临前所未有的严重危机。澳大利亚对部分对华出口产品遭遇反倾销措施做出激烈反应，甚至提出与中国“脱钩”的观点。而且，莫里森政府通过修订法律加强对外资的所谓“安全审查”，给两国经贸关系带来很大的不确定性。尽管双边贸易表面上仍有增长，RCEP生效也给两国带来新的机遇，但是贸易结构已经开始出现变化。与此同时，新冠疫情导致中国游客和学生不能前往澳大利亚，中澳在旅游业和国际教育方面的联系受到很大冲击。在安全领域，莫里森政府频频炒作台湾问题，推动加剧地区紧张局势。澳大利亚不仅在美日印澳“四边机制”下加强了与美国等在“印太战略”框架下的协调行动，而且美国、英国、澳大利亚成立美英澳三边安全伙伴关系并试图在澳大利亚建立核潜艇舰队来应对所谓“中国威胁”。莫里森政府的相关外交举措已经对双边关系乃至整个地区的和平与稳定造成重大冲击。

* 谢来辉，经济学博士，中国社会科学院亚太与全球战略研究院副研究员，主要研究方向为国际政治经济学。

关键词： 中澳关系　贸易摩擦　美英澳三边安全伙伴关系　美日印澳“四边机制”

一　引言

自 2017 年以来，中澳关系经历了历史上罕见的持续恶化阶段。2020 年以后，中澳关系进入了持续恶化的一个新阶段。2020 年莫里森政府提出“新冠病毒溯源调查”、参加“马拉巴尔军演”后，原本紧张的中澳关系更趋于恶化。莫里森政府单方面终止了维多利亚州政府参与的“一带一路”合作谅解备忘录及框架协议，中方因此终止双边战略经济对话，导致两国高层交往渠道全面关闭。2020 年 12 月 8 日，澳大利亚联邦议会通过《外交关系法案》，增强了联邦政府在对外事务中的权力。2021 年，两国之间没有进行任何高层往来和对话，中澳全面战略伙伴关系面临前所未有的危机。美国拜登政府在 2021 年上台之后进一步拉拢地区盟友，推动“印太战略”，加强对中国的施压，美日印澳“四边机制”进一步升级。莫里森政府深入参与相关机制的活动，进一步加强对中国的挑衅。美英澳三国在 2021 年 9 月成立了明显针对中国的三边安全伙伴关系（AUKUS）。与此同时，新冠疫情继续对两国人员往来造成不利影响。

2021 年，中澳关系在经贸和安全领域都持续呈现紧张局面。这种局面在很大程度上源于澳大利亚莫里森总理领导的自由党-国家党联盟执政采取的一系列对华不友好政策举措。2022 年 4 月，澳大利亚东亚论坛编委会发表社论认为，“最近 5 年来，澳大利亚的外交政策姿态发生了显著变化，安全上的担忧逐渐主导澳大利亚与中国之间规模庞大的正向经济关系。这一转变还导致澳大利亚在该地区地位的急剧下滑”。①

① 《“澳带头向中国发难”，得失几何?》，《参考消息》2022 年 4 月 19 日。

二　中澳经贸关系持续动荡

2021年，中澳经贸关系延续了2020年的发展态势，继续动荡。其中最为突出的事件是，澳大利亚联邦政府在4月宣布单方面终止维多利亚州的“一带一路”合作谅解备忘录及框架协议。另外，莫里森政府还在5月要求澳国防部对中国企业对达尔文港的租借协议进行“安全审查”。尽管12月公布的相关调查结果没有发现问题，但是该事件对中国企业的投资信心造成了严重的负面影响。澳大利亚还在2021年正式通过法律加强对外资的“安全审查”，这在中澳关系恶化的背景下被舆论普遍认为针对中国投资者。

（一）澳大利亚对输华农产品遭遇反倾销、反补贴措施做出激烈反应

2020年，中国宣布对澳大利亚对华出口的一系列农产品采取反倾销、反补贴措施。2020年5月，中国商务部决定对澳大利亚大麦征收反倾销税和反补贴税。这是中国第一次对澳大利亚产品采取反倾销、反补贴措施。在此之前，澳大利亚针对中国产品发起的反倾销、反补贴调查有100多起。① 另外，中国商务部在2020年8月宣布对原产于澳大利亚的相关葡萄酒进行反倾销立案调查。2021年3月26日，中国商务部公布对澳大利亚产的葡萄酒反倾销调查的最终裁定，决定自2021年3月28日起，对澳大利亚瓶装葡萄酒进口征收5年税率为116%~218%的反倾销税。

中国是澳大利亚葡萄酒的最大出口市场。相关举措在澳大利亚产生了巨大反响，澳葡萄酒企业的股票价值迅速下跌。澳大利亚政府在6月18日宣布，澳方已就中国对澳葡萄酒征收反倾销税问题正式向世界贸易组织（WTO）提出上诉。随后，中国在6月24日宣布就澳方此前在2013年、2015年和2018年对中国轮毂、风塔、不锈钢水槽等产品的“双反”制裁向

① 《“无限期暂停”给澳大利亚敲响警钟》，中国经济网，2021年5月10日，http：//views. ce. cn/view/ent/202105/10/t20210510_ 36544792. shtml。

WTO 提出上诉。

在中澳关系持续恶化的背景下，澳大利亚政府认为中国是在对其施加“经济胁迫”。2020 年 6 月 11 日在评论中国发布的赴澳旅行和留学预警时，莫里森首次使用了“胁迫”一词。此后，莫里森在多个场合反复使用这个词语来攻击中国。2021 年 4 月 15 日，莫里森在参加印度首届地缘政治会议发表主题演讲时表示，在过去一年时间里，澳大利亚的经济遭受了严重的冲击，并且含沙射影地说，现在“经济胁迫”已经成为某些国家的“制裁工具”。2020 年 9 月，澳大利亚驻美大使公开表示，澳方已经准备好承受与中国对抗所产生的经济代价。另外，针对中澳贸易领域的相关摩擦，澳大利亚一些议员称要与中国经济“脱钩”。据《澳大利亚金融评论报》报道，澳议会情报与安全联合委员会主席安德鲁·海斯蒂、参议员费拉万蒂·威尔斯等主张对中国强硬，呼吁澳大利亚“在经济上与中国脱钩”。[①]

面对中澳贸易摩擦的情况，澳大利亚政府试图开拓其他出口市场以作为替代中国的选择。2021 年 8 月，澳前总理托尼·阿博特（Tony Abbott）以贸易特使身份访问印度，宣称印度可以“取代中国”在全球供应链的位置，“几乎所有中国问题的答案都是印度”。[②] 澳印双边自贸协议此前曾经谈判十余年，在 2022 年 4 月终于正式签署，澳大利亚和印度因此分别有 85% 和 96%的向对方出口的货物可以享受“零关税”待遇。尽管澳印双边贸易额在 2020 年只有 240 亿澳元，但是莫里森政府认为此举打开了“世界上最大的经济大门”，是减少澳大利亚对中国经济依赖的重要一步。[③] 另外，2021 年 12 月 17 日，澳大利亚和英国签署了双边自由贸易协定。英国是澳大利亚的第五大贸易伙伴。协定生效后，澳大利亚 99% 向英国出口的商品将被取消关税。莫里森表示，协定将进一步加强澳英两国的“特殊关

---

① 《澳反华议员煽动中澳“经济脱钩”，澳媒忧政府对华外交陷入重大风险》，环球网，2020 年 5 月 15 日，https：//world. huanqiu. com/article/3yF585MkYDX。

② 《主动接近印度？澳大利亚自我打脸》，光明网，2021 年 8 月 12 日，https：//m. gmw. cn/baijia/2021-08/12/1302481705. html。

③ 《澳印签署“历史性自贸协定”，澳政府宣扬：减少对中国经济依赖重要一步》，新浪网，2022 年 4 月 2 日，https：//finance. sina. com. cn/jjxw/2022-04-02/doc-imcwipii2034895. shtml。

系”，“这是澳大利亚同新西兰之外的国家达成的最为全面和有野心的自贸协定”。①

另外，莫里森政府试图利用《全面与进步跨太平洋伙伴关系协定》（CPTPP）的议题制衡中国。新西兰总理阿德恩在2021年11月7日接受美国全国广播公司（NBC）采访时表示，新西兰对中国申请加入CPTPP持开放态度。只要中国达到要求，就应允许其加入CPTPP。但是《澳大利亚人报》在8日就此评论称，此番表态使阿德恩与澳大利亚政府产生分歧，后者已表示可能会否决中国的申请。另外，莫里森政府对于中国台湾地区加入CPTPP的申请非常热心，主动同日本、加拿大等国沟通中国台湾地区加入的可能途径，试图将CPTPP与台湾问题作为与中方开展贸易摩擦问题谈判的筹码。相比之下，新加坡、马来西亚以及越南等东南亚国家都极力支持中国大陆加入CPTPP，对于中国台湾地区的申请却持怀疑态度。

（二）澳大利亚联邦政府终止地方政府的“一带一路”合作

澳大利亚在2017年放弃加入“一带一路”倡议的邀请，而且频频攻击中国与南太地区国家在“一带一路”框架下的合作。即便如此，根据澳大利亚的法律，澳地方政府有权开展国际经济合作，联邦政府无权干涉。其中，澳大利亚维多利亚州和中国国家发改委在2019年10月签署了“一带一路”合作谅解备忘录，并在一年后签订了框架协议。工党出身的维多利亚州州长安德鲁斯（Daniel Andrews）当时明确与莫里森“唱反调”：“我们不是把中国当成客户，而是把中国视为我们的好朋友。”因此，安德鲁斯以及其推动的“一带一路”合作谅解备忘录及框架协议自然就成为莫里森政府的“眼中钉”。

在执政联盟的积极策划和推动下，澳大利亚联邦议会在2020年12月通过了新的《外交关系法案》。该法案赋予联邦政府否决州政府等各级政府、

① 《英澳签自贸协定，政府称“里程碑时刻”，媒体担心“工农受伤害”》，《环球时报》2021年12月18日。

机构与外国签订协议的权力。2021 年 4 月 21 日，澳大利亚外长佩恩以“不符合澳外交政策”为由，正式宣布终止澳大利亚维多利亚州政府与中国国家发展和改革委员会签署的两项有关在“一带一路”框架下进行合作的谅解备忘录。不过，面对莫里森政府的指责和打压，安德鲁斯始终拒绝承认相关协议“违反国家利益”，坚称自己“不会为一项只为增加维多利亚州就业的贸易政策道歉”。据英国《每日邮报》网站在 2021 年 11 月 7 日报道，维多利亚州组织数十家企业参与了在上海举行的第四届中国国际进口博览会，还设立了带有州政府官方标志的展位，这与澳大利亚联邦政府的做法形成鲜明对比。

另外，据英国《卫报》报道，5 月 5 日，澳大利亚“中国问题议会联盟”（Inter-Parliamentary Alliance on China）的联合主席、工党议员基钦（Kimberley Kitching）以及两位自由党议员要求莫里森政府取消西澳大利亚州在 2011 年同中方签署的战略合作协议，认为该协议“就像维多利亚州的‘一带一路’合作谅解备忘录及框架协议一样”。不过为了避免与西澳大利亚州政府加剧紧张关系，莫里森政府对此并没有予以积极回应。

2021 年 5 月 6 日，中国国家发展和改革委决定，无限期暂停与澳联邦政府相关部门共同牵头的中澳战略经济对话机制下的一切活动。其实，2017 年后，中澳战略经济对话受双边关系恶化的影响就一直没有开展。国家发改委的这一决定无疑是对澳联邦政府相关恶意举措的一个强烈回击。

（三）澳大利亚发起对中国企业租借达尔文港协议的“安全审查”

2015 年 10 月，中国岚桥集团获得租用运营澳大利亚北领地地区的达尔文港 99 年的合同，并投入巨资进行开发建设。奥巴马政府曾以该港口距离附近的美军基地较近为由，向澳大利亚政府提出抗议。但是碍于北领地地区政府的自主权，澳联邦政府一直无法进行干涉。尽管如此，澳大利亚的反华鹰派一直在利用各种机会对该项目进行渲染，称其存在“安全风险”。

2021 年 5 月 2 日，莫里森政府要求国防部重新审查中国岚桥集团的租借协议。但是，据《澳大利亚人报》等多家澳媒在 2021 年 12 月 29 日报道，澳国防部的审查结果显示，并没有找到可以让联邦政府推翻租借合同的“国家安全理由”。另外，澳媒还透露，澳国防部还审查了另一家中企收购纽卡斯尔港 50%股份的合同，也没有发现问题。[①] 目前，澳大利亚政府仍在继续审查该合同，工党领导人阿尔巴尼斯公开明确表示反对达尔文港的租借协议。

首先，澳大利亚自 2020 年以来积极推动通过大幅修订外商投资领域的法律，以加强对外资的所谓“国家安全审查”。其中，澳政府于 2020 年 6 月 5 日宣布对《1975 年外国收购与并购法》进行修订，经提交议会表决后，其在 2021 年 1 月生效。根据修订后的法律，在能源、电信、港口、水利、数据等敏感行业的所有外国投资，一律接受澳大利亚外国投资审查委员会（FIRB）的审查。其次，对任何一项被认为可能危害澳国家安全的交易，即使该交易已经获批，澳大利亚财政部长也具有作为“最后审查人”的权力，可以强制要求外国投资者出售资产，或者强制增设交易条件。此外，此次改革简化了一部分外资审批程序，对于投资额较小、对公司业务没有影响或控制权的所谓“消极投资”（passive investment），可以免于 FIRB 的审查。[②] 另外，澳大利亚联邦议会在 2021 年 12 月 2 日正式批准了《2021 年安全立法修正案（关键基础设施）法案》，并于 2022 年 4 月 2 日正式施行。其中规定内政部长有权力“指示实体采取或不采取任何被认为合理必要、相称且技术上可行的行动”，以应对网络安全事件。尽管《澳大利亚金融评论报》等多家媒体普遍认为上述两部新法规都没有追溯权，不会影响中资企业已投资并引起争议的项目，但是相关法规对未来的相关投资无疑具有重要的影响。

尽管相关修订没有明确针对某个对象，但是其中针对中国投资者的含义非常明显。相关做法完全背离了澳大利亚在《中国-澳大利亚自由贸易协定》中的有关承诺。根据在 2015 年 6 月签署并于 2015 年 12 月 20 日正式生效的《中国-澳大利亚自由贸易协定》，中国投资者在澳投资应能够享受澳

① 《澳国防部称没找到“国家安全理由”建议推翻中企达尔文港租约，澳反华政客大失所望》，《环球时报》2021 年 12 月 30 日。

② 《澳收紧外资针对中国？澳媒：新规不具追溯力，中企租借达尔文港合约不受影响》，《环球时报》2020 年 6 月 8 日；《2021 年澳大利亚拟对外商投资制度进行重大改革》，中华人民共和国驻澳大利亚大使馆经济商务处网站，2020 年 6 月 23 日，http：//au. mofcom. gov. cn/article/ddfg/tzzhch/202006/20200602976688. shtml。

方给予的国民待遇。① 但是，澳大利亚政府显然对《中国-澳大利亚自由贸易协定》已经有了完全不同的看法。曾任澳总理的阿博特在2021年7月出席活动时表示，如果换成现在，他不会与中国签署这一贸易协定。②

三　澳大利亚积极参与各种针对中国的安全机制

自2017年以来，澳大利亚政府大肆炒作对华关系中的安全议题，不断鼓吹“中国威胁论”，煽动对中国发展的恐慌和焦虑情绪。这与澳大利亚有关安全机构主导了联邦政府的对华政策有关。相关做法导致澳大利亚政府把中澳关系中的许多议题安全化。同时，这与美国试图推动的“印太战略”等国际政治因素密切配合，推动了澳大利亚政府深入参与各种针对中国的安全机制。2021年，澳政府高官频频炒作台湾问题，澳大利亚除了继续参与美日印澳“四边机制”外，还与美国和英国成立三边安全伙伴关系并决定采购美国核潜艇，相关举措对地区安全格局产生了重要的负面影响。

（一）澳大利亚频频炒作台湾问题

近年来，澳大利亚不断炒作并试图介入台湾问题，以此作为巩固澳美军事联盟关系的重要方式。2018年9月，在美国两艘驱逐舰穿过台湾海峡遭到中方严厉警告之后，澳大利亚派遣“墨尔本”号导弹护卫舰穿越台湾海峡，这被美国视为盟友支持对抗中国的有力行动。2020年7月28日，澳美两国外交部长和国防部长磋商的联合声明中强调了中国台湾在“印太”地区的重要角色，表达了两国加强介入台湾问题的意图。

---

① 其中第九章“投资”中第三条“国民待遇”第1款明确提出：“澳大利亚在其领土内投资的设立、获得、扩大、管理、经营、运营、出售或其他处置方面，应给予中国投资者不低于在同等条件下给予其本国投资者的待遇。”《〈中华人民共和国-澳大利亚自由贸易协定〉官方文本（中英文）》，中华人民共和国商务部网站，2015年8月6日，http://melbourne.mofcom.gov.cn/article/fta/jdzm/201508/20150801072981.shtml。

② Latika Bourke, “I Wouldn't Sign a China Trade Deal Now: Tony Abbott,” *The Sydney Morning Herald*, July 28, 2001.

2021年，澳大利亚莫里森政府继续炒作台湾问题，并不断发出错误的言论。其中，国防部长彼得·达顿（Peter Dutton）多次表示，如果在台湾问题上发生战争，澳大利亚将支持美国。2021年4月25日，达顿向媒体表示，不应低估台海爆发战争的可能性，称澳方军队已准备好应对任何冲突。2021年4月，澳大利亚内政部秘书迈克·佩祖罗（Mike Pezzullo）提出所谓“敲响战鼓”的说法，充分说明莫里森政府内部其实广泛存在类似达顿的战争言论。对于相关言论，中国外交部发言人在4月28日例行记者会上评论指出，澳政客的这种做法极不负责任，他们只是出于一己私利，“是真正的麻烦制造者”。

（二）澳大利亚积极参加美日印澳“四边机制”（QUAD）

美国的“印太战略”将中国作为全方位、多领域的战略竞争对手，这与澳大利亚的“印太战略”不谋而合。2021年美国拜登政府上台后继承了特朗普政府提出的“印太战略”，继续积极推动把美日印澳“四边机制”作为主要抓手。2021年3月12日，在拜登的提议下，美日印澳“四边机制”以视频方式举行首次领导人峰会。2021年9月，四国领导人在美国华盛顿举行QUAD首次线下峰会。在新冠疫情的背景下，相关美日印澳“四边机制”峰会提出了合作提供疫苗、应对气候变化、加强基础设施和技术合作等类似公共产品的华而不实的装饰性功能，其中以美国遏制中国发展的战略目的为导向的性质已经非常突出。

2020年11月，澳大利亚接受印度的邀请，参加了“马拉巴尔2020”联合军演。这也是2017年美日印澳“四边机制”重启以来，四国首次举行的四方联合军演。在此之前，澳大利亚一直出于避免针对中国的考虑而拒绝参加该演习活动。从2021年8月26日起，四国在关岛海域展开为期4天的代号为“马拉巴尔2021”的海上联合演习。

（三）积极组建美英澳三边安全伙伴关系

2021年9月15日，莫里森与美英两国领导人宣布建立三边安全伙伴关系。三国领导人发布的联合声明强调了四个重点合作方向，其中最为引起关注的是，美国和英国将在两国潜艇项目的基础上，帮助澳大利亚尽早获得核动力潜艇。[①]澳大利亚政府为此单方面取消了此前在2016年与法国海军集团（DCNS）签订的采购12艘新型常规动力潜艇（价值660亿美元）的合同，从而导致澳法关系高度紧张。法国为此专门召回驻澳和驻美大使，以表示强烈抗议。

美英澳三边安全伙伴关系的建立，不仅发出了明显的针对中国的危险信号，也对地区安全乃至全球核不扩散机制构成巨大威胁。2021年9月17日，印度尼西亚政府发表公开声明，要求澳大利亚履行核不扩散义务以及对地区和平、稳定与安全的承诺。9月29日，中国国务委员兼外交部长王毅指出，美英澳核潜艇合作有可能给本地区带来制造核扩散风险、诱发新一轮军备竞赛、制造地区紧张局势、破坏东南亚无核武器区建设和挑动地区阵营对立等五重危害。外交部发言人华春莹在9月30日的新闻发布会上对此专门强调，AUKUS与QUAD一脉相承，都服从和服务于美国主导的“印太战略”，应当引起本地区各国以及国际社会的警惕和抵制。[②]

四　中澳经贸关系的基本情况

（一）中澳双边货物贸易的发展情况

2021年以来，中澳货物贸易继续保持增长势头。澳大利亚统计局的数据显示，2021~2022财年，中国继续保持澳大利亚最大出口市场的地位，出口额达到1809.39亿澳元，比2020~2021财年增长2%。同期，中国是澳大利亚的第一大进口来源地。澳大利亚从中国进口额为1038.16亿澳元，比上年增长17%（151.11亿澳元）。

在贸易结构方面，澳大利亚对华出口的具体产品方面发生了一些重要的变化。其中，2021年，铁矿石继续成为第一大对华出口商品。从联合国贸

① 胡峰笙：《美英澳军事同盟与美国战略转向》，《世界知识》2021年第22期，第13页。

② 《外交部：美、英、澳三方安全合作服务于美国主导的“印太战略”是逆时代潮流而动》，央视网，2021年9月30日，http：//m.news.cctv.com/2021/09/30/ARTIrTsB9nJhZj0gd8XvsVrS210930.shtml。

易统计数据库的数据来看，澳大利亚对华出口铁矿石的数量只出现小幅上升（3.2%），从6.95亿吨增至7.17亿吨；但是，铁矿石价格的大幅上涨，推动出口金额从639.44亿美元增至941.54亿美元，上涨47.2%。煤炭的出口规模发生了很大的变化。2020年，煤炭出口量为7388.12万吨，金额为62.14亿美元，居澳对华出口产品的第三位。2021年，煤炭出口量仅为18.22万吨，金额约为1861.55万美元。值得关注的是，澳大利亚被征收反倾销税的农产品的出口额出现了较大降幅。其中，葡萄酒产品最为明显。2020年，葡萄酒出口额在澳大利亚对华出口商品类别中处于第10位，但是在2021年出现大幅下降。根据澳大利亚葡萄酒管理局在2021年7月发布的数据，2020年对华出口葡萄酒总额为4.19亿澳元，但是在2021年上半年的出口额只有1300万澳元。此外，大麦的对华出口量从2020年的146.78万吨下降到2021年的26.5吨，出口额从3.48亿美元下降到8.4万美元。

另外，中澳两国共同参与的《区域全面经济伙伴关系协定》（RCEP）在2021年完成批准手续，对于两国稳定经贸活动发挥了重要作用。2021年11月2日，澳大利亚外交贸易部发布消息称，由于该国与新西兰已完成批准手续，RCEP确定于2022年1月1日正式生效。在中澳关系全面紧张的背景下，RCEP的生效对于两国维持正常的经贸活动具有重要的意义。

（二）中方赴澳人员数量大幅下降，对澳服务贸易出口造成重要影响

中国是澳大利亚第三大服务贸易伙伴，是澳大利亚最大的服务贸易出口市场。2021年，澳大利亚对华服务贸易出口额为89.42亿澳元，比2020年下降了27%，中国市场所占份额为15%（比2020年的17%略有下降）（见表1）。

表1　2020~2021年澳大利亚服务贸易的主要出口市场情况

单位：百万澳元，%

2020年	金额	占比	2021年	金额	占比
中国	12248	17	中国	8942	15
美国	7988	11	美国	7606	13
亚洲其他国家和地区*	7065	10	亚洲其他国家和地区*	5120	9

续表

2020 年	金额	占比	2021 年	金额	占比
印度	6886	10	印度	5003	8
英国	3757	5	英国	3799	6
新西兰	3506	5	新西兰	3223	5
新加坡	3392	5	新加坡	2880	5
中国香港	1944	3	中国香港	1477	2
美洲其他国家	1854	3	美洲其他国家	1455	2
马来西亚	1669	2	爱尔兰	1434	2
除以上所列国家以外的其他国家	21510	30	除以上所列国家以外的其他国家	18165	31
总　计	71819	100	总　计	59104	100

注：除表中所列亚洲国家和地区之外的亚洲国家和地区。

资料来源：澳大利亚统计局网站，https：//www.abs.gov.au/statistics/economy/international-trade/international-trade-supplementary-information-calendar-year/2021。

其中，2021 年中国仍然是澳大利亚个人、文化和娱乐服务的最大出口对象，全年出口额达到 33.75 亿澳元，比 2020 年的 24.66 亿澳元增长了 36.86%，占澳大利亚个人、文化和娱乐服务总出口额的 50%（高于 2020 年的 49%），继续大幅领先于排在第二位的印度（占比仅为 9%）和第三位的美国（3%）。

受新冠疫情以及双边关系恶化等因素的综合影响，中澳双边往来人员数量大幅下降。据澳大利亚统计局的数据，2021 年澳大利亚对中国出口旅游服务贸易的金额仅为 44.66 亿澳元，比 2020 年下降了 47.3%。不过，中国在 2021 年继续成为澳大利亚最大的旅游服务贸易出口对象，占其旅游服务出口的 20%，相比 2020 年 23%的份额有所下降（见表 2）。

表 2　2020~2021 年澳大利亚出口旅游服务的主要对象国情况

单位：百万澳元，%

2020 年	金额	占比	2021 年	金额	占比
中国	8471	23	中国	4466	20
印度	6383	17	亚洲其他国家	4458	20
亚洲其他国家	6093	16	印度	4248	19
美洲其他国家	1812	5	美洲其他	1387	6

续表

2020 年	金额	占比	2021 年	金额	占比
越南	1223	3	越南	975	4
所有其他国家	13538	36	所有其他国家	7081	31
总　计	37520	100	总　计	22615	100

资料来源：澳大利亚统计局网站，https：//www. abs. gov. au/statistics/economy/international-trade/international-trade-supplementary-information-calendar-year/2021。

其中，澳大利亚在国际留学生服务方面获得的收入受到的影响更为明显。2020 年，中国留学生为澳大利亚提供了 8.37 亿澳元的收入，占比为 16%，名列榜首。但是到了 2021 年，中国留学生提供的收入已经不在前 5 名之内，而新西兰、英国和美国等国家成为澳大利亚国际留学生服务主要的收入来源（见表 3）。

表 3　2020~2021 年澳大利亚国际留学生服务出口收入来源对象情况

单位：百万澳元，%

2020 年	金额	占比	2021 年	金额	占比
中国	837	16	新西兰	115	28
美国	562	11	英国	51	12
新西兰	457	9	美国	44	11
英国	420	8	新加坡	30	7
印度	264	5	印度	22	5
所有其他国家	2559	50	所有其他国家	150	36
总　计	5099	100	总　计	412	100

资料来源：澳大利亚统计局网站，https：//www. abs. gov. au/statistics/economy/international-trade/international-trade-supplementary-information-calendar-year/2021。

（三）受双边关系恶化影响，中国企业对澳投资明显减少

中国虽然不是澳大利亚的主要投资来源国，但是一段时间以来增长速度非常突出。2021 年，中国（不含港澳台）的投资额排在第 7 位，加上中国香港的投资，排在第 5 位。近年来，受双边关系恶化影响，中国企业对澳投资增长速度明显下降。2020 年，中国对澳的相关投资的金额开始下跌。根

据澳大利亚统计局的数据，2021 年，相关趋势进一步加强，中国内地与香港特区合计对澳大利亚的投资金额为 2186.45 亿澳元，低于 2020 年的 2223.01 亿澳元（见表 4）。

表 4 2017~2021 年澳大利亚的主要外国投资来源情况

单位：10 亿澳元

	2017 年	2018 年	2019 年	2020 年	2021 年
总　额	3385.111	3603.548	3923.686	4043.774	4136.12
美国	918.337	957.875	1014.305	927.335	1053.019
欧盟(不含英国)	610	645.64	691.749	780.321	762.965
英国	524.824	614.777	723.881	769.807	718.562
日本	226.627	234.392	244.536	265.099	258.735
东盟(ASEAN)	118.861	122.988	133.418	149.616	154.274
中国香港	108.69	123.542	144.312	141.082	126.85
中国	65.08	69.584	80.578	81.219	91.795
加拿大	45.616	53.324	60.498	66.322	76.462
新西兰	46.47	48.652	66.463	68.37	69.076

资料来源：Australia Bureau of Statistics, International Investment Position, "Australia: Supplementary Statistics," https://www.abs.gov.au/statistics/economy/international-trade/international-investment-position-australia-supplementary-statistics/2021。

五 结语

2021 年中澳关系持续动荡，不断陷入紧张局面。其中，在经贸领域，澳联邦政府在 4 月单方面终止维多利亚州与中国签署的“一带一路”合作谅解备忘录，在安全领域，澳大利亚在 9 月加入美英澳三边安全伙伴关系。它们成为对两国关系产生重要影响的两个重要时刻，预示着中澳两国关系进一步恶化。展望未来，尽管中澳双方都表示希望中澳关系能够重回正轨，但是恐怕未抱有乐观的预期。

第一，莫里森政府的激进反华政策立场已经对中澳关系产生了严重的伤害，并将继续产生长期的破坏性影响。

澳大利亚的对华政策发展到今天的这种局面其实不是必然的结果。2021年5月17日，《澳大利亚金融评论报》网站发表题为《澳大利亚在对华问题上是如何冲到前面的》的文章。文章认为，当前澳大利亚政府的对华政策是毫无来由的恐慌，决策已经不再深思熟虑，而且“背离历届政府传统策略”，完全背离了霍华德时代和历届政府的对华政策。文章指出，特恩布尔和莫里森政府从未向澳大利亚公众充分解释其外交政策发生变化的原因以及其中的真正风险。文章提到，澳大利亚国家安全委员会支持的最后一项有关对华关系的传统、详细和有记录的战略是在2013年提出的，其中确认了“（与中国）进行接触”以及规避“与中国发生冲突”的风险，主要的政策目标是维护《澳新美安全条约》的联盟和澳大利亚与中国庞大的贸易，并鼓励中国支持国际合作和现有的国际机构。①

中美之间的结构性矛盾并不是中澳关系恶化的主要原因。莫里森在上台后曾经表示，澳大利亚可以通过灵活的外交政策避免陷入大国竞争，实现国家利益。但是，澳大利亚最终成为处理这种关系最为糟糕的极端例子。

澳大利亚执政联盟的对华外交政策是理解当前中澳关系面临危机的关键所在。悉尼大学中国现代史高级讲师戴维·布罗菲（David Brophy）曾经指出，“澳大利亚作出这一转变更多地是为了回应一种随着特朗普当选产生的看法，即面对中国崛起，美国要么不愿、要么无力维持其在亚洲的主导地位”。② 布罗菲认为，在澳大利亚，鹰派外交政策和国内种族主义相互交织，二者具有危险的共生关系。莫里森及其执政联盟为了自身的政治利益，选择持续推进反华外交议程，并且一发不可收拾。澳大利亚前总理陆克文批评莫里森和国防部长达顿在对华政策上频繁使用过激言辞，并“把增加对中国的恐惧作为支持保守政治主张的工具”。③ 这有助于理解为什么澳大利亚在对华外交方面往往跑在美国的前面。

① 《澳媒：澳大利亚如何成为“反华急先锋”?》,《参考消息》2021年5月22日。

② 《专家分析：澳大利亚为何出现“中国恐慌”》,《参考消息》2021年6月24日。

③ 《澳总理收到两位“前任”的警告！因为中国》，新浪网，2021年8月11日，https：//finance. sina. com. cn/tech/2021-08-11/doc-ikqciyzm0819914. shtml。

第二，中澳关系面临新形势，澳大利亚外交政策发生再次转向的可能性日益降低。

莫里森政府在破坏对华关系的道路上愈行愈远，反复挑战中方底线。从某种意义上看，保守的自由党与国家党执政联盟已经将澳大利亚政府的外交政策整体往右翼方向推进了很大一步，对华政策是其中最为突出的表现。即使澳联邦政府大选发生政党轮替，工党上台后希望对中澳关系进行重置，也只能对莫里森政府的外交政策议程进行部分修复。更何况，从工党候选人的表态来看，其对华政策立场总体上与莫里森非常接近，可能只是在处理方式和修辞方面显得更加温和，因而表现出更多的审慎和克制。比如，工党候选人阿尔巴尼斯在 2022 年 3 月 9 日的一次重要外交政策演讲中表示，他也反对出售达尔文港，明确表示澳工党和联盟党在对华政策方面几乎没有实质性差异，并认为联盟党强调两党对华政策差异的策略损害了澳大利亚的国家利益。

第三，从长期来看，受双边关系持续加速恶化的影响，中澳经济之间的不平衡关系将加快发生变化。

从短期来看，中澳经贸往来没有发生太大的变化，甚至还有一些积极的增长。考虑到中国多年来一直是澳大利亚最大的贸易伙伴，中国市场的地位对于澳大利亚来说几乎是不可替代的。其中，对华出口占澳大利亚总出口的比例高达 39%，进口的份额高达 27%。在当前中澳关系紧张、冲击澳大利亚经济的背景下，美国和加拿大等西方盟友并没有向澳大利亚提供所承诺的进口市场支持，相反，它们的相关产业还从扩大对华出口中获益。①

另外，在遭受此次双边关系危机之后，这种相互依赖关系可能已经开始在酝酿深层的变化。政治关系恶化最终将对经济相互依赖关系产生实质性影响。澳大利亚政府通过修订外商投资规定，积极构建反华军事联盟，将对两国长期以来存在的经济合作关系造成严重的破坏。对于此次中澳政治互信受

---

① 《澳中关系紧张冲击澳洲经济　西方盟友美加从中获益》，联合早报网，2021 年 12 月 3 日，https：//www. zaobao. com/news/world/story20211203-1219410。

挫，一些澳大利亚反华议员已经在大声呼吁对华经济“脱钩”。供应链安全必将越来越多地成为两国企业的优先考虑因素。不过，短期之内，澳大利亚生产商难以找到中国市场以外的有力替代者，中国对澳大利亚的铁矿石进口需求也将持续。但是，随着中国的工业化进程进入中后期，加快推进实现“双碳”目标，中国对澳大利亚的铁矿石和煤炭等矿产品的进口需求将大幅减少。尽管澳大利亚的天然气和锂矿等资源对于中国的绿色转型至关重要，但是不少共建“一带一路”国家的资源开发和出口能力在迅速增强，可以成为澳大利亚出口商的有力竞争者。

地区热点

Regional Issues

B.15

“历史重现”与“未来重塑”：阿富汗局势剧变的原因、影响及走向

田光强*

摘　要： 美国军队完全撤出之后，阿富汗局势发生剧变，阿富汗伊斯兰共和国政府轰然倒台，而阿富汗塔利班重新执政。阿富汗局势剧变是美国军队完全撤出、阿富汗伊斯兰共和国政府失去民众支持、阿富汗塔利班战略战术变化三方因素共同作用的结果。阿富汗局势剧变不仅将重塑阿富汗的未来，还将直接影响周边地区的格局，并间接影响世界大国之间的博弈。阿富汗塔利班、阿富汗社会、国际社会三个层面的角色、结构、理念将决定阿富汗塔利班未来执政的性质、方向和走势。阿富汗塔利班只有真正构建包容、开放、负责、高效的政治体制，才能实现阿富

* 田光强，法学博士，中国社会科学院亚太与全球战略研究院助理研究员，主要研究方向为南亚国际关系。

汗的长治久安，重构美好的未来。

关键词： 阿富汗塔利班　美国全球战略　阿富汗局势

阿富汗地处战略要地，历来是兵家必争之地，成为大国博弈的“斗兽场”。随着国际权力格局的变化，阿富汗在美国全球战略中的地位不断下降，战略价值不断减少，战略消耗不断增加。因此，美国政府急于从阿富汗战争的泥潭抽身而出，主动寻求与阿富汗塔利班和谈。美国军队的完全撤出导致阿富汗局势发生剧变，阿富汗伊斯兰共和国轰然倒台，而阿富汗塔利班重新执政。这意味着阿富汗一个时代的结束，更意味着另一个时代的开始。阿富汗的未来走向不仅将深刻影响阿富汗人民的福祉，也将对周边地区的安全局势和权力格局产生潜移默化的影响。

一　多重叠加：阿富汗局势剧变的主要原因

“冰冻三尺非一日之寒。”阿富汗局势剧变虽然看似突然、偶然，实则必然、应然，是一系列内外因素共同作用的结果。美国军队的完全撤出、阿富汗伊斯兰共和国政府失去民众支持、阿富汗塔利班战略战术的变化三方因素是阿富汗局势剧变最为主要的原因。

（一）釜底抽薪：美国军队的完全撤出

美国是阿富汗局势剧变的始作俑者。“9·11”恐怖袭击是迄今为止美国本土所遭受的最为严重的恐怖袭击，使美国全球战略的重点转移到反恐战争上。美国以反恐为名发动阿富汗战争，并长期驻军阿富汗。随着国际权力格局的变化尤其是自身实力的相对衰落，美国政府开始对其全球战略进行调整：将新兴大国聚集的印太地区视为事关其全球主导地位的地缘战略中心，而非中东地区；将大国之间的竞争视为对其全球主导地位的主要战略威胁，而非恐怖主义；将增强其战略竞争能力视为维护其全球主导地位的重要战略手段。[①] 由于中美之间实力的此消彼长以及对两国未来发展趋势的预判，作为全球唯一超级大国的美国患上了严重的“霸权焦虑症”和“威胁妄想症”，认为中国的发展会威胁其全球主导地位。因此，美国开始检视、调整对华战略定位。《国家安全战略临时指南》（Interim National Security Strategic Guidance）是拜登政府外交理念的集中体现，也是其制定外交政策的纲领性文件。2021 年 3 月公布的《国家安全战略临时指南》是拜登政府首份重要的战略文件，是美国外交政策制定、调整、重塑的战略指南。在《国家安全战略临时指南》中，拜登政府将中国定位为“战略竞争对手”，并直言不讳地指出中国是唯一有能力将经济、外交、军事和技术力量结合起来，对稳定和开放的国际体系构成“持久挑战的潜在竞争对手”。[②]

美国全球战略重点的改变导致其全球战略部署相应做出调整，在借助盟友和合作伙伴力量弥补自身相对下降的实力的同时，减少在其他议题上的战略资源消耗，而把有限的战略资源集中在大国战略竞争上以维护其全球主导地位。“耗不起、打不赢”的阿富汗战争成为耗费美国有限战略资源的“黑洞”。根据美国政府的统计，2001 年 9 月 11 日至 2019 年 9 月 30 日，阿富汗战争的成本高达 7800 亿美元。2002 财年以来，美国共向阿富汗提供了价值高达 1370.5 亿美元的援助。2001 年 10 月 7 日至 2020 年 4 月 20 日，阿富汗战争共造成 2445 名美国军人死亡、20719 名美国军人受伤。[③] 因此，尽快从阿富汗撤军、彻底甩掉战略包袱成为美国政府的共识。2020 年 2 月 29 日，特朗普政府与阿富汗塔利班最终达成和平协议，商定美军在 2021 年 8 月底之前完全撤离阿富汗。继任的拜登政府在 2021 年 8 月 15 日将美军从阿富汗完全撤出，随即阿富汗伊斯兰共和国政府倒台，阿富汗塔利班重新执政。

---

① 田光强：《“以退为进”：特朗普政府阿富汗战略转型的逻辑》，《河北师范大学学报》（哲学社会科学版）2021 年第 2 期，第 130 页。

② The White House, *Interim National Security Strategic Guidance* (Washington, D.C.: The White House, March, 2021), p. 8.

③ Anthony H. Cordesman, *The Imploding Afghan Peace Effort* (Washington, D.C.: The Center for Strategic and International Studies, May 1, 2020), p. 7.

因地处兵家必争之地，阿富汗饱受内部纷争和外部干涉之苦，政治制度、权力格局、利益分配几经变化。阿富汗难以独立决定自身命运，而最终沦为大国的“棋子”和“弃子”。美国是阿富汗局势剧变最重要的外部因素。阿富汗伊斯兰共和国政府是由美国一手扶植建立的，美国为其提供经济、军事、人员等方面的援助，是其最为重要的支撑。美国军队的完全撤出对于阿富汗伊斯兰共和国政府来说可谓釜底抽薪，使其土崩瓦解。美军的完全撤出不仅意味着阿富汗伊斯兰共和国政府外部援助的急剧减少，还对其产生了巨大的心理冲击，使其离心离德。因此，美国撤军之日就是阿富汗伊斯兰共和国倒台之时。

（二）渐失民心：阿富汗伊斯兰共和国政府失去民众支持

美军的完全撤出是阿富汗伊斯兰共和国政府倒台最为重要的外部因素，而渐失民心则是其倒台的最为重要的内部因素。日益严重的腐败、愈演愈烈的内部斗争、积重难返的“政府失灵”是阿富汗伊斯兰共和国政府失去民众支持的重要原因。首先，严重的腐败问题是始终困扰阿富汗伊斯兰共和国政府的顽疾。由于缺乏有效的制约和监督机制，阿富汗伊斯兰共和国政府腐败横行，成为世界上最为腐败的政府之一。根据国际非政府组织透明国际（Transparency International）公布的“2021 年清廉指数”（The 2021 Corruption Perceptions Index），阿富汗的清廉指数仅为 16 分，在 180 个国家和地区中居第 174 名。[①] 在 2019 年的民调中，81.5%的阿富汗受访者认为腐败是阿富汗所面临的严重问题，67.9%的受访者表示腐败是其日常生活中所面临的严重问题。[②] 阿富汗受访者认为腐败是问题的比重（2006~2019 年）见图 1。美国记者指出，由于法官、警察局长和官僚勒索贿赂成风，许多阿富汗人民对阿富汗伊斯兰共和国政府感到不满，转而求助于阿富汗塔利

① “The 2021 Corruption Perceptions Index（CPI），” Transparency International, https://www.transparency.org/en/cpi/2021，最后访问时间：2022 年 1 月 3 日。

② The Asia Foundation, *A Survey of the Afghan People*: *Afghanistan in* 2019（Washington, D.C.: The Asia Foundation, 2019）, pp. 142-145.

班维持秩序。① 肆意滋生的腐败严重损害了阿富汗伊斯兰共和国政府的民众基础和合法性。

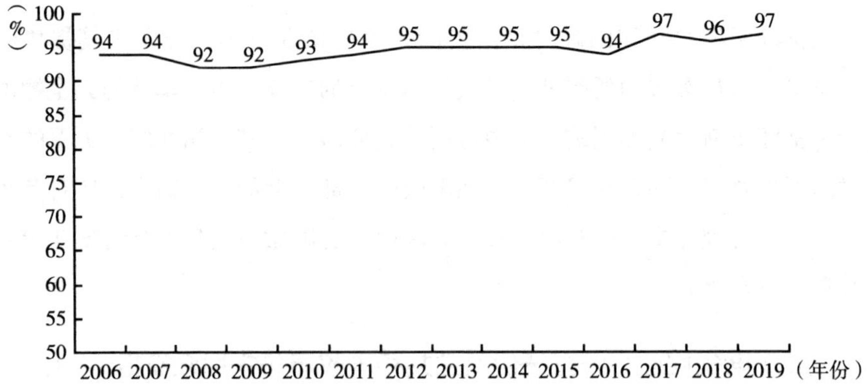

图 1　阿富汗受访者认为腐败是问题的比重（2006~2019 年）

资料来源：The Asia Foundation, *A Survey of the Afghan People*：*Afghanistan in* 2019（Washington, DC：The Asia Foundation, 2019）, p. 143。

其次，愈演愈烈的内部斗争导致阿富汗伊斯兰共和国政府政治进程屡屡受阻。阿富汗伊斯兰共和国政府脱胎于反阿富汗塔利班的北方联盟。北方联盟本就是将之前相对敌对的阿富汗诸多军事派别联合起来反对阿富汗塔利班的松散联盟。由于文化理念、政治立场、民族利益有所不同，阿富汗伊斯兰共和国政府内部的分歧和矛盾难以弥合，导致内部派系之争愈演愈烈。由于内部派系斗争，阿富汗伊斯兰共和国政府屡屡陷入政治僵局，政治进程受阻。2020 年 2 月 18 日，阿富汗独立选举委员会宣布 2019 年 9 月总统大选的最终结果，时任总统加尼成功连任。但前首席执行官阿卜杜拉·阿卜杜拉（Abdullah Abdullah）拒绝承认大选结果。2020 年 3 月 9 日，加尼宣誓就职，开启新一届总统任期。同日，阿卜杜拉宣布成立“平行政府”，出现“一国两总统”的闹剧。在美国的斡旋下，加尼和阿卜杜拉达成分权协议：加

① 〔美〕克雷格·惠特洛克：《阿富汗文件：美国在阿富汗战争中的谎言、欺骗与真相》，陈小迁、张文斗译，中信出版集团，2022，第 203~204 页。

尼出任总统，阿卜杜拉出任民族和解高级委员会主席，两人分别任命一半内阁部长职位。虽然分权协议暂时平息了阿富汗的政治僵局，但是两派之间的政治斗争并没有偃旗息鼓。阿卜杜拉指责总统加尼任人唯亲，并故意拖延批准由其提名的部长人选。阿富汗伊斯兰共和国政府倒台之时，内阁部长仍然有所空缺。由此可见，内部派系之间的政治斗争严重影响阿富汗伊斯兰共和国政府的正常运转，无法有效满足民众的需求，因而使民众的不满情绪高涨。

最后，阿富汗伊斯兰共和国政府难以有效地为民众提供公共产品和服务，出现"政府失灵"问题。阿富汗伊斯兰共和国政府落后的国家治理能力无法满足阿富汗民众的基本需求，导致执政基础日益薄弱。经济上，阿富汗严重依赖国际援助，自身欠缺经济发展能力，民众日常生活没有得到较大改善。根据世界银行（The World Bank）的统计数据，阿富汗的人均国内生产总值仅从 2001 年的 183.5 美元增加到 2021 年的 368.8 美元，年均增长率只有 3.55%。[①] 根据亚洲开发银行（The Asian Development Bank）的统计数据，2020 年高达 49.4%的阿富汗民众生活在贫困线以下。[②] 在 2019 年的民调中，77.7%的阿富汗受访者认为经济困难是年轻人所面临的最为严重的问题。[③] 安全上，阿富汗伊斯兰共和国政府无法彻底消灭阿富汗塔利班和恐怖组织，导致境内武装冲突频发，民众生命财产安全无法得到保障。阿富汗塔利班和恐怖组织造成的死亡人数从 2007 年的 2754 人增加到 2020 年的 13943 人，增长了 406.28%。[④] 2019 年的民调数据显示，74.5%的阿富汗受访者担心个人安全问题，而 2006 年仅为 39.6%；

---

① "GDP Per Capita (current US $) - Afghanistan," https://data.worldbank.org/indicator/NY.GDP.PCAP.CD? locations=AF，最后访问时间：2022 年 1 月 5 日。

② "Poverty Data: Afghanistan," https://www.adb.org/countries/afghanistan/poverty，最后访问时间：2022 年 1 月 7 日。

③ The Asia Foundation, *A Survey of the Afghan People: Afghanistan in* 2019 (Washington, D. C.: The Asia Foundation, 2019), p. 84.

④ "Afghanistan Fatalities: 2005 - 2020," https://www.satp.org/datasheet - terrorist - attack/afghanistan/Afghanistan-Fatalities-2005-2020，最后访问时间：2022 年 1 月 8 日。

只有36%和32%的受访者认为警察改善了安全状况和保护了民众；53%和52%的受访者认为军队改善了安全局势和保护了民众。[①] 由此可见，阿富汗伊斯兰共和国政府并未为民众提供有效的安全保护，导致民众的不安全感日益加剧。由于难以满足民众的基本需求，2019年的民调显示，仅有20.1%的受访者对阿富汗伊斯兰共和国政府的工作表示非常满意。[②]

（三）重拾信心：阿富汗塔利班战略战术的变化

根据错综复杂的政治局势以及瞬息万变的战场形势，阿富汗塔利班及时进行了战略层面和战术层面的调整。首先，阿富汗塔利班宣扬民族主义以增强自身的吸引力和合法性。阿富汗塔利班运用“二元对立”的叙事方式将自身描述为勇于反抗外来侵略者的“爱国者”“圣战者”“解放者”，将美国扶持的阿富汗伊斯兰共和国政府描述为投靠外来侵略者的“卖国者”“叛教者”“压迫者”，从而将阿富汗塔利班和阿富汗伊斯兰共和国政府之间的冲突塑造为“善恶之争”“正邪之战”。通过高举民族主义旗帜，阿富汗塔利班提升了自身的合法性，严重削弱了阿富汗伊斯兰共和国政府的民众基础。其次，阿富汗塔利班更趋务实和温和。阿富汗战争之后，阿富汗塔利班对自身的政治理念进行了反思和调整。相较于第一次执政时期比较保守僵化的政治理念，现阶段阿富汗塔利班的政治理念更趋务实和温和。阿富汗塔利班已经放弃了建立乌托邦式“伊斯兰国家”的政治理念，而是更加注重夺取执政地位，并将宗教合法性和政治合法性相融合。[③] 为了获得民众的支持，阿富汗塔利班在控制区采取更加务实的政策，致力于维护稳定、发展经济、改善民生以满足民众的基本需求。最后，阿富汗塔利班在战场上采取更加灵活的战术。为了适应战场形势，阿富汗塔利班在军事上采取扁平化的灵

---

① The Asia Foundation, *A Survey of the Afghan People*: *Afghanistan in* 2019 (Washington, D.C.: The Asia Foundation, 2019), pp. 57-67.

② The Asia Foundation, *A Survey of the Afghan People*: *Afghanistan in* 2019 (Washington, D.C.: The Asia Foundation, 2019), pp. 136-137.

③ 丁隆：《阿富汗塔利班的意识形态转型》，《现代国际关系》2021年第12期，第14页。

活组织模式。[①] 在此模式下，阿富汗塔利班的军事指挥官拥有更大的自主权和灵活性，可以最大限度地保持自身实力并赢得战场胜利。与此同时，阿富汗塔利班改变之前强硬的立场，开始与美国进行谈判，并最终达成和平协议，从而实现自身的政治目的，严重削弱了阿富汗伊斯兰共和国政府的自信心和合法性。

二　格局骤变：阿富汗局势剧变的重要影响

阿富汗局势风云突变，事关阿富汗的前途命运。与此同时，由于错综复杂的地缘政治环境，阿富汗局势剧变不仅将直接影响周边地区的格局，还将间接影响世界大国之间的博弈。

阿富汗局势剧变将重塑阿富汗的未来。首先，阿富汗将重塑政治制度。与阿富汗伊斯兰共和国政府的政治理念不同，阿富汗塔利班主张建立具有浓厚宗教色彩的伊斯兰国家。这将彻底颠覆阿富汗伊斯兰共和国时期的政治体制，重建具有自身特色的伊斯兰政治体制。2021 年 8 月 19 日阿富汗国庆日当天，阿富汗塔利班宣布成立“阿富汗伊斯兰酋长国”。与实行共和制政治体制的阿富汗伊斯兰共和国政府不同，阿富汗塔利班临时政府实行伊斯兰政治体制，主张通过传统方式进行政治权力交接而不是采用选举的方式，坚持根据伊斯兰教原则保障妇女权益。阿富汗政治体制已发生根本性变革。

其次，阿富汗的经济模式将发生巨大变化。由于常年的武装冲突以及自身经济增长乏力，阿富汗长期依赖国际援助，其经济模式具有鲜明的对外依赖性。在美国军队驻扎期间，美国政府年均为阿富汗伊斯兰共和国政府提供 20 亿美元民事援助和 46 亿美元军事援助。[②] 外国援助占阿富汗国内生产总

---

① 闫伟：《阿富汗塔利班崛起的历史逻辑》，《现代国际关系》2021 年第 8 期，第 2 页。

② 王世达：《阿富汗大变局：地缘政治和安全格局的演变》，《俄罗斯东欧中亚研究》2022 年第 1 期，第 20 页。

值的45%左右，占阿富汗政府财政支出的75%左右。随着美国军队的完全撤出，来自美国等西方国家的援助和投资基本停止。因此，阿富汗局势剧变之后，阿富汗出现了严重的经济困难，其经济模式被迫由对外依赖型向内生增长驱动型转变。

最后，阿富汗所面临的安全威胁发生变化。在阿富汗局势剧变之前，阿富汗的主要安全威胁是阿富汗伊斯兰共和国政府军和阿富汗塔利班之间的军事冲突。而在阿富汗塔利班获胜之后，由于存在安全真空，阿富汗成为恐怖组织和极端组织渗透的重点地区。因此，阿富汗所面临的主要安全威胁已由军事冲突转变为恐怖袭击、由传统安全威胁转变为非传统安全威胁。

阿富汗伊斯兰共和国政府与阿富汗塔利班临时政府之间的差异见表1。

表1　阿富汗伊斯兰共和国政府与阿富汗塔利班临时政府之间的差异

	阿富汗伊斯兰共和国政府	阿富汗塔利班临时政府
政治体制	共和制政治体制	伊斯兰政治体制
宪法	拥有宪法	没有宪法
权力交接	通过选举进行权力交接	通过传统方式进行权力交接
妇女权利	确保妇女的权利	根据伊斯兰教原则保障妇女权益

资料来源：笔者自制。

阿富汗位于南亚、西亚、中亚的汇合之处，地缘政治环境错综复杂，地缘政治位置至关重要。因此，阿富汗局势的变化不可避免地将对周边地区具有溢出效应，可谓“牵一发而动全身”。美国军队的完全撤出引发由其扶植的阿富汗伊斯兰共和国政府轰然倒台，阿富汗塔利班重新执政。阿富汗局势剧变对周边地区的权力格局产生了深刻而长远的影响。首先，巴基斯坦和印度在阿富汗的影响力此消彼长。巴基斯坦和阿富汗地理相邻、文化相通、民族相同，具有深远的历史渊源和密切的现实联系。因此，巴基斯坦和阿富汗视彼此为“兄弟之国”。与此同时，为了避免陷入两线作战的战略困境，巴基斯坦始终高度重视阿富汗的战略价值，希望阿富汗能够建立亲巴基斯坦的政权。因此，巴基斯坦通过各种途径对阿富汗局势施加影响。可以说，巴基斯坦是对阿富汗局势影响最大的地区国家。巴基斯坦支持阿富汗塔利班重新夺取政权，因此，在阿富汗塔利班重新执政之后，巴基斯坦在阿富汗的影响力持续提升。印度与巴基斯坦之间的关系始终是影响南亚地区局势最为重要的因素之一，在阿富汗议题上依然如此。为了遏制巴基斯坦在阿富汗的影响力，印度政府积极支持阿富汗伊斯兰共和国政府，为其提供大量援助，并培训其军队和警察，坚决反对阿富汗塔利班。因此，在阿富汗塔利班重新执政之后，印度在阿富汗的影响力必然会受到削弱。

其次，伊朗在阿富汗的影响力有所提升。伊朗是阿富汗的主要邻国，对阿富汗国内的哈扎拉人等什叶派穆斯林以及操波斯语的塔吉克等族群具有重要的影响力。[①] 由于宗教派别矛盾，在阿富汗战争之前什叶派的伊朗与逊尼派的阿富汗塔利班之间的关系并不友好，伊朗倾向于支持反阿富汗塔利班的北方联盟。阿富汗战争之后，由于与美国之间的矛盾愈演愈烈，伊朗逐渐调整了对阿富汗塔利班的政策，支持其将美军驱逐出阿富汗。阿富汗局势剧变之后，一方面，美军的完全撤出使伊朗所面临的安全压力有所减缓；另一方面，伊朗在阿富汗的影响力有所提升。可以说，阿富汗局势剧变在一定程度上改善了伊朗的周边环境。

最后，中亚国家的安全局势趋于严峻。中亚国家是阿富汗的近邻，深受其局势变化的影响。阿富汗塔利班重新夺取政权之后，一方面刺激了中亚国家国内的恐怖势力和极端势力，使其蠢蠢欲动；另一方面由于阿富汗存在安全真空，其成为“伊斯兰国呼罗珊分支”等恐怖组织重点渗透的地区，进而对中亚国家产生消极的“安全溢出效应”。因此，在阿富汗塔利班重新执政之后，中亚国家所面临的安全局势更趋严峻，所面临的安全威胁更趋复杂。

阿富汗局势剧变既是大国政治的产物，也将对大国政治产生间接影响。

---

① 王世达：《阿富汗大变局：地缘政治和安全格局的演变》，《俄罗斯东欧中亚研究》2022 年第 1 期，第 25 页。

首先，阿富汗在美国全球战略中的地位和价值急剧下降。美国决定从阿富汗完全撤军是为适应国际权力格局变化所做出的战略调整。阿富汗战争特别是2008年全球金融危机之后，美国的实力相对下降，而包括中国在内的新兴国家的实力相对提升；美国的国际地位相对下降，而新兴国家的国际地位则相对上升；美国的国际领导力相对削弱，而新兴国家的国际领导力相对增强。在这种国际权力格局下，美国对其全球战略进行了反思、调整、重构，将其重点从全球反恐转移到大国战略竞争上，阿富汗在美国全球战略中的地位和价值急剧下降。因此，为了从阿富汗战争的泥潭之中抽身而出、减少战略资源的耗损并将有限的战略资源集中在大国战略竞争之上，美国政府改变之前对阿富汗塔利班敌视的强硬政策，积极寻求与其进行和平谈判，并最终达成和平协议。美军的完全撤出意味着阿富汗伊斯兰共和国政府以及阿富汗人民已成为美国政府的“弃子”。

其次，美军从阿富汗完全撤出将加剧大国战略竞争。从阿富汗完全撤军使美国能够将更多战略资源用于进行大国战略竞争，从而使大国之间的战略竞争愈演愈烈。随着日益将大国之间的战略竞争视为全球战略的重心和最为严峻的挑战，美国政府将大量的资源和精力投入大国竞争的谋篇布局之中。在美国政府加剧大国战略竞争的背景下，美国与中俄尤其是与中国的关系开始呈现全方位、多领域、深层次、常态化的复合博弈状态。北京大学教授王缉思就直言不讳地指出美国的对华政策发生质变：从施压与合作并存的相对平衡状态转变为以对立和竞争为主的严重失衡状态。① 为了赢得大国战略竞争、继续霸占全球主导地位，美国政府针对中国开启全政府、全方位、全领域的战略竞争，导致大国战略竞争的形式、领域、手段日益多元化、激烈化、复杂化。

最后，中国将在阿富汗议题上发挥更多建设性作用。美国的完全撤军以及阿富汗塔利班的重新上台执政使阿富汗局势更加错综复杂，其负面外溢效

---

① Wang Jisi, “Assessing the Radical Transformation of U. S. Policy toward China,” *China International Strategy Review*, Vol. 1, No. 2, 2019, pp. 195-204.

应更加凸显。推动阿富汗实现和平稳定发展成为中国与南亚国家的共同利益和重要目标。中国在阿富汗议题上扮演至为关键的角色，发挥协调引领作用，主办了阿富汗问题系列会议。2022 年 3 月 30 日，王毅在安徽屯溪主持中阿巴三方外长会晤，巴基斯坦外长库雷希、阿富汗临时政府代理外长穆塔基出席。中阿巴表示将重启三方合作机制，帮助阿富汗实现和平稳定繁荣。① 3 月 31 日，王毅在安徽屯溪主持召开阿富汗问题“中美俄巴”磋商会议、第三次阿富汗邻国外长会、阿富汗邻国与阿临时政府首次外长对话会。习近平主席向第三次阿富汗邻国外长会发表书面致辞，会议发表了《第三次阿富汗邻国外长会联合声明》和《阿富汗邻国关于支持阿富汗经济重建及务实合作的屯溪倡议》，宣布启动阿富汗特使定期会晤机制，建立政治外交、经济人道、安全稳定三个工作组。② 中方主持召开的阿富汗问题系列会议为相关各方搭建了重要的对话平台，增进了相互之间的理解，凝聚了各方共识，有助于推动阿富汗实现和平稳定发展。

三 难以安定：阿富汗局势的未来走向

再次执掌权柄的阿富汗塔利班以何种模式、制度、理念执政，不仅事关阿富汗的稳定、团结和繁荣，还将对地区安全局势和权力格局产生潜移默化的影响。阿富汗的未来走向是内外一系列因素综合作用的结果。阿富汗塔利班、阿富汗社会、国际社会三个层面的角色、结构、理念将决定阿富汗塔利班未来执政的性质、方向和走势。影响阿富汗未来走向的主要因素见表 2。阿富汗塔利班临时政府内政外交的趋势见图 2。

---

① 《王毅主持中阿巴三方外长会晤》，中华人民共和国外交部网站，2022 年 3 月 31 日，https://www.mfa.gov.cn/web/wjbz_673089/xghd_673097/202203/t20220331_10657945.shtml，最后访问时间：2022 年 4 月 1 日。

② 《王毅主持第三次阿富汗邻国外长会》，中华人民共和国外交部网站，2022 年 3 月 31 日，https://www.mfa.gov.cn/web/wjbz_673089/xghd_673097/202203/t20220331_10658101.shtml，最后访问时间：2022 年 4 月 1 日。

表 2　影响阿富汗未来走向的主要因素

	角色	结构	理念
阿富汗塔利班	反叛组织和执政组织之间的转化	强硬派和务实派之间的博弈	保守和现代之间的张力
阿富汗社会	部落社会和现代社会之间的转化	普什图族和少数民族之间的博弈	传统和现代之间的张力
国际社会	施动者和施压者之间的转化	区域大国之间的博弈	本土和国际之间的张力

资料来源：笔者自制。

首先，阿富汗塔利班层面的角色、结构、理念。作为阿富汗的实际掌权者，阿富汗塔利班的角色定位、权力结构、执政理念对于其未来走向具有深刻的影响。第一，阿富汗塔利班的角色定位由反叛组织向执政组织转变。作为反政府的武装组织，阿富汗塔利班需要坚定的宗教信念、严酷的斗争手段、严密的组织结构。而作为执政组织，阿富汗塔利班则需要广泛的民意支持、高效的治理能力、真正的国内团结。主观角色的转变必然要求阿富汗塔利班在坚守自身原则的基础上实行更具包容性、开明性、温和性的政策。第二，强硬派和务实派之间的博弈将界定阿富汗塔利班内部的权力结构。阿富汗塔利班并非铁板一块，各个派别尤其是强硬派和务实派之间存在难以忽视的差异。因此，强硬派和务实派在阿富汗塔利班内部权力结构中的地位和作用以及双方之间的权力博弈在一定程度上将对其政策取向产生决定性影响。第三，阿富汗塔利班内部存在保守理念和现代理念之间的张力。阿富汗塔利班誓要根据伊斯兰教教义治理国家，建立一个伊斯兰政府。但是，阿富汗塔利班的理念出现了重要的变化，开始逐步向现代政治理念靠拢。因此，阿富汗塔利班政治理念中保守因素和现代因素间此消彼长的态势将影响其演变进程。

其次，阿富汗社会层面的角色、结构、理念。阿富汗塔利班承受着社会环境变化的压力。第一，阿富汗社会的角色定位由部落社会向现代社会转变。传统上，阿富汗社会是一个部落社会，但是随着经济的发展和思想观念的变化，已逐渐向现代社会转变。阿富汗塔利班要想在此社会环境下顺利执政，就必须对之前的激进政策改弦易辙，推行符合社会环境和民众利益的政策。第二，普什图族和少数民族之间的博弈将决定阿富汗社会的权力结构。由于存在复杂的政治关系和民族关系，阿富汗仍然面临严重的内部分裂。普什图族和少数民族之间的博弈将对阿富汗社会的权力结构产生深刻影响。第三，阿富汗社会内部存在传统理念与现代理念之间的张力。虽然阿富汗社会是一个理念较为保守的社会，但是随着社会的发展尤其是阿富汗前政府的统治，现代理念尤其是政治理念开始在阿富汗社会落地生根。因此，传统理念与现代理念之间的张力将影响阿富汗社会的整体走向，进而影响阿富汗塔利班执政的社会环境。

最后，国际社会层面的角色、结构、理念。由于深陷经济危机和合法性危机之中，阿富汗塔利班急需国际社会的承认、支持、援助。因此，国际社会将对阿富汗塔利班未来走向具有一定的影响力。第一，国际社会层面的角色定位由施动者向施压者转变。阿富汗政局的变化导致国际社会的角色随之发生变化。国际社会对于阿富汗前政府大多持支持的立场，积极推动其提升治理能力，扮演施动者的角色。但是由于不认同阿富汗塔利班的理念，国际社会对其施加压力，使其采取更具包容性、温和性的政策，扮演施压者的角色。第二，大国战略博弈将影响国际社会层面的权力结构。当今世界进入“百年未有之大变局”之中，国际社会的权力结构面临调整，大国之间的战略博弈加剧，进而影响阿富汗塔利班所面临的国际环境和地区局势。在大国战略博弈加剧的背景下，阿富汗塔利班更倾向于实施较为平衡的外交政策。第三，国际社会层面存在阿富汗本土理念与国际理念之间的张力。阿富汗塔利班要想获得国际社会的承认，就必须接受现有的国际理念。但是阿富汗塔利班坚持国际理念不能违背阿富汗本土理念。双方之间存在一定的差异，这将影响阿富汗塔利班接受国际理念的方式、程度、进程。在此背景下，阿富汗塔利班将在坚持本土理念的同时接受核心的国际理念，采取融合、平衡的政策。

在这些因素的综合作用下，阿富汗塔利班现阶段倾向于在坚守保守底色的同时采取包容性政策。但是随着权力的逐渐巩固，阿富汗塔利班的国内政策可能更加趋于保守、传统、强硬，其外交政策可能趋于平衡、多元、温和，致力于构建具有阿富汗特色的伊斯兰政教合一的政体。阿富汗塔利班日趋平衡的外交政策虽然会使其与周边国家的关系逐渐正常化，但是其日益保守的政策将激化国内固有矛盾，引发民族和宗教冲突，削弱执政基础，造成国内局势难以在短时间内实现稳定，从而为极端势力和恐怖组织提供藏身之所。

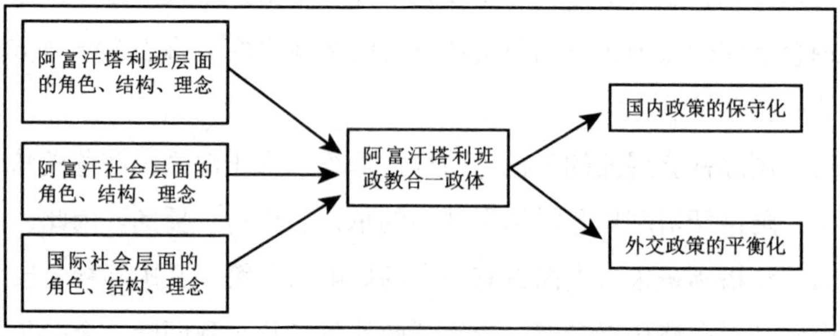

图 2　阿富汗塔利班临时政府内政外交的趋势

资料来源：笔者自制。

四　结语

美国全球战略的调整导致阿富汗局势发生剧变，美国是始作俑者。阿富汗塔利班以何种模式、制度、理念执政，事关阿富汗的稳定、团结和繁荣，并将对地区安全局势和权力格局产生潜移默化的影响。在阿富汗塔利班、阿富汗社会、国际社会三个层面的角色、结构、理念的共同作用下，阿富汗塔利班的国内政策可能趋于更加保守、传统、强硬，其外交政策可能趋于平衡、多元、温和，致力于构建具有阿富汗特色的伊斯兰政教合一的政体。阿富汗塔利班只有真正构建包容、开放、负责、高效的政治体制，才能实现阿富汗的长治久安，才能重构美好的未来。这也是地区国家和国际社会所想、所愿、所盼。

美英澳“三边安全伙伴关系”(AUKUS):动机、影响和前景*

孙西辉**

摘　要： 随着中国持续发展，以美国为首的西方国家的对华战略焦虑不断加剧。2021 年 9 月 15 日，美英澳三个英语国家成立名为“AUKUS”的加强版“三边安全伙伴关系”，旨在加强在军事、安全、网络空间、新兴科技、产业链等领域的合作。此后，三国频繁协调磋商，优先推动美英向澳大利亚提供核潜艇的项目。美国的主要动机是通过强化与盟友的关系实施“印太战略”，制衡中国，并保持美国在亚太地区的军事存在和影响力。澳大利亚的主要动机是强化美澳同盟，提升国防能力，巩固澳大利亚在南太地区的影响力。英国的主要动机是实现“全球英国”的 2030 愿景，彰显英国在印太地区的存在，强化与美澳等英语国家的合作。AUKUS 成立时间不长，但将对亚太地区安全秩序以及中国和其他亚太国家产生重要的影响。基于三国公布的相关信息，AUKUS 未来可能存在纵向深化和横向扩展的发展趋势，中国和其他亚太国家将对此做出不同的反应。

关键词： 美英澳“三边安全伙伴关系”　核潜艇　周边安全环境

---

* 本报告系中国社会科学院马工程重大招标项目“百年未有之大变局中的东升西降与西方战略焦虑及对华战略研究”（项目编号：2020mgczd010）的阶段性成果。

** 孙西辉，博士，中国社会科学院亚太与全球战略研究院副研究员，中国社会科学院大学国际政治经济学院副教授，主要研究方向为美国的亚太战略、周边国家的对美对华政策、中美关系、中印关系、中国外交、国际政治理论等。

2021年9月15日，美国总统拜登、英国首相约翰逊和澳大利亚总理莫里森发表联合声明，宣布成立名为“AUKUS”的美英澳加强版“三边安全伙伴关系”，确立美英向澳大利亚提供核潜艇的项目，强调加强在军事、安全、网络空间、新兴科技、产业链等领域的合作。2021年11月22日，美英澳三国代表签署《海军核动力信息交换协议》（AENNPI），制定核潜艇项目的实施方案。2022年4月5日，美英澳再次发布联合声明和《AUKUS实施情况》说明文件，重申AUKUS的目标与核潜艇项目，承诺在高超音速飞行技术和反高超音速飞行以及电子战能力方面开始合作，扩大信息共享范围，深化防务创新合作。AUKUS成立以来，美英澳率先推动核潜艇项目，并逐步在其他领域开展合作，这引发国际社会特别是亚太各国的关注和忧虑。因此，我们需要了解美英澳建立AUKUS的动机，以及这一新机制的潜在影响和未来走向。

一 建立AUKUS的动机

（一）美国的动机

随着中国持续快速发展，中美在亚太区域的实力和影响力对比发生重大变化，导致中美之间产生国际体系层面的“结构性矛盾”，体现为两国在亚太地区现实的“结构性矛盾”和在全球层面预期的“结构性矛盾”。[①]在这一背景下，特朗普政府将中国视为“战略竞争对手”，并在各领域进行对华“战略竞争”，拜登政府延续了特朗普政府的对华认知和战略定位。[②]拜登政府继续将亚太地区置于美国全球战略的重心。2021年3月，拜登政府发布《国家安全战略临时指南》，称“中国是唯一有意图和日益在各领域

① 吕虹、孙西辉：《“结构性矛盾”与“特朗普主义”——特朗普政府“印太战略”的双重动因》，《世界经济与政治论坛》2018年第6期。

② 孙西辉、金灿荣：《中美战略竞争的逻辑与前景》，《河北师范大学学报》（哲学社会科学版）2021年第4期。

有能力挑战国际体系的国家”。[①] 2022 年 2 月，拜登政府公布《美国印太战略》报告，明确了美国在印太地区的战略目标及对华政策举措。在美国政府强化对华“战略竞争”的背景下，美国推动组建 AUKUS 的主要目标如下。

第一，通过强化与盟友的关系实施“印太战略”。英国是美国的北约盟友，自二战结束以来，美英长期保持所谓的“特殊关系”。澳大利亚是美国在亚太地区的五个条约盟国之一，是美国在第二岛链的“南锚”，在美国的“印太战略”中具有重要地位。自奥巴马政府实施“亚太再平衡战略”以来，美国开始在澳大利亚以轮换方式驻军，并不断加强美澳在各领域尤其是在安全和军事领域的合作。特朗普政府和拜登政府延续了这一做法，并将其作为美国“印太战略”的重要组成部分。拜登政府提出，“几十年来，我们的盟友一直站在我们一边，反对共同的威胁和对手，并携手推进我们的共同利益和价值观……这就是我们重申将加强北约及我们与澳大利亚、日本和韩国的联盟并使其现代化的原因。这些联盟与我们的其他全球联盟和伙伴关系是美国最大的战略资产”。[②] 拜登政府在《美国印太战略报告》中提出，“在整个印太地区，美国将与盟国和伙伴合作，深化我们的互操作性，发展和部署先进的作战能力，以支持它们捍卫其公民和主权利益。我们将继续使我们与澳大利亚、日本、韩国、菲律宾和泰国的条约联盟现代化”。[③] 可见，美国推动组建 AUKUS 的一个重要目标是强化与盟友的关系，为实施“印太战略”提供抓手。

第二，通过加强与盟友的安全合作对抗中国。在美国的“印太战略”和涉华政策中，强化与盟友和伙伴的合作是拜登政府应对中国竞争的重要方式。拜登政府在《国家安全战略临时指南》中明确提出，“本议程将增强我们的持久优势，使我们能够在与中国或任何其他国家的战略竞争中获胜……通过恢复美国的信誉并重申前瞻性的全球领导地位，我们将确保美国而不是

① The White House, “Interim National Security Strategic Guidance,” March 2021, p. 8.

② The White House, “Interim National Security Strategic Guidance,” March 2021, p. 10.

③ The White House, “Indo-Pacific Strategy of the United States,” February 2022, pp. 12-13.

中国制定国际议程，与其他国家一起制定新的全球规范和协议，以促进我们的利益并体现我们的价值观。通过支持和捍卫我们无与伦比的盟友和伙伴网络，并进行明智的国防投资……对抗对我们集体安全、繁荣和民主生活方式的威胁”。① 拜登政府还提出，“中国正将其经济、外交、军事和技术力量结合起来，在印太地区寻求影响力，并寻求成为世界上最具影响力的强国……我们将加强国际体系，以共同的价值观为基础，并对其进行更新，以应对21世纪的挑战。我们的目标不是改变中国，而是塑造其运作的战略环境，在世界上建立一种最有利于美国、盟友和伙伴以及我们共同的利益和价值观的平衡性影响力”。② AUKUS是拜登政府推动与盟友合作和实施“印太战略”的重要方式和内容，主要目标之一是制衡中国。2021年12月1日，美国国家安全委员会印太事务协调员坎贝尔（Kurt Campbell）在澳大利亚智库洛伊研究所（Lowy Institute）的演讲中承认，AUKUS更多的是针对中国，而不是技术共享。③

第三，保持美国在亚太地区的军事存在和影响力。美国在第二次世界大战结束后成为全球综合实力最强大的国家，冷战期间长期与苏联争夺全球霸权，冷战结束后成为唯一的超级大国和全球霸权国。美国称霸全球有许多不可或缺的条件，军事力量是最重要的支柱。21世纪初，美国聚焦在中东地区开展全球反恐战争，在亚太地区的军事部署未随之增强。面对中国综合实力和地区影响力的快速提升，美国日益感到在亚太地区的霸权地位受到挑战，因此希望通过与亚太盟友及伙伴的军事合作强化美国的军事存在，巩固其地区霸权地位和影响力。2021年11月11日，美国总统国家安全事务助理沙利文（Jake Sullivan）在参加洛伊研究所举办的线上论坛时强调，印太地区在拜登政府的对外政策中的地位越来越高，美国始终是该地区的“常驻大国”。④ 拜登政府表示，“我们将认识到，至关重要的国家利益使我们必

---

① The White House, “Interim National Security Strategic Guidance,” March 2021, p. 20.

② The White House, “Indo-Pacific Strategy of the United States,” February 2022, p. 5.

③ “AUKUS Aimed at China, US Confirms,” The Oval Circle, December 1, 2021, https://ovalcircle.info/?p=59842.

④ Jake Sullivan, “The 2021 Lowy Lecture,” The Lowy Institute, November 11, 2021, https://www.lowyinstitute.org/publications/2021-lwy-lecture-jake-sullivan.

须与印太、欧洲和西半球建立最深的联系”①。“我们将以新颖的方式，包括通过 AUKUS，将我们的印太和欧洲伙伴聚集在一起。”② “通过 AUKUS，我们将确定尽早向澳大利亚皇家海军交付核动力潜艇的最佳途径；此外，我们将通过一项具体的工作计划深化合作和增强互操作性，包括提升网络、人工智能、量子技术和水下行动能力。”③

（二）澳大利亚的动机

澳大利亚是一个邻近亚洲的西方国家，澳大利亚极为重视西方价值理念，支持西方主导的国际秩序。它在经贸领域依赖中国等亚洲国家，在安全领域倚重澳美同盟。这使澳大利亚的战略关切体现为：关注地区国际秩序，重视澳美同盟关系，重视中澳经济关系。澳大利亚积极推动组建 AUKUS 的主要目标如下。

第一，通过加强军事合作强化美澳同盟。2008 年全球金融危机以来，随着美国战略重心转向亚太地区，美澳同盟开始聚焦亚太地区，加强两国政治、军事和安全领域的合作，澳大利亚历届政府均非常重视澳美同盟。陆克文政府认为，“无论是在全球还是在亚太地区，与美国的同盟关系仍然是澳大利亚国家安全利益的根本所在”。④ “与美国的同盟关系将是我们关键的战略伙伴关系和澳大利亚国家安全政策的核心支柱。”⑤ 吉拉德政府认为，“澳美同盟的价值不仅仅在于防御方面，它还加强了我们的繁荣和安全。美国是全球经济增长与安全不可或缺的一部分，并为今天存在的基于规则的秩序提供了关键的基础”。⑥ 阿博特政府认为，“如果没有与美国的同盟关系，澳大利亚就不可能保持情报能力，也不可能获得高技术防御装备，而这些装备赋

① The White House, “Interim National Security Strategic Guidance,” March 2021, p. 10.

② The White House, “Indo-Pacific Strategy of the United States,” February 2022, p. 13.

③ The White House, “Indo-Pacific Strategy of the United States,” February 2022, p. 15.

④ Kevin Rudd, “The First National Security Statement to the Australian Parliament-Address by the Prime Minister of Australia,” December 4, 2008, p. 8.

⑤ Kevin Rudd, “The First National Security Statement to the Australian Parliament-Address by the Prime Minister of Australia,” December 4, 2008, p. 13.

⑥ Australia Government, “Strong and Secure: A Strategy for Australia's National Security,” 2013, p. 56.

予了澳大利亚国防军这样的战斗力”。[①] 特恩布尔政府认为，“澳美同盟是澳大利亚处理印太问题的核心。如果没有美国强有力的政治、经济和安全参与，该地区的权力转移可能会更快，澳大利亚将更难实现我们寻求的安全与稳定。为了支持我们在该地区的目标，政府将扩大和深化我们的同盟合作”。[②] 莫里森政府提出，“澳大利亚和美国之间的安全安排、相互协作、情报共享以及技术和工业合作对澳大利亚的国家安全至关重要。我们将继续深化澳美同盟，确保它反映我们各自防御战略中给予印太的优先地位”。[③] 在拜登政府继续推行“印太战略”的背景下，澳大利亚将与美国共同组建 AUKUS 视为强化澳美同盟的重要举措。

第二，在英美的帮助下提升国防能力。2008 年全球金融危机以来，澳大利亚政府对安全威胁的认知发生了几次变化：一是从强调传统安全到重视非传统安全的转变，发生在陆克文政府和吉拉德政府之间；二是从综合应对安全威胁到强调军力和澳美同盟的转变，发生在吉拉德政府之后的两届政府；三是从强调多元安全挑战到突出大国竞争和国际秩序的转变，发生在阿博特之后的澳大利亚政府。特恩布尔政府确立了影响澳大利亚安全环境的六个关键因素，包括中美各自的角色与相互关系、基于规则的全球秩序面临的挑战、恐怖主义的威胁、经济增长不平衡、军事现代化、信息与网络安全威胁。[④] 莫里森政府认为，深刻影响澳大利亚战略环境的因素包括：中美“战略竞争”，大国在推进战略偏好和施加影响力时更加自信，一些国家的强制性政策，“灰色地带”行动，全球合作的规则、规范和制度面临压力，军事现代化进程加快，新兴与破坏性技术的军事化，网络能力提升，军事误判，战略预警时间缩短，新冠疫情的影响，国家脆弱性，恐怖主义与暴力极端主义。[⑤] 可见，这两届澳大利亚政府都强调中美之间的大国竞争因素，重视基

① Department of Defence of Australia Government, “Defence Issues Paper 2014,” 2014, p. 17.

② Australia Government, “2017 Foreign Policy White Paper,” 2017, p. 4.

③ Department of Defence of Australia Government, “Defence Strategic Update 2020,” 2020, p. 26.

④ Department of Defence of Australia Government, “Defence White Paper 2016,” 2016, pp. 39-41.

⑤ Department of Defence of Australia Government, “Defence Strategic Update 2020,” 2020, pp. 11-17.

于规则的国际秩序。在这种背景下，澳大利亚注重增强本国的军事力量，旨在提升国防能力并更好地配合美国的对外战略。2016 年，澳大利亚与法国开始合作设计建造新一代常规潜艇，但进展有限，且澳方逐步认为常规潜艇无法满足其配合美国对华“战略竞争”的需要。2021 年 6 月，澳大利亚总理莫里森在英国出席 G7 峰会期间表达了希望从美英获得核动力潜艇的愿望。这成为 AUKUS 中美英澳核潜艇合作项目的由来。

第三，巩固澳大利亚在南太地区的影响力。从综合实力角度看，澳大利亚是全球层面的中等强国和南太地区最强大的国家，不仅支持西方主导的国际秩序和美国在亚太地区的霸权，而且将南太地区视为其“后院”。随着中国实力的增强和中国企业“走出去”战略的实施，中国在亚太地区本着平等互利原则参与地区基础设施建设并加大对外援助力度。这得到大多数亚太国家和南太岛国的欢迎与信任，中国的地区影响力不断提升。然而，澳大利亚认为中澳在南太地区存在现实的“结构性矛盾”。在这种情况下，澳大利亚希望通过与美英合作增强其军事实力和地区影响力，巩固其在南太地区事务中的主导地位，组建 AUKUS 是实现该目标的重要途径。2021 年 4 月，澳大利亚一位部长抵达所罗门群岛，对该国与中国之间拟定的安全协议表示担忧。[①] 美国印太事务协调员坎贝尔与负责东亚和太平洋事务的助理国务卿克里滕布里克（Daniel Kritenbrink）率领美国政府官员代表团访问所罗门群岛。[②] 在这一背景下，澳防长达顿（Peter Dutton）表示，澳大利亚将投资 35 亿澳元（约 26 亿美元）重新装备战机和军舰，包括引进美国的 F/A-18F 超级大黄蜂战斗机以及与美英开发高超音速导弹等。[③]

① “Australia Official in Solomon Islands amid China Worries,” Wirefan, April 13, 2022, https://www.wirefan.com/2022/04/australia-official-in-solomon-islands-amid-china-worries-politics-news/.

② Nick Perry, “US Officials Heading to Solomons over China Pact Worries,” U. S. News, April 19, 2022, https://www.usnews.com/news/world/articles/2022-04-19/us-officials-heading-to-solomons-over-china-pact-worries.

③ Rod McGuirk, “Australia Accelerates Missile Upgrade Program by Several Years,” Defense News, April 6, 2022, https://www.defensenews.com/global/asia-pacific/2022/04/05/australia-accelerates-missile-upgrade-program-by-several-years/.

（三）英国的动机

英国是曾经的世界霸权国，二战后综合实力严重削弱，但仍有维持大国地位和发挥大国作用的梦想。英国前首相丘吉尔在 1948 年提出着眼于英联邦、英语国家和欧洲联合体的“三环外交”（Three Majestic Circles），使英国在一定程度上保持了国际影响力。在英国“脱欧”背景下，英国面临新的国际形势和外交任务，时任英国首相特蕾莎·梅（Theresa May）于 2017 年 1 月提出“全球英国”（Global Britain）概念，约翰逊政府在 2021 年 3 月发布名为《竞争时代的全球英国》的官方文件，阐明“全球英国”的 2030 愿景。英国参与 AUKUS 是这一政策愿景下的重要举措，主要目标如下。

第一，实现“全球英国”的 2030 愿景。《竞争时代的全球英国》明确提出，“英国是一个具有全球利益的欧洲国家，也是一个开放的经济体和拥有大量侨民的海上贸易国。加深我们与印太地区、非洲和海湾地区等充满活力的区域之间的经济联系以及与欧洲的贸易，将促进我们未来的繁荣”。① 它还描述了“全球英国”的 2030 愿景：一是建设一个更强大、更安全、更繁荣、更具韧性的英国，使之成为民主主权的灯塔和全球最具影响力的国家之一；二是用全球化的视野解决问题，作为欧洲的伙伴，以最广泛、最整合的方式深度参与印太地区事务，支持互利贸易、共同的安全和价值观，积极参与非洲特别是东非事务，加强与中东和海湾国家的合作；三是继续在绿色技术方面引领世界发达经济体，成为科技超级强国，站在全球技术、网络、数字和数据监管的最前沿，为英国的繁荣建立新的基础；四是适应更具竞争力的世界，继续在安全、外交和发展、冲突解决和减贫方面保持领导地位，应对全球挑战。② AUKUS 的合作内容与“全球英国”的 2030 愿景存在诸多交集。例如，首次 AUKUS 领导人联合声明提出，三国将深化信息和技术共享，促

① H. M. Government, “Global Britain in a Competitive Age: The Integrated Review of Security, Defence, Development and Foreign Policy,” March 2021, p. 14.

② H. M. Government, “Global Britain in a Competitive Age: The Integrated Review of Security, Defence, Development and Foreign Policy,” March 2021, pp. 6-7.

进与安全和国防相关的科学、技术、工业基地和供应链的深度融合；英美将利用专业知识和潜艇技术为澳大利亚提供核动力潜艇；三国将在网络、人工智能、量子技术和其他海底技能方面增强联合能力和互操作能力。这表明，对于英国而言，AUKUS 是推动实现“全球英国”的 2030 愿景目标的重要方式。①

第二，彰显英国在印太地区的存在。英国自我定位为着眼于全球利益的大国，自称具有全球视野和全球责任，认为贸易与投资模式是全球性的，基本目标是充分利用新兴市场、全球经济变化和全球科技进步，在全球和欧洲-大西洋地区稳定与安全方面承担责任，对外政策向印太地区倾斜。② 约翰逊政府认为，印太地区对英国的经济、安全以及支持开放社会的全球抱负至关重要，提出“向印太地区倾斜”的政策框架，重点领域包括经济、安全和价值观，致力于与印太国家长期合作并建立更紧密和更深入的双边和多边伙伴关系，在最适合的方面发挥领导作用，为实现英国的目标在必要时与他国合作并支持他国，包括维持和支持该地区的双边和多边伙伴关系。为实现上述目标，约翰逊政府确立了在印太地区参与的九个重点领域：与澳新签署新的双边贸易协定，加入《全面与进步跨太平洋伙伴关系协定》（CPTPP），增强关键货物和原材料（包括医疗用品）的供应链弹性，成为东盟的对话伙伴，加强防务与安全合作，强化网络安全方面的合作和能力建设，应对气候变化，充分利用良好的议程力量，战略性地利用官方发展援助。在现实政策中，2018 年之后，英国在新加坡、孟买和上海设立了区域贸易专员；2019 年在印太地区的海军访问和国防外交有所增长并设立了驻东盟大使；2020 年新任命了外交、联邦及发展事务部（FCDO）的一位负责印太地区的总干事。③ 2021 年，英国与美澳组建 AUKUS，是其向印太地区

---

① “Joint Leaders Statement on AUKUS,” The White House, September 15, 2021, https://www.whitehouse.gov/briefing-room/statements-releases/2021/09/15/joint-leaders-statement-on-aukus/.

② H. M. Government, “Global Britain in a Competitive Age: The Integrated Review of Security, Defence, Development and Foreign Policy,” March 2021, p. 60.

③ H. M. Government, “Global Britain in a Competitive Age: The Integrated Review of Security, Defence, Development and Foreign Policy,” March 2021, pp. 66-67.

倾斜政策的延续和补充，进一步彰显了英国在印太地区的存在。

第三，强化与美澳等英语国家的合作。英国与美国和澳大利亚有深厚的历史和文化渊源，美澳曾为英国的殖民地，澳大利亚独立后保持英联邦成员国地位，美英在二战后建立了“特殊关系”。在英国实力大不如前的背景下，英国推行的“三环外交”将英语国家视为其中“一环”。约翰逊政府非常重视与美澳等英语国家的关系，认为美国仍然是英国最重要的战略盟友和伙伴。这种关系的核心是人的关系，即两国之间的人员流动和思想交流、共同的历史和共同的语言。英美关系也是一种共同的价值观，即对民主、法治和基本自由的共同信念。美英通过在国防、情报、网络力量、反恐和核领域的合作巩固了英国的安全并挽救了生命。英国将继续深化英美关系，与美国在航母打击编队、新兴技术以及核威慑等领域开展合作。美国是英国最大的单一双边贸易伙伴，是2019年英国最大的单一外国直接投资来源国，英国将寻求通过自由贸易协定深化英美经贸关系，并在打击非法融资方面寻求进行更密切的合作。同时，英国将继续加强与澳大利亚、加拿大和新西兰的伙伴关系，继续在外交政策和安全问题、情报、执法和国防方面与这三个国家进行双边合作，继续通过“五眼联盟”（Five Eyes）与美国合作，并与每个合作伙伴寻求达成 FTA。① 英国不仅计划在 AUKUS 框架下联合美国向澳大利亚提供核潜艇，而且打算与美澳加强在科技、经贸、安全、网络等领域的合作。这意味着，加强与美澳等英语国家的合作，是英国参与组建 AUKUS 的目的之一。

二　AUKUS 的潜在影响

（一）对地区安全秩序的影响

国际秩序是国际体系的性质，指国际体系中各行为体依据国际规范采取

① H. M. Government， “Global Britain in a Competitive Age：The Integrated Review of Security，Defence，Development and Foreign Policy，” March 2021，p. 60.

非暴力方式处理冲突的和平状态，包含国际主导价值观、国际规范和国际制度安排三类要素。[①] 国际秩序在不同领域可分为不同的秩序类型，如国际经济秩序、国际政治秩序和国际安全秩序等。根据适用的区域，国际秩序可划分为全球性国际秩序和地区性国际秩序等。亚太地区安全秩序是上述两种分类标准的交集，也是与亚太国家根本利益密切相关的议题。AUKUS 对亚太地区安全秩序的影响主要体现在如下几个方面。

第一，冲击亚太地区的国际主导价值观。国际主导价值观指被绝大多数成员国接受的价值观，具有指导国际规范制定方向的作用。[②] 国际主导价值观通常在很大程度上取决于世界主导国的价值观，但当今世界的国际主导价值观主要体现为联合国的核心价值观。关于安全，联合国倡导和平，反对战争；反对使用或威胁使用武力，主张通过谈判解决争端和冲突；强调集体安全，实现全人类的共同安全。可见，追求基于集体安全理念和有效的集体安全行动实现全人类的共同安全，是联合国关于国际安全的核心价值观的重要内容。学术界对集体安全的理解和解释不尽相同。例如，凯尔森（Hans Kelsen）认为，对国家权利的保护和对违法行为的反应呈现集体实施行为的特征时，称为集体安全。[③] 约翰逊（Howard C. Johnson）和尼迈耶尔（Gerhart Niemeyer）将集体安全定义为一种基于所有国家在既定程序确定侵略事实后立即联合起来对抗侵略国的普遍义务的制度。[④] 汤普森（Kenneth W. Thompson）认为，集体安全可理解为对一国的攻击被视为对所有国家的攻击，它试图通过集中压倒性力量对侵略者产生强大的威慑作用，从而制止战争并保护热爱和平的国家的利益。[⑤] 上述观点解释了集体安全的本质和基本特征，却没有区分集体安

---

① 阎学通、何颖：《国际关系分析（第三版）》，北京大学出版社，2017，第 42~43 页。

② 阎学通、何颖：《国际关系分析（第三版）》，北京大学出版社，2017，第 43 页。

③ Hans Kelsen, “Collective Security and Collective Self-Defense under the Charter of the United Nations,” *The American Journal of International Law*, Vol. 42, No. 4, 1948, p. 783.

④ Howard C. Johnson, Gerhart Niemeyer, “Collective Security and Collective Self-Defense under the Charter of the United Nations,” *International Organization*, Vol. 8, No. 1, 1954, p. 20.

⑤ Kenneth W. Thompson, “Collective Security Reexamined,” *American Political Science Review*, Vol. 47, No. 3, 1953, pp. 753-772.

全与联盟在安全问题上的差异。从表面上看，联盟似乎也有集体安全的性质，联盟往往是两个或多个国家之间在安全方面的所做的正式或非正式的安排。[①] 对此，约翰逊和尼迈耶尔认为，联盟是一项义务，也是一项集体承诺，但它旨在以通过牺牲其他国家的力量为代价提高某些国家的实力，从而实现它们的安全。集体安全意味着确保所有国家的普遍优势，而不是某些国家的部分优势。[②] 综合来看，联盟在本质上是小集团内部的互助安全，联合国追求的是普遍的集体安全（universal collective security），以世界各国和全人类的安全为目标。由于美澳和美英均为盟国，美英澳组建的 AUKUS 具有"准同盟"的性质，这种借助"小多边"形式谋求小集团安全的做法，不同于联合国的普遍的集体安全，冲击亚太国家普遍接受的主导价值观。

第二，破坏亚太地区的核不扩散国际规范。国际规范是国家间在长期交往互动中形成的对国家行为具有不同约束力的习惯、规范、法律等标准的统称。[③] 核武器的恐怖杀伤力对许多国家构建战略威慑具有吸引力，也成为国际社会普遍要求防止核武器扩散的主要推动力。不扩散核武器逐步成为国际社会认可的国际规范和联合国追求的重要目标。1968 年 7 月 1 日，联合国大会通过《不扩散核武器条约》（NPT），并在 1970 年 3 月 5 日正式生效。1995 年，联合国大会决定 NPT 无限期延长。NPT 第一条和第二条规定，"每个有核武器的缔约国承诺不直接或间接向任何接受国转让核武器或其他核爆炸装置或对这种武器或爆炸装置的控制权；并不以任何方式协助、鼓励或引导任何无核武器国家制造或以其他方式取得核武器或其他核爆炸装置或对这种武器或爆炸装置的控制权"。"每个无核武器的缔约国承诺不直接或间接从任何让与国接受核武器或其他核爆炸装置或对这种武器或爆炸装置的控制权的转让；不制造或以其他方式取得核武器或其他核

① Steven Walt, *The Origins of Alliance* (Ithaca: Cornell University, 1987), p. 12.

② Howard C. Johnson, Gerhart Niemeyer, "Collective Security and Collective Self-Defense under the Charter of the United Nations," *International Organization*, Vol. 8, No. 1, 1954, p. 22.

③ 阎学通、何颖:《国际关系分析（第三版）》，北京大学出版社，2017，第 37 页。

爆炸装置；也不寻求或接受在制造核武器或其他核爆炸装置方面的任何协助。”[①] 在亚太地区，1985 年 8 月 6 日，南太国家签署《南太平洋无核区条约》（SPNFZT），并在 1986 年 12 月 11 日生效。1995 年，东盟国家签署《东南亚无核武器区条约》（SEANWFZ），并在 1997 年 3 月 27 日生效。美国和英国是 NPT 的创始成员国，同为有核武器国家，澳大利亚为无核武器国家，在 1973 年批准 NPT，还是 SPNFZT 的缔约国。英美谋求在 AUKUS 框架下向澳大利亚提供核潜艇，显然违背 NPT 的相关规定，破坏国际社会和亚太地区的核不扩散国际规范，甚至可能在亚太地区引发核军备竞赛。

第三，扰乱亚太地区安全制度安排的平衡。国际制度安排是约束国家遵守国际规范的组织机构及进行权力分配的工具。[②] 在亚太地区，安全制度安排呈碎片化状态，不同国家间的战略关系具有大国竞争、国家对抗和安全伙伴等性质。具体来说，地区大国之间存在不同程度的“结构性矛盾”，朝鲜与美韩日具有对抗关系，美国与日本、韩国、菲律宾、泰国和澳大利亚具有同盟关系，美国与印度、越南、新加坡、马来西亚、印度尼西亚是安全合作伙伴。这些复杂的战略关系和安全制度在现实中暂时处于均衡状态，体现为围绕两组主要矛盾的安全关系，即中美竞争矛盾和朝鲜与美韩日矛盾，以及美国的“轴辐式”同盟体系。美国在对华“战略竞争”的背景下实施“印太战略”，不断加强与盟友和伙伴的安全合作，强化美日印澳“四边机制”（QUAD）、“五国联防”（FPDA）、“五眼联盟”等小多边安全机制。组建 AUKUS 是拜登政府完善“小多边”安全机制的最新努力，有助于增强美国塑造亚太地区安全秩序的能力和影响力，将增强美国部分盟友与伙伴介入地区安全事务的信心，助长它们对抗中国的决心和意愿，加剧中美“战略竞争”，扰乱本地区现有的安全秩序。

（二）对中国的综合影响

美国是成立 AUKUS 的最大推动力，得以实现的基础是美英澳不仅因中

---

① 《不扩散核武器条约》，联合国网站，https：//www. un. org/zh/documents/treaty/IAEA-1968。

② 阎学通、何颖：《国际关系分析（第三版）》，北京大学出版社，2017，第 43 页。

国实力增强存在不同程度的焦虑，而且三国具有一致的价值观和政治意识形态。这意味着，AUKUS 将在多个方面对中国产生负面影响。

第一，增大对中国的战略压力。美国将中国视为最主要的“战略竞争对手”，实施“印太战略”，AUKUS 是新制定的一项具体措施。如果AUKUS 合作取得实质性进展，就将强化美国在亚太地区的联盟关系，促进美国与盟友和伙伴在各领域的合作，进而对中国施加更大的战略压力。具体影响领域如下。一是威胁中国的海上安全。中国是绝大多数亚太国家的最大贸易伙伴，在亚太地区的经贸活动密集，中国的商品和能源进出口在很大程度上依赖亚太地区海上运输，美英澳在印度洋地区保持强大的军事存在，AUKUS 的军事合作对南海地区构成军事威胁，这对中国在亚太地区的经贸活动、能源安全和海上通道安全构成巨大挑战。二是对冲“一带一路”倡议。美国一直对中国提出的“一带一路”倡议耿耿于怀，将其视为“中国扩展国际影响的地缘政治战略”，并提出一系列应对措施，如“蓝点网络”（BDN）计划、“经济繁荣网络”（EPN）计划、“重建美好世界”（B3W）计划和“印太经济框架”（IPEF）等，通过 QUAD 等小多边机制加强与盟友在基础设施建设方面的合作。AUKUS 是美国在这一方面的又一举措，将在一定程度上干扰“一带一路”倡议。三是推动重组地区产业链和供应链。自特朗普执政时期开始，美国人为地推动针对中国的贸易、科技和产业“脱钩”，试图在一些关键科技领域、重要产品和行业重组亚太地区的产业链和供应链，并试图通过 IPEF、QUAD 等机制在这方面发挥作用。在 AUKUS 中，美英澳继续以价值观为纽带，强调三国在科技和产业链方面的深度融合，试图将中国排除在其主导的地区产业链和供应链之外。

第二，破坏中国的安全环境。上文关于 AUKUS 对地区安全秩序的影响中的很多内容适用于分析其对中国的安全影响。2021 年 9 月 29 日，国务委员兼外交部长王毅表示，AUKUS 可能给本地区带来五重危害：一是制造核扩散风险，二是诱发新一轮军备竞赛，三是损害地区繁荣稳定，四是破坏东南亚无核区建设，五是引致冷战思维回潮。[①] 就中国而言，AUKUS 的安全影响主要体现在三个方面。一是核扩散将危害中国的安全环境。亚太地区聚集了世界上绝大多数拥有核武器的国家，这意味着该地区原本就是核扩散风险较高的区域。AUKUS 中的核潜艇合作与技术转移项目使无核武器国家首次引进核潜艇，将导致高浓铀脱离国际原子能机构（IAEA）的保障监督。三国恶意利用国际规则漏洞，赤裸裸地开展核扩散活动。[②] 亚太地区是中国周边的关键组成部分，也是中国和平发展的重要依托，AUKUS 引发的核扩散风险必然严重损害中国的安全环境。二是军备竞赛将危及中国的国家安全。军备竞赛指以敌对或潜在敌对国家为假想敌，通过增加军事装备的数量和提高军事装备的质量为可能发生的战争做准备。亚太地区的美中俄日印都是军费开支位居世界前列的国家，朝韩也是不可小觑的地区军事强国并长期对抗。核潜艇不仅涉及核扩散问题，而且是重要的军事和战略威慑工具。在美国将中国视为“战略对手”的背景下，美英为澳大利亚提供核潜艇将引发本地区新一轮军备竞赛，从而危害中国的国家安全。三是军事合作将激起与中国有争端的国家的幻想。由于复杂的历史和现实原因，部分亚太国家之间以及它们与中国之间存在主权领土争端或海洋权利纷争。美英澳通过 AUKUS 加强军事与安全合作，将刺激部分与中国有海洋与领土争端的国家心存幻想，这可能进一步挑衅中国，危害中国的安全利益。

第三，为中国的统一事业设置障碍。AUKUS 是美国推动“印太战略”的具体安全磋商机制之一，为美国干涉台湾事务和阻挠中国统一事业以及促进台美勾连提供条件。

（三）对其他亚太国家的影响

亚太地区是世界上经济最活跃的地区之一，也是历史习俗、宗教文化和

① 《王毅：美英澳核潜艇合作给本地区带来五重危害》，中华人民共和国外交部网站，2021 年 9 月 29 日，https：//www. mfa. gov. cn/web/wjbzhd/202109/t20210929_ 9584104. shtml。

② 《2021 年 9 月 29 日外交部发言人华春莹主持例行记者会》，中华人民共和国外交部网站，2021 年 9 月 29 日，https：//www. mfa. gov. cn/web/wjdt_ 674879/fyrbt_ 674889/202109/t20210929_ 9585044. shtml。

政治形态异常多元复杂的地区。因此，亚太国家对地区安全形势的变化非常敏感。AUKUS 的出现对亚太国家的主要影响如下。

第一，加剧亚太国家对核扩散问题的担忧。在亚太地区，多个国家拥有核武器，存在一定的核武器扩散的风险。AUKUS 中英美为澳大利亚建造核潜艇具有严重的核扩散风险，加剧了亚太国家的担忧和批判。2021 年 9 月 16 日，中国外交部发言人赵立坚表示，“美国、英国与澳大利亚开展核潜艇合作，严重破坏地区和平稳定，加剧军备竞赛，损害国际核不扩散协定。美英向澳大利亚出口高度敏感的核潜艇技术，再次证明他们将核出口作为地缘政治博弈的工具，采取双重标准，这是极其不负责任的行径”。[①] 在大洋洲，2021 年 9 月 15 日，新西兰总理阿德恩（Jacinda Ardern）表示，新西兰没有参与 AUKUS，也不愿参加其中关于向澳提供核潜艇的倡议，新西兰在禁止核动力船只进入其水域方面的立场保持不变。[②] 9 月 28 日，南太岛国基里巴斯总统马茂（Taneti Maamau）表示，其担心发生可能引发核恐慌的事故，AUKUS 将使太平洋地区面临风险，更广泛的冲突风险也在上升。[③] 在东南亚，2021 年 9 月 17 日，印度尼西亚外交部发表的一份声明强调澳大利亚承诺继续履行其核不扩散义务的重要性，表示对该地区持续的军备竞赛和力量投射深感担忧。[④] 9 月 18 日，马来西亚总理雅各布（Ismail Sabri Yaakob）发表声明，对美英澳安全合作表示担忧，称 AUKUS 将催化印太地区的核武器竞赛，还将促使其他国家在该地区特别是在南海采取更具进

① 《外交部：美英澳核潜艇合作严重破坏地区和平稳定》，新华网，2021 年 9 月 16 日，http：//m. news. cn/2021-09/16/c_ 1127870835. htm。

② Audrey Young, “New AUKUS Nuclear Submarine Security Pact: NZ Opted out, Jacinda Ardern Says,” September 16, 2021, https://heegryu. tistory. com/4607.

③ Pita Ligaiula, “Kiribati President Says AUKUS Nuclear Submarine Deal Puts Pacific at Risk,” Pacific Islands News Association, September 28, 2021, https://pina. com. fj/2021/09/28/kiribati-president-says-aukus-nuclear-submarine-deal-puts-pacific-at-risk/.

④ “AUKUS Defence Pact Puts Indonesia in Tight Spot,” *The Star*, September 19, 2021, https://www. thestar. com. my/aseanplus/aseanplus-news/2021/09/19/aukus-defence-pact-puts-indonesia-in-tight-spot#: ~ : text=AUKUS%20defence%20pact%20puts%20Indonesia%20in%20tight%20spot, Washington%2C%20DC%2C%20on%20Sept%2015%2C%202021. %20-%20AFP.

攻性的行动。[①] 在东北亚，2021 年 9 月 20 日，朝鲜外务省官员表示，极其不受欢迎的危险的 AUKUS 将破坏亚太地区的战略平衡，引发一系列核军备竞赛。[②] 10 月，朝鲜常驻联合国代表表示，“朝鲜的确在加强自身能力，以确保在面临越来越多的威胁时实现和平……朝鲜需要了解，为什么那些声称对和平感兴趣的国家，在面对持续的军事演习和美英与澳大利亚达成核协议时却保持沉默”。[③]

第二，对东南亚国家具有明显的负面影响。东南亚位于美国所说的“印太地区”的中心位置，也是距离 AUKUS 成员澳大利亚最近的亚洲次区域。美英澳组建 AUKUS 对东南亚国家具有明显的负面影响。一方面，AUKUS 加剧了东盟内部的分歧。由于地缘位置和与大国的战略关系存在差异，东南亚国家对 AUKUS 的反应不同。印度尼西亚和马来西亚明确质疑或反对 AUKUS。2021 年 9 月，印度尼西亚表示担心 AUKUS 可能导致地区军备竞赛。10 月，马来西亚外长阿卜杜拉（Saifuddin Abdullah）表示，该国同样担心 AUKUS 的后果。[④] 菲律宾和新加坡欢迎或支持 AUKUS。2021 年 9 月，菲律宾国防部长洛伦扎纳（Delfin Lorenzana）在与澳大利亚国防部长达顿通电话时表示，澳大利亚有权提高其潜艇防御能力。[⑤] 新加坡总理李显龙在与澳大利亚总理莫里森通电话时表示，他注意到新加坡与美英澳的长期双边和多边关系，希望

① Azreen Hani, “AUKUS: PM Urges All Parties to Avoid Any Provocation in the Region,” The Malaysian Reserve, September 18, 2021, https://themalaysianreserve.com/2021/09/18/aukus-pm-urges-all-parties-to-avoid-any-provocation-in-the-region/.

② Chaewon Chung, “North Korea Slams AUKUS Deal as ‘Undesirable and Dangerous’,” NK News, September 20, 2021, https://www.nknews.org/2021/09/north-korea-slams-aukus-deal-as-undesi-rable-and-dangerous/.

③ Chaewon Chung, “North Korean Representative Slams UN for Silence over AUKUS Deal,” NK News, October 5, 2021, https://www.nknews.org/2021/10/north-korean-representative-slams-un-for-silence-over-aukus-deal/.

④ “Malaysia, Indonesia ‘Worried and Concerned’ AUKUS Could Lead to Asia Regional Arms Race,” ABC News, October 18, 2021, https://www.abc.net.au/news/2021-10-18/indonesia-malaysia-express-aukus-concern/100549172.

⑤ Priam Nepomuceno, “Australia Has Right to Improve Sub Defense Capability: Lorenzana,” The Philippine News Agency, September 17, 2021, https://www.pna.gov.ph/articles/1153864.

AUKUS 为该地区的和平与稳定做出建设性贡献，并补充该地区的架构。[①] 越南和泰国对 AUKUS 的态度模糊。越南发言人黎氏秋姮（Le Thi Thu Hang）表示，核能开发必须用于和平目的，并为社会经济发展服务，确保人类和环境的安全。[②] 泰国政府未明确回应 AUKUS，泰国总理巴育在出席第 76 届联合国大会时表示，泰国支持《禁止核武器条约》和《不扩散核武器条约》。[③] 对 AUKUS 的这种差异化态度意味着东南亚国家面临更大的“选边站队”压力。另一方面，AUKUS 可能威胁东盟的“中心地位”。如前所述，为推行“印太战略”，美国与其盟友和伙伴在亚太地区强化了一系列小多边机制，如今又建立 AUKUS 这个新的安全合作机制，这将进一步提升美国在亚太地区安全事务中的地位和影响力，进而削弱东盟在地区事务中的“中心地位”。

第三，AUKUS 对日本和印度的影响较为复杂。日本和印度分别为美国在亚太地区的军事盟友和安全伙伴，均为 QUAD 的成员，但都不是 AUKUS 成员。日本首相多次表示欢迎 AUKUS，目的是借此展示与美国的密切关系，获得美国更大力度的支持。2021 年 9 月 24 日，时任日本首相菅义伟赴美出席 QUAD 首脑会议，对 AUKUS 表示欢迎，认为这对印太地区的和平与稳定具有重要作用。[④] 10 月 4 日，日本首相岸田文雄在与莫里森的通话中表示欢迎美英澳签署 AUKUS。印度领导人没有对 AUKUS 进行公开评论和表态，但印度知名学者莫汉（C. Raja Mohan）认为 AUKUS 对印度有利。在他看来，在有意愿的印太伙伴之间建立重叠的小型横向联盟是有意义的；印度欢迎作

---

① “Prime Minister Lee Hsien Loong's Telephone Call with Australian Prime Minister Scott Morrison,” Ministry of Foreign Affairs of Singapore, September 16, 2021, https://www.mfa.gov.sg/Newsroom/Press-Statements-Transcripts-and-Photos/2021/09/20210916-PM-Call-With-Scott-Morrison.

② Tu Anh, “Vietnam Spells out Stance on AUKUS,” *Hanoi Times*, September 23, 2021, https://hanoitimes.vn/vietnam-spells-out-stance-on-aukus-318802.html.

③ “Prime Minister Delivered Statement at the General Debate of the 76th Session of the United Nations General Assembly (UNGA76),” Ministry of Foreign Affairs of the Kingdom of Thailand, September 25, 2021, https://www.mfa.go.th/en/content/pmunga76-2? cate=5d5bcb4e15e39c306000683e.

④ “Japan's Suga Hails AUKUS Security Pact,” ABAB News, September 25, 2021, https://www.arabnews.jp/en/japan/article_ 55942/.

为威慑中国工具的 AUKUS。① 印度安全问题分析人员布山（Bharat Bhushan）讨论了 AUKUS 对印度的负面影响。他认为，在 QUAD 峰会前夕秘密成立 AUKUS，无疑会削弱 QUAD 的作用。印度作为美国助手的形象已经支离破碎。它既不被视为有能力对抗中国，也不被信任拥有最新的防御技术。② 印度智库“政策研究中心”的安全学教授卡纳德（Bharat Karnad）认为，AUKUS 的成立引起人们对 QUAD 的作用的严重怀疑，除了其作为 AUKUS 的战略后备之外，这表明未加入 AUKUS 的印度和日本是明显的附属角色。③ 布鲁金斯学会印度项目高级研究员马丹（Tanvi Madan）认为 AUKUS 对印度有利有弊。对印度的有利方面包括美澳对中国的担忧持续且不断加剧；美国对印度洋的关注度提升；英国向印太地区倾斜；为印度的外交和国防贸易提供机会。不利方面包括 AUKUS 各方对“中国威胁”的认知程度不同，欧洲国家的认知程度未达到印度的期待；印度对 AUKUS 与法国缺乏协商而引发的不和感到烦恼；担忧美英澳法等伙伴在海上安全合作及多边机制合作中的效果。④

三　AUKUS 的未来走向

（一）AUKUS 可能的纵向深化

任何机制或组织建立后，面临的首要任务是巩固该机制或组织。对于

① C. Raja Mohan, “India Welcomes AUKUS Pact as China Deterrent,” *Nepal Foreign Affairs*, September 17, 2021, https://nepalforeignaffairs.com/india-welcomes-aukus-pact-as-china-deterrent/#:~:text=India%20Welcomes%20AUKUS%20Pact%20as%20China%20Deterrent%20Nepal, United%20States%E2%80%94is%20welcome%20for%20a%20number%20of%20reasons.

② Bharat Bhushan, “AUKUS and Diluted QUAD Cast Shadow over Modi’s US Visit,” Indian Defence News, September 24, 2021, https://www.indiandefensenews.in/2021/09/aukus-and-diluted-quad-cast-shadow-over.html#:~:text=AUKUS%20And%20Diluted%20Quad%20Cast%20Shadow%20Over%20Modi%E2%80%99s, deal%20after%20it%20was%20announced%20on%20September%2016.

③ Bharat Karnad, “A Post-AUKUS World and India’s Options’,” BQ Prime, September 27, 2021, https://www.bqprime.com/opinion/quad-modi-biden-meet-a-post-aukus-world-and-indias-options?.

④ Tanvi Madan, “India, the Quad and AUKUS,” LawFare, September 24, 2021, https://www.lawfareblog.com/india-quad-and-aukus.

AUKUS，基本方式是通过深化具体领域或项目的合作巩固其合作关系。基于目前 AUKUS 透露的信息，三国的首要合作项目是核潜艇项目，其还将推动在新兴科技和产业链等领域的合作。基于目前的内容和发展趋势，AUKUS 今后的纵向深化主要体现在以下几个方面。

一方面，在争议中继续推进核潜艇项目。英美为澳大利亚提供核潜艇是 AUKUS 的第一个合作项目，旨在实现核潜艇的互操作性、通用性和互利性，三国自发布声明之日起计划用 18 个月寻求实现这一目标的最佳途径。[①] 这是 AUKUS 的优先项目，也是引发亚太国家普遍担忧和批判的项目。为推进核潜艇项目，美英澳“双管齐下”，一边加紧制定实施细节，一边向 IAEA 通报。2021 年 11 月 22 日，美英澳签署 AENNPI。受美国国内法及英美之间的核能合作协议的约束，英美限制向其他国家披露或提供核动力方面的信息，除非签署适当的协议或获得特别授权。为突破这种限制，该协议再次确定用 18 个月寻找可行的合作路径，有效期至 2023 年 12 月 31 日，必要时可延长。此后三国将签署一项后续协议，以解决核动力信息转让问题。[②] 2021 年 11 月 26 日，澳大利亚驻 IAEA 代表萨德莱尔（Richard Sadleir）代表美英澳三国向 IAEA 理事会通报，强调 AUKUS 将在与 IAEA 有关的核材料、设施和活动问题上以公开和协商的方式开展工作，保证三国履行各自的防止核扩散义务，强烈反对成立一个“特别委员会”处理该问题。[③] 2022 年 3 月 10 日，英国驻 IAEA 代表基特塞尔（Corinne Kitsell）再次向 IAEA 理事会通报，表示英美澳仍致力于履行各自的核不扩散义务，在 AUKUS 下的合作将反映

① “Joint Leaders Statement on AUKUS,” The White House, September 15, 2021, https://www.whitehouse.gov/briefing-room/statements-releases/2021/09/15/joint-leaders-statement-on-aukus/.

② “Explanatory Memorandum on the Agreement between the Government of the United Kingdom of Great Britain and Northern Ireland, the Government of Australia, and the Government of the United States of America for the Exchange of Naval Nuclear Propulsion Information,” The Government of UK, November 29, 2021, https://www.gov.uk/government/publications/ukaustraliausa-agreement-for-the-exchange-of-naval-nuclear-propulsion-information-ms-no82021.

③ “AUKUS: Tri-Lateral Statement to the IAEA,” The Government of UK, November 26, 2021, https://www.gov.uk/government/news/aukus-tri-lateral-statement-to-the-iaea.

三国在全球防扩散方面的长期领导地位，澳大利亚自愿承诺不在国内浓缩或再加工核材料。① 然而，美英澳的口头表态无法消除亚太国家对 AUKUS 引发核扩散的忧虑，今后美英澳将继续推进核潜艇项目，亚太国家与美英澳围绕该项目中的核扩散风险的争论也将继续。

另一方面，新兴科技合作将逐步展开。除了核潜艇项目外，美英澳还计划在 AUKUS 框架下开展新兴科技领域的合作。在 2021 年 9 月联合声明中，三国表示将促进更深入的信息和技术共享，促进与安全和国防相关科学、技术、产业基础和供应链的深度融合。② 在 2022 年 4 月的联合声明中，三国承诺在高超音速飞行技术和反高超音速飞行以及电子战能力方面开始新的三方合作，并加强信息共享，深化防务创新合作。③ 2022 年 4 月的《AUKUS 实施情况》说明文件总结了 AUKUS 成立以来三国合作的八个重点领域，即水下机器人技术、量子技术、人工智能和自动化技术、高级网络技术、高超音速和反高超音速技术、电子战技术、国防创新、信息共享。④ AUKUS 公布的政策文件表明，三国将在涉及安全与国防的新兴科技领域开展更多合作，逐步细化和深化在这些相关科技领域的合作。

（二）AUKUS 可能的横向扩展

巩固某一机制或组织的另一种方式是横向发展，即扩大机制或组织的规模与完善或强化其功能。AUKUS 作为一个新成立的国际机制，同样

① “AUKUS：Tri-Lateral Statement to the IAEA Board of Governors，” The Government of UK，March 10，2022，https：//www. gov. uk/government/news/aukus-tri-lateral-statement-to-the-iaea-board-of-governors.

② “Joint Leaders Statement on AUKUS，” The White House，September 15，2021，https：//www. whitehouse. gov/briefing-room/statements-releases/2021/09/15/joint-leaders-statement-on-aukus/.

③ “AUKUS Leaders’ Level Statement，” The White House，April 5，2022，https：//www. whitehouse. gov/briefing-room/statements-releases/2022/04/05/aukus-leaders-level-statement/.

④ “Fact Sheet：Implementation of the Australia-United Kingdom-United States Partnership（AUKUS），” The Government of UK，April 5，2022，https：//www. gov. uk/government/publications/implementation-of-the-australia-united-kingdom-united-states-partnership-aukus-fact-sheet/fact-sheet-implementation-of-the-australia-united-kingdom-united-states-partnership-aukus.

面临这方面的任务。因此，AUKUS 未来的横向扩展体现在以下几个方面。

一方面，AUKUS 可能谋求扩充成员。尽管从英国角度看 AUKUS 是“英语国家外交”或“盎格鲁-撒克逊外交”的主要体现，但这并非完全不能变化，更重要的是，美国未必希望该机制仅局限于这个小圈子中。实际上，AUKUS 成立后不久已经表现出扩容的意图和迹象。三国在《AUKUS 实施情况》说明文件中表示，“随着我们在关键防御和安全能力范围内的三边努力走向成熟，我们将寻求与盟友和密切合作伙伴进行适当接触”。[①] 学术界、智库报告和媒体经常讨论 AUKUS 扩容问题。例如，美国斯坦福大学沃尔特·肖伦斯坦亚太研究中心的塔拉波（Arzan Tarapore）认为，由于 AUKUS 致力于进行极其敏感的技术合作，AUKUS 的彻底整合只有在“五眼联盟”合作伙伴中才能实现。[②] 印度智库国防与分析研究所的潘达（Jagannath Panda）认为，美英澳可以采取“AUKUS+”模式扩员，合作对象可以是日本、印度和韩国等亚洲国家，也可以包括法国、加拿大和新西兰等国家。[③] 然而，无论是美英澳还是被讨论的目标国家，各方目前都尚未正式表达邀请或加入的意愿。例如，2021 年 10 月 15 日，岸田文雄表示，日本没有加入 AUKUS 的计划，但欧美国家对此感兴趣并参与其中极其重要。[④] 日本共同社在 10 月 21 日报道，英国国防参谋长卡特（Nick Carter）表示，

---

① “Fact Sheet: Implementation of the Australia-United Kingdom-United States Partnership (AUKUS),” The Government of UK, April 5, 2022, https://www.gov.uk/government/publications/implementation-of-the-australia-united-kingdom-united-states-partnership-aukus-fact-sheet/fact-sheet-implementation-of-the-australia-united-kingdom-united-states-partnership-aukus.

② Arzan Tarapore, “AUKUS Is Deeper than Just Submarines,” Freeman Spogli Institute for International Studies of Stanford University, September 29, 2021, https://fsi.stanford.edu/news/aukus-deeper-just-submarines#:~:text=AUKUS%20Is%20Deeper%20Than%20Just%20Submarines%20While%20the,Asia%20Research%20Scholar%20Arzan%20Tarapore%20argues.%20Arzan%20Tarapore.

③ Jagannath Panda, “Is ‘AUKUS Plus’ a Viable Option,” The Diplomat, January 26, 2022, https://old.springnews.co.th/host-https-thediplomat.com/2022/01/is-aukus-plus-a-viable-option/.

④《日本加入 AUKUS？岸田文雄给出了明确答案。》，新浪网，2021 年 10 月 15 日，https://news.sina.com.cn/c/2021-10-15/doc-iktzscyx9921448.shtml。

AUKUS 未来可能包含日本等国。[①] 2022 年 4 月 13 日，白宫发言人普萨基（Jen Psaki）就是否邀请日本加入 AUKUS 的问题表示，JAUKUS（Japan+AUKUS）是个不错的名字，但我不确定是否会邀请日本。[②] 美英澳在联合声明中预留了 AUKUS 的扩员空间，何时扩、如何扩以及扩哪些国家是关系未来 AUKUS 横向发展的重要方向。

另一方面，AUKUS 可能拓展合作领域。如前所述，美英澳领导人在首次联合声明中已提出，要促进三国与安全和国防相关的供应链融合。在已公布的三方文件中，美英澳强调的重点是推进核潜艇项目和涉及安全与国防的新兴科技合作，未专门提及产业链方面的内容，但这不意味着三国不重视或不再推动产业链合作。原因在于，实现高科技和部分关键产品的对华“脱钩”以及重组地区产业链与供应链，本就是美国近年来实施“印太战略”的重要内容，并通过各种双边和小多边机制不断推进，现在也没有放弃这一目标和做法的迹象。核潜艇与新兴科技均与国防与安全密切相关，是三国优先推进的合作领域，因而相关文件主要讨论这些领域的合作问题。但是，任何涉及军工产业和新兴技术产业的合作，必然需要配套的产业链和供应链，因此供应链整合镶嵌于核潜艇与新兴科技合作的过程中。此外，整合或重组产业链和供应链，必然包含从原料到生产、运输和销售的全过程，这需要对相关环节的基础设施进行投资。因此，AUKUS 未来的横向扩展很可能体现为不断拓展合作领域，主要是产业链、供应链和基础设施投资方面的合作，这是我们需要密切关注的动向之一。

（三）亚太国家可能的反应

在 AUKUS 未来的合作领域中，无论是核潜艇合作还是新兴科技合作，

---

① 《继续拉帮结派？日媒：英国国防参谋长声称 AUKUS 未来可能包含日本等国》，环球网，2021 年 10 月 22 日，https：//3w. huanqiu. com/a/c36dc8/45Gocf6dIeR。

② “Press Briefing by Press Secretary Jen Psaki,” The White House, April 13, 2022, https://www.whitehouse.gov/briefing-room/press-briefings/2022/04/13/press-briefing-by-press-secretary-jen-psaki-april-13-2022/.

抑或是产业链、供应链和基础设施合作，都会对亚太国家产生重要影响，但是对中国和其他亚太国家的影响大相径庭。这意味着中国和其他亚太国家对AUKUS 未来走向的反应不尽相同。

一方面，中国将重点反对和抵制 AUKUS 的核扩散风险。中国需要密切关注 AUKUS 的发展动向并对相关问题及时做出合理反应。在美英澳的主动合作项目和领域中，核潜艇合作不仅是三国重点推动的优先项目，也是对中国和整个亚太地区造成威胁的最直接的项目，反对核扩散最容易引起域内国家和整个国际社会的共鸣。因此，未来中国可能在 AUKUS 的核潜艇项目上继续与美英澳进行激烈博弈。对于 AUKUS 中的新兴科技合作及产业链和供应链合作问题，中国也需要密切关注并采取一定的应对策略，但无须过于担忧。原因在于，重组亚太地区的产业链和供应链离不开域内国家的协调与配合。“中国是 120 多个国家和地区的最大贸易伙伴，进口占全球的比重约为 11%。”① 在中国成为绝大多数周边国家的最大贸易伙伴的背景下，尽管一些亚太国家表示赞同美国的一些政策理念，但这不代表它们都愿意全力支持美国的对华“脱钩”政策。此外，美英澳三国重组产业链与供应链的能力不足，即便加上日本、韩国、印度和越南等国，仍不足以完全替代中国的市场和产业。

另一方面，其他亚太国家关于 AUKUS 的分歧将扩大。尽管 AUKUS 中的合作项目对其他亚太国家的影响不完全相同，但可以把它们归为一类进行讨论，因为它们不是美英澳对抗和打压的对象，而是其拉拢或分化的目标。总体来看，AUKUS 的未来发展将使亚太国家的观点和立场更加分裂，并沿着多条“分裂线”日益面临“选边站队”的风险。一是在核扩散问题上的分歧。印度尼西亚、马来西亚、新西兰、基里巴斯和朝鲜已经表明对美英澳核潜艇项目的担忧和批判，但它们与美英澳关系的密切程度不同导致其反对的程度不同，同时，菲律宾、新加坡等国表现出欢迎 AUKUS 的态度，还有许多亚太国家未表明态度和立场。随着核潜艇项目的推进，这些国家的分歧

① 《扩大进口，中国热情依旧》，《人民日报》（海外版）2020 年 4 月 7 日，第 6 版。

将进一步加剧。二是在新兴科技方面的分歧。日本、韩国、新加坡和中国台湾地区等是发达经济体，在芯片、计算机、人工智能等新兴科技领域具有一定优势，是美英澳重点拉拢的目标，也可能成为“AUKUS+”模式下的合作对象，它们很可能在不同程度上支持并配合 AUKUS 在该领域的政策。其他大多数亚太国家的科技水平不高，很难受到美英澳的重视，可能不欢迎 AUKUS 在这方面的政策。三是在产业链和供应链方面的分歧。多数亚太国家以中国为主要贸易伙伴和出口市场，它们的经济已经与中国的产业和市场融为一体。出于经济发展需要进行的产业调整属于正常的市场行为，这在各国都是司空见惯的事情，但是如果出于政治原因强制性重组产业链，则表明一些国家的对华态度出现摇摆，这种政治性行为必将遭到其他国家的抵制和反对，也会损害与中国的双边关系及地区稳定，从而使其面临一定的政治风险。因此，越南、泰国、马来西亚、印度尼西亚和印度等国希望在“产业转移”中承接部分产业，大多数亚太国家不愿但不得不面对在美国及其盟国和伙伴推动的产业转移和产业链重组背景下的“两难”局面。

附　录　2021年亚太地区大事记

1月

1 日　《数字经济伙伴关系协定》（DEPA）在新西兰、新加坡正式生效。

20 日　美国民主党人拜登在首都华盛顿宣誓就任美国第 46 任总统。美国当选副总统哈里斯当天也宣誓就职，成为美国历史上首位女性副总统。

21 日　首次东盟数字部长系列会议举行并通过《东盟数字总体规划 2025》。该规划将指引东盟 2021~2025 年的数字合作，将东盟建设成一个由安全和变革性的数字服务、技术和生态系统所驱动的领先数字社区和经济体。

27 日　马来西亚与澳大利亚将两国关系提升至全面战略伙伴关系。

31 日　越南共产党第十三届中央委员会举行第一次会议，选举新一届领导集体，阮富仲再次当选越共中央总书记。

2月

19 日　巴布亚新几内亚科技大学孔子学院揭牌，这是巴布亚新几内亚成立的首家孔子学院。

21 日　由联合国亚洲及太平洋经济社会委员会倡导发起的《亚洲及太平洋跨境无纸贸易便利化框架协定》正式生效。

22 日　印尼与欧盟就双边全面经济伙伴关系协定（CEPA）进行第十轮谈判。

3月

17 日　东盟-美国联合合作委员会第 12 次会议以视频方式召开。

19 日　据朝中社报道，朝鲜外务省发表声明，因马来西亚日前决定将一名朝鲜公民强行引渡到美国，朝鲜决定中断与马来西亚的外交关系。

22 日　老挝第九届国会第一次会议在万象举行，选举老挝人民革命党中央委员会总书记通伦为国家主席，老挝人民革命党中央政治局委员潘坎为政府总理。

31 日　东盟-印度联合合作委员会（AIJCC）第 21 次会议举行。

4月

5 日　越南第十四届国会第十一次会议选举政府总理阮春福为新一任国家主席。

13 日　日本政府召开相关阁僚会议，正式决定向海洋排放福岛第一核电站含有对海洋环境有害的核污水。虽然日本政府一再表示排放的核污水的浓度符合国际标准，但依然引发广泛的担忧。

5月

3 日　第 24 届东盟与中日韩（“10+3”）财长和央行行长视频会议举行。各方决心进一步加强区域内联系和完善区域价值链，推动区域经济更多样化、更具韧性，继续坚定地致力于建立开放的、基于规则的多边贸易和投资体系。

4 日　应老挝政府要求，中国政府援老抗疫医疗专家组抵达万象。

13日 美韩两国以视频方式举行“东盟政策对话”会议，讨论了与东盟地区加强合作的方案。

14日 东盟卫生部长通过“东盟区域疫苗安全和自力更生战略与行动计划（2021~2025）”提出加强共享、能力建设和发展行动等举措。

6月

4日 东盟与欧盟成功结束了区域间全面航空运输协定（AECATA）谈判，这是世界第一个区域间航空协定。

7日 纪念中国-东盟建立对话关系30周年特别外长会在中国重庆举行。会议回顾了30年来中国-东盟对话关系取得的里程碑式成果，重申致力于进一步加强各领域合作，促进共同进步和繁荣。

15日 第十五次东盟防长会议以视频会议方式举行。会议声明表示认识到本地区当前和新出现的传统、非传统威胁的影响，包括恐怖主义、暴力极端主义、自然灾害、水安全和环境保护等方面。

第十二次中国-东盟国防部长非正式会晤视频会议举行。各方就国防和军队建设、抗疫物资援助等问题进行深入讨论。

16日 第八届东盟防长扩大会视频会议举行。参会各方就国际和地区安全形势及相关问题发表了意见。

23日 “一带一路”亚太区域国际合作高级别视频会议召开，会议主题为“加强抗疫合作、促进经济复苏”，29个国家的副总理、外长等政要以及联合国相关代表参会。会议发布了29国共同发起的“一带一路”疫苗合作伙伴关系倡议和绿色发展伙伴关系倡议。

7月

2日 第九届太平洋岛国峰会以线上方式召开，帕劳、斐济、巴布亚新几内亚、图瓦卢等14个太平洋岛国代表出席。

6日 东盟-俄罗斯特别外长会议举行，各方就抗击新冠疫情、疫后恢复重建等问题交换意见。

8日 中国与巴基斯坦建交70周年研讨会在巴基斯坦首都伊斯兰堡闭幕。巴国民议会副议长卡西姆·苏里在致辞中称赞中国取得的非凡成就，表示巴中友谊历久弥坚，巴基斯坦正在学习中国的发展经验。

14日 东盟-美国特别外长会议举行，美方表示将继续支持东盟在保持对话、加强合作，携手构建开放、包容和基于法律的地区架构，有效应对新兴挑战等方面发挥核心作用。

27日 韩朝双方决定自10时起，恢复此前中断的南北通信联络线路。

8月

2日 第54届东盟外长会通过视频方式举行。会议呼吁将新冠疫苗作为全球公共产品，提高其对全人类的可及性和可负担性。

3日 东盟与中日韩外长会通过视频方式举行。会议提出以2022年“10+3”合作启动25周年为契机，制定《东盟与中日韩（10+3）合作工作计划（2023—2027）》，规划未来合作路线图，服务东亚共同体目标。

美国和印尼举行了首次战略经济对话第一轮会谈。

4日 第11届东亚峰会外长会以视频方式举行，各方就抗击疫情、经济复苏等问题进行深入讨论。

6日 第28届东盟地区论坛外长会以视频方式举行，会议呼吁保持南海和平稳定，期待各国团结合作，聚焦抗击疫情和经济复苏，共同克服发展中面临的困难和挑战。

16日 马来西亚总理穆希丁·亚辛宣布辞职，成为马来西亚执政时间最短的总理。

19日 阿富汗塔利班发言人扎比胡拉·穆贾希德在社交网站发表声明，在阿富汗脱离英国统治、独立102周年纪念日之际，塔利班宣布成立“阿富汗伊斯兰酋长国”。

20 日 马来西亚最高元首阿卜杜拉宣布任命前副总理伊斯梅尔·萨布里为总理。

30 日 美军全部撤离阿富汗，美国历史上最漫长、长达 20 年的阿富汗战争以美军黯然撤离告终。

9月

6 日 印度尼西亚银行与中国人民银行正式启动印度尼西亚与中国本币结算合作框架（LCS）。此举是两国央行深化货币金融合作的重要里程碑。

8 日 第 53 次东盟经贸部长会议以视频方式召开。会议就全球和地区经贸形势、应对新冠疫情、加快经济复苏等交换了意见；重点审议了 2021 年重点经贸成果进展、东盟经济共同体建设进展和东盟对外经贸关系发展情况。

9 日 金砖国家领导人第十三次会晤以视频方式举行。中国国家主席习近平、南非总统拉马福萨、巴西总统博索纳罗、俄罗斯总统普京出席，印度总理莫迪主持会晤。

13 日 第 20 次中国-东盟（“10+1”）经贸部长会议以视频方式举行。会议通过《在中国—东盟建立对话关系 30 周年之际关于进一步提升经贸合作水平的联合声明》和关于《中国—东盟自由贸易协定》实施情况的报告。

第 24 次东盟-中日韩（10+3）经贸部长会议以视频方式举行。会议通过《〈10+3 缓解疫情对经济影响的行动计划〉进展报告》《10+3 经济合作工作计划（2021—2022）》。

15 日 美国总统拜登、英国首相约翰逊和澳大利亚总理莫里森举行视频会议，共同宣布组成美英澳三边安全伙伴关系（AUKUS）。

16 日 上海合作组织成员国元首理事会第二十一次会议在塔吉克斯坦首都杜尚别召开。

10月

4 日 日本自民党新总裁岸田文雄在临时国会众议院和参议院首相指名

选举中均获得超过半数选票，当选日本第 100 任首相。

12 日 中老昆（明）万（象）铁路全线铺轨完成。这是中国“一带一路”倡议与老挝“变陆锁国为陆联国”战略对接的重要项目，也是首条由中方主要投资建设、全线采用中国技术标准、使用中国设备并与中国铁路网直接联通的国际铁路。

二十国集团轮值主席国意大利以视频方式举办二十国集团阿富汗问题领导人特别峰会，中国国家主席习近平特别代表、国务委员兼外长王毅出席。

26 日 受新冠疫情影响而并期举行的第 38 届和第 39 届东盟峰会在文莱首都斯里巴加湾市开幕，会议以视频方式举行。东盟轮值主席国文莱苏丹哈桑纳尔呼吁继续推动东盟共同体建设，努力实现后疫情时代区域经济复苏。

第 24 次中国-东盟领导人会议以视频方式举行。中国国务院总理李克强与东盟轮值主席国文莱苏丹哈桑纳尔共同主持会议。

27 日 第 24 次东盟与中日韩领导人会议以视频方式举行。中国国务院总理李克强、韩国总统文在寅、日本首相岸田文雄以及东盟国家领导人共同出席。文莱苏丹哈桑纳尔主持会议。

第 16 届东亚峰会以视频形式举行。中国国务院总理李克强、俄罗斯总统普京、韩国总统文在寅、美国总统拜登、日本首相岸田文雄、印度总理莫迪、澳大利亚总理莫里森、新西兰总理阿德恩以及东盟国家领导人与会。文莱苏丹哈桑纳尔主持会议。

11月

1 日 中国向《数字经济伙伴关系协定》（DEPA）保存方新西兰正式提出申请。

2 日 东盟秘书处发布通知，《区域全面经济伙伴关系协定》（RCEP）达到生效门槛，将于 2022 年 1 月 1 日开始生效。

10 日 东盟防长非正式会议由文莱主办。东盟各国防长就新冠疫情暴发期间出现的地区安全挑战和东盟防长非正式会议未来的合作重点交换了意见。

12 日 亚太经合组织第二十八次领导人非正式会议以视频方式举行，会议通过了《2021 年亚太经合组织领导人宣言》。

16 日 中国国家主席习近平同美国总统拜登举行首次视频会晤，双方就事关中美关系发展的战略性、全局性、根本性问题以及共同关心的重要问题进行了充分、深入的沟通和交流。

22 日 中国与东盟举行了建立对话关系 30 周年纪念峰会，正式宣布建立全面战略伙伴关系。

12月

1 日 印度尼西亚历史上首次担任二十国集团轮值主席国。

9 日 新加坡和英国宣布《英国—新加坡数字经济伙伴关系协定》（UKSDEA）的谈判工作已实质性完成。

15 日 新加坡和韩国完成《韩国—新加坡数字经济伙伴关系协定》（KSDPA）谈判。

28 日 日本防卫大臣岸信夫在与文莱国防部第二部长哈尔比举行视频会谈时表示，日本有意加入东盟防务热线机制。

Abstract

In 2021, the COVID-19 pandemic continued to ravage the world, causing differences and disparities in economic growth among Asia-Pacific economies. Coping with the pandemic and restoring economic growth have become common and urgent tasks for all economies in the region. The regional supply chains have been significantly affected by the COVID-19 pandemic, and various Asia-Pacific economies have introduced policy measures to actively address the issue of supply chain disruptions. Meanwhile, the pandemic has objectively promoted the development of the digital economy and digital trade in the region, making the digital economy an increasingly important driving force for regional economic development. With member states successively completing domestic approval procedures, the Regional Comprehensive Economic Partnership Agreement (RCEP), the world's largest free trade agreement, officially took effect on January 1, 2022, creating new opportunities and platforms for economic cooperation in the Asia-Pacific region.

In 2021, competition amongregioal powers and the reconfiguration of relationships among major actors are key variables affecting the geopolitical landscape of Asia-Pacific. Unlike the Trump era, the Biden administration has placed more emphasis on rebuilding alliances and partnerships, attempting to establish security mechanisms such as the trilateral security pact between Australia, the United Kingdom, and the United States (AUKUS) and the Quadrilateral Security Dialogue (QUAD) between the US, Japan, India, and Australia. At the same time, the Biden administration plans to introduce the "Indo-Pacific Economic Framework" (IPEF) to address the economic "shortcomings" of the "Indo-Pacific strategy". The intensifying comprehensive strategic competition between the US and China has profoundly impacted the regional situation's development, leading to the securitization of regional affairs and increasing uncertainty in the regional order. On one hand, countries such as Japan, Republic of Korea, Australia, and India continue to adjust their security strategies, and the relationships among major regional powers such as China-US, China-India, China-Japan, Russia-India, Japan-Russia, and Japan-ROK have become more complicated. On the other hand, facing the increasingly intensified competition between major powers, the pressure on Southeast Asian countries to "take sides" has sharply increased, objectively impacting the "centrality" of ASEAN and forcing the existing ASEAN-centered regional security architecture to make choices about its future direction.

In 2021, despite the influence of various uncertainties such as the pandemic, most countries in the Asia-Pacific region maintained stable political situations and effective national governance. However, the adjustment of epidemic prevention and control modes in developing countries in the region was limited by the low vaccination rate, leading to a decrease in their ability to withstand risks and an increase in their economic and social vulnerability. At the same time, many developed countries in the region have seen an increase in anti-globalization, populist, and racist tendencies. Correspondingly, value diplomacy is becoming an important factor in the domestic politics and international relations of relevant countries in the region, and there are signs of ideological confrontation in the Asia-Pacific region.

In 2021, the order in the Asia-Pacific region has shown significant uncertainty and reached a crucial node on whether to persist in cooperation or move towardsdivision, focus on regional economic development or return to geopolitical competition. Influenced by factors such as the COVID - 19 pandemic, great power rivalry, and geopolitical competition, the supply chains in the Asia-Pacific region have faced the pressure of disruption, and traditional security and non-traditional security challenges have further increased. Meanwhile, the regional economies have made some progress in promoting regional economic cooperation. Looking forward, the Asia-Pacific region's economy is expected to recover in a winding path, but the group politics and the group turn in security field have emerged, some countries face potential risks of political instability, and the competition in the path of regional cooperation will become more prominent.

Keywords: Asia-Pacific Region; Supply Chain; Indo-Pacific Strategy; RCEP; Competition among Regional Powers

Contents

I General Report

Abstract: In 2021, the COVID－19 pandemic is still continuing, and the growth of Asia-Pacific economies has diverged and differentiated, but regional inflation has remained under control and exports have also rebounded strongly. The political situation in the Asia-Pacific region is generally stable, with some countries experiencing political turbulence. Major countries in the Asia-Pacific continue to adjust their security strategies, and regional security is at a turning crossroads. Affected by the COVID－19 pandemic and the strategic game between China and the United States, the regional supply chain in the Asia-Pacific is under fracturing pressure, ideological differences among Asia-Pacific countries are increasing, traditional and non-traditional security challenges in the region are on the rise, and economic cooperation in the Asia-Pacific is greatly enhanced in depth and breadth. Looking ahead to 2022, the Asia-Pacific economy will continue to recover amid twists and turns, there are overlapping risks of social tensions and political risks in some Asia-Pacific countries, regional security uncertainties are increasing, and the path of regional cooperation is more competitive.

Keywords: The Asia-Pacific Region; Regional Cooperation; The COVID－19 Pandemic; China-US Relations

Ⅱ Specific Reports

Abstract: With the promotion of COVID−19 vaccine, Asia Pacific economy will gradually recover from the low point of 2020 in 2021. As a new economic form, the digital economy will become the commanding height of a new round of global industrial competition and a new driving force to promote the development of the Asia Pacific economy. The loose monetary policy of developed economies and the contradiction between supply and demand caused by supply chain disruption have made developed economies face high inflation. Looking forward to 2022, the spread of the Omixon mutant strain will increase uncertainty for the economic recovery in the Asia-Pacific region, and the shift of monetary policy in developed economies will bring risk spillover effects to emerging economies in this region. At the same time, the promotion of the "India-Pacific Strategy" of the United States will have a negative impact on Chinese economy and regional economic cooperation. However, as the member countries of the Regional Comprehensive Economic Partnership (RCEP) have successively completed their domestic approval procedures, it has officially entered into force as the largest free trade agreement in the world, providing new opportunities for the development of economic and trade cooperation in the Asia-Pacific region.

Keywords: The Asia-Pacific Region; Digital Economy; Supply Chain Security; Indo-Pacific Strategy; RCEP

B.3 Political Situation of Asia-Pacific Region in the Year of 2021: Retrospect and Prospect

Abstract: In 2021, the political situation in the Asia-Pacific region is generally stable except turmoil in some countries. Although challenged by rampant epidemic, economic downturn and difficult livelihood, most governments successfully maintained political stability and order. Many developing countries in the region are relatively weak and lack efficient resources and the ability to fight the epidemic and avoid economic risk and therefore political turmoil, party feud and Government turnover in deed happened in some counties such as Myanmar and Malaysia. The epidemic variable become an important factor not only influenced the locale governance, party structure and political stability but geopolitical politics as well. By initiating vaccine diplomacy and politicizing the vaccine the US deepened its geopolitical tentacles into the Asia-Pacific region, especially Southeast Asia for in order to compete with China for influence. Looking forward to 2022, Except for a few countries such as Myanmar, the whole region overly will be politically stable but there are also some hot issues, uncertainties and unstable factors need to watch closely.

Keywords: The Asia-Pacific Region; Political Situation; The Pandemic of COVID-19; Governance; Geopolitical Politics

B.4 Trends of Asia-Pacific Diplomacy in 2021: Increased Competition and Uncertainty

Abstract: The Asia-Pacific diplomacy in 2021 has witnessed obviously a trend of increased competition and uncertainty influenced by the pandemic of the century interacted with global changes unseen in a century. As the United States has further strengthened the competition of great powers, functions of jointly coping with crises and maintaining stability among major countries have declined significantly. The relations between China and Japan, China and India, Japan and Russia, and Japan and South Korea have also been further complicated. At the same time, the Southeast Asian countries are facing an increased pressure of "choose sides" while there is also a fierce competition among major powers over the South Pacific region. In the face of the above complex regional environment, China is willing to fight and will fight well in dealing with Sino-US relations, and still can maintain the overall situation with the US. In terms of Russia, a comprehensive strategic partnership of coordination is further enhanced. In addition, China is committed to carrying out effective anti-epidemic diplomacy, actively practiced multilateralism and promoted multilateral governance in the Asia-Pacific region, so as to demonstrate its big country responsibility.

Keywords: The Asia-Pacific Region; Diplomatic Trends; Competition among Major Powers; Big Country Responsibility of China

Abstract: After the Biden administration took office in January 2021, the United States upgraded and strengthened the implementation of the "Indo-Pacific Strategy", which has a profound impact on the security architecture of the Asia-Pacific region and the security situation and policy choices of each sub-region. In a regional environment of increasingly fierce competition and game between major powers, the process of "differentiation and grouping" of major security forces in the Asia-Pacific region is accelerating, and sub-regions are becoming increasingly divided and "grouped". Regional crisis management on traditional security issues such as the South China Sea has become more difficult, while non-traditional security issues such as the COVID-19 pandemic, terrorism and cross-border crimes have posed greater security challenges, showing the dual characteristics of politics of interests and politics of rules. In the context of accelerating changes unseen in a century, the trend of order in the Asia-Pacific region in 2021 is significantly more uncertain, and security risks in the region are on the rise. Asia-Pacific countries are forging ahead in a regional environment of "change" and "chaos".

Keywords: Indo-Pacific Strategy; Asia-Pacific Security; Great Power Competition

Ⅲ Regional Cooperation

B.6 RCEP and Supply Chain in the Asia-Pacific Region

Yang Chao, Li Tianguo / 096

Abstract: Under the influence of the COVID-19 epidemic, great powers competition and the regional security situation, the supply chain pattern in the Asia-Pacific region has undergone profound changes. RCEP member countries overcame all kinds of interference and worked together to promote the RCEP process, and finally pushed RCEP to take effect in January 2022 in the 10 first ratified member states. The implementation of RCEP will have a significant impact on the supply chain in the Asia-Pacific region and even the world. The agreement will promote the supply of Asia-Pacific region by promoting regional trade growth, increasing the attractiveness to multinational companies outside the region, and consolidating the East Asian production network by creating a unified rule of origin. Looking ahead, in order to promote RCEP to exert greater influence, all member states should strengthen communication and cooperation in eliminating non-tariff barriers to reduce the impact of non-tariff barriers on the new round of trade liberalization. Secondly, countries need to increase the utilization rate of RCEP. To ensure that micro-enterprises have a "sense of gain" in the process of trade liberalization, it is finally necessary to promote the upgrading of relevant rules, further stabilize and develop regional supply chains, and make greater contributions to regional and global economic recovery.

Keywords: The Asia-Pacific Region; RCEP; Supply Chain; Rules of Origin; Regional Economic Integration

B.7 A Review on APEC Economic Leaders' Meeting 2021

Liu Junsheng / 110

Abstract: The pandemic of COVID－19 has exerted a devastating impact on APEC, which maybe continues persistently. According to 2021 APEC Economic Leaders' Declaration, the top priority is to revive the economy in a more innovative, inclusive and sustainable way. By referring to APEC Economic Leaders' Statement issued on 16 July 2021, it can sum up the response to COVID－19 and economic recovery as the most important tasks for current APEC. On responding to COVID－19, a series of initiatives and commitments are suggested, such as considering vaccines as globally public goods, putting people in the centre of policy-making, trade and investment with a crucial role in containing the pandemic, etc.. On economic recovery, it emphases the more innovative, inclusive and sustainable way responds to the changes of social economy and lives, the transition of industries, as well as the progress of APEC's new growth strategy. COVID－19 is a pandemic that needs efforts of all human being. The timely and effective initiatives and policy advice in 2021 Declaration can reflect and deepen the common sense of an Asia-Pacific Community.

Keywords: The Pandemic of COVID－19; 2021 APEC Economic Leaders' Declaration; Economic Recovery; Asia-Pacific Community

B.8 Five Years of Lancang-Mekong Cooperation: Progress, Experience and Future Development

Xing Wei, *Xu Liping* / 127

Abstract: The Lancang-Mekong Cooperation is one of the most successful cases on practical cooperation between China and neighboring countries. Since its official launch five years ago, the Lancang-Mekong Cooperation Mechanism has made remarkable progresses in many fields. For instance, the Lancang-Mekong Cooperation Mechanism has been designed to cover a wide range of areas, and has achieved fruitful cooperation in non-traditional security governance, economic cooperation, and humanity and social cooperation. The successful experience of the Lancang-Mekong Cooperation includes the political foundation of equality and mutual trust, the development orientation of mutual benefit and common progress, and the inclusive development of multiple participants. In future, we should strengthen the Lancang-Mekong Cooperation's inclusiveness, promote the connection between the Global Development Initiative and the Lancang-Mekong Cooperation, and deepen the non-traditional security governance in the Lancang-Mekong region.

Keywords: Lancang-Mekong Cooperation; Equality and Mutual Trust; Development Orientation; Inclusive Development

B.9 The Prospects of the Indo-Pacific Economic Framework: What Should China Do? *Zhang Song, Zhang Zhongyuan* / 140

Abstract: On May 23, 2022, during his visit to Japan, US President Joe Biden announced the launch of the *Indo-Pacific Economic Prosperity Framework* (IPEF). The first ministerial-level negotiations of IPEF will be held in September. The batch of participating countries in the framework consists of 14 countries, including the United States, Japan, South Korea, India, Australia, New Zealand, Indonesia, Thailand, Malaysia, the Philippines, Singapore, Vietnam, Brunei, and Fiji. As the economic pillar of the US "Indo-Pacific Strategy", IPEF is one of the core tools for the United States to improve its strategic layout in the Asia-Pacific region, rally regional allies and partners, and strengthen its dominant position in the region's political and economic order. Although the negotiation and implementation of IPEF face uncertainties, as a new Indo-Pacific regional economic cooperation framework led by the United States, it will not only have an impact on the regional supply chain system, but also pose challenges to the prosperity and development of China's economy. China needs to prepare for the possible adverse effects of IPEF.

Keywords: Regional Economies; Free Trade Agreements; Indo-Pacific Economic Framework

Ⅳ Great Power Relations

Abstract: In 2021, China-India relations remained at a low ebb, and India's security dilemma with China was significantly generalized. Bilateral political relations have become cold. High-level exchanges and interactions between China and India have significantly decreased. Bilateral political and strategic mutual trust is at a new low since the end of the Cold War. India is trying to decouple itself from China in the economic and trade field. The bilateral economic, trade and investment dialogue and consultation mechanisms have stalled. India's restrictions on Chinese investment and discriminatory policies against Chinese companies pose multiple risks to Chinese investment. In order to resolve the stand-off in the western section of the boundary and realize the "transition to normal management and control" of the border, the Working Mechanism for Consultation and Coordination (WMCC) on China-India Border Affairs and the military minister-level talks have held several rounds of talks and played an important role. In 2022, there will be multiple challenges for China-India relations to get out of the "very difficult phase".

Keywords: China-India Relations; Political Mutual Trust; Border Issue; Security Dilemma

B.11 The New Stage of Upgrading China-Indonesia Relations

Xu Liping / 167

Abstract: As an important bilateral relation in the Asia-Pacific region, China-Indonesia relations have been moving forward steadily in recent years. The two countries have established a new pattern of bilateral cooperation on the "four-wheel drive" of political, economic, cultural and maritime affairs. Between 2021 and 2022, the China-Indonesia relationship enjoyed robust growth, demonstrating great resilience and vitality in political, economic, people-to-people and maritime cooperation. However, the relation has been deterred by threats from the territory dispute, frequent export bans in Indonesia and impediment of America, which should be handled properly. In the future, the two countries should have further been consolidating cooperations in promoting the digitalization of medium and small enterprises, deepening green energy and strengthening food security.

Keywords: China-Indonesia Relations; Mutual Trust in Politics; Exchange in Trade and Commerce; People-to-people Exchange; Maritime Cooperation

B.12 Japan's Political and Economic Trends and China-Japan Relations after the Kishida Regime Came to Power

Li Chengri / 180

Abstract: In 2021, Japan experienced the participation of the Tokyo Olympic Games and the Paralympic Games, the Prime Minister's alternation from Suga Yoshihide to Fumio Kishida, and the House of Representatives election. The new Prime Minister, Fumio Kishida, won the House of Representatives election held in October, which consolidated the ruling foundation to a certain extent. However, due to the subsequent failure to effectively control the COVID - 19, sluggish economic growth and other reasons, the support rate of the Kishida Cabinet has not been improved. Due to Japan's obvious preference for the United States in the strategic game between China and the United States, and the impact of the COVID－19, personnel exchanges between China and Japan have been greatly affected, and bilateral relations have not been improved, facing increasing challenges and difficulties.

Keywords: Kishida Cabinet; China-US Strategic Competition; The Pandemic of COVID－19; Japan-US Alliance; China-Japan Relations

Abstract: In 2021, with the joint efforts of the two governments, PRC-ROK relations have achieved comprehensive and rapid development, and exchanges and cooperation in political, economic, cultural, sports, military and other fields have achieved fruitful results. At the same time, due to the influence of many international and domestic factors, the development of PRC-ROK relations faces some risks and hidden dangers. In 2022, China and South Korea will usher in the 30th anniversary of the establishment of diplomatic relations. Therefore, opportunities and challenges for the development of PRC-ROK relations coexist, and the result of the South Korean general election will become an important variable affecting the direction of PRC-ROK relations.

Keywords: PRC-ROK Relations; ROK-US Alliance; South Korean General Election

Abstract: Since 2020, a series of anti-China measures promoted by the Morrison government in Australia has pushed bilateral relation into a new spiral of deterioration. In 2021, the trend of continuous deterioration continued further, which put the comprehensive strategic partnership between China and Australia in an unprecedented serious crisis. Australia reacted violently to the anti-dumping measures taken by China, and even put forward the idea of "decoupling" from China. Moreover, the Morrison government strengthened the so-called "security review" of foreign investment by amending the foreign investment law, which brought great uncertainty to the economic and trade relations between the two countries. Although bilateral trade value of goods was still growing in numbers, and the entry into force of RCEP has brought new opportunities to the two countries, the trade structure has begun to change. At the same time, the COVID－19 epidemic prevented Chinese tourists and students going to Australia, as a result, Australian's service trade in tourism and international education were greatly impacted. In the field of security, Morrison's government intervened in Taiwan affairs with high profile, advocating that it was ready to participate in the "war with China", which promoted the intensification of regional tensions. Under the quadrilateral security mechanism, Australia not only strengthened its coordinated actions with the United States and other countries under the framework of "Indo-Pacific Strategy", but more importantly, established trilateral security partnership with the United States and UK which was obviously targeted at China. These relevant diplomatic measures of Morrison's government have had an important negative impact on bilateral relations, as well as the peace and stability of the whole region.

Keywords: China-Australia Relations; Trade Friction; AUKUS; QUAD

V Regional Issues

B.15 The Analysis of the Dramatic Changes in the Situation in Afghanistan

Tian Guangqiang / 220

Abstract: The complete withdrawal of U. S. troops has been followed by dramatic changes in Afghanistan, the collapse of the government of the Islamic

speaking-countries. AUKUS has not been established for a long time, but it will exert important impacts on the security and order of the Asia-Pacific, as well as on China and other Asia-Pacific countries. Based on relevant information released by the three countries, AUKUS may have trends of vertical deepening and horizontal expansion in the future, but China and other countries in the Asia-Pacific will make different responses to them.

Keywords: AUKUS; Nuclear-powered Submarine; Surrounding Security Environment

皮 书

智库成果出版与传播平台

✤ 皮书定义 ✤

皮书是对中国与世界发展状况和热点问题进行年度监测，以专业的角度、专家的视野和实证研究方法，针对某一领域或区域现状与发展态势展开分析和预测，具备前沿性、原创性、实证性、连续性、时效性等特点的公开出版物，由一系列权威研究报告组成。

✤ 皮书作者 ✤

皮书系列报告作者以国内外一流研究机构、知名高校等重点智库的研究人员为主，多为相关领域一流专家学者，他们的观点代表了当下学界对中国与世界的现实和未来最高水平的解读与分析。截至 2022 年底，皮书研创机构逾千家，报告作者累计超过 10 万人。

✤ 皮书荣誉 ✤

皮书作为中国社会科学院基础理论研究与应用对策研究融合发展的代表性成果，不仅是哲学社会科学工作者服务中国特色社会主义现代化建设的重要成果，更是助力中国特色新型智库建设、构建中国特色哲学社会科学“三大体系”的重要平台。皮书系列先后被列入“十二五”“十三五”“十四五”时期国家重点出版物出版专项规划项目；2013~2023 年，重点皮书列入中国社会科学院国家哲学社会科学创新工程项目。

皮书网

（网址：www.pishu.cn）

发布皮书研创资讯，传播皮书精彩内容
引领皮书出版潮流，打造皮书服务平台

栏目设置

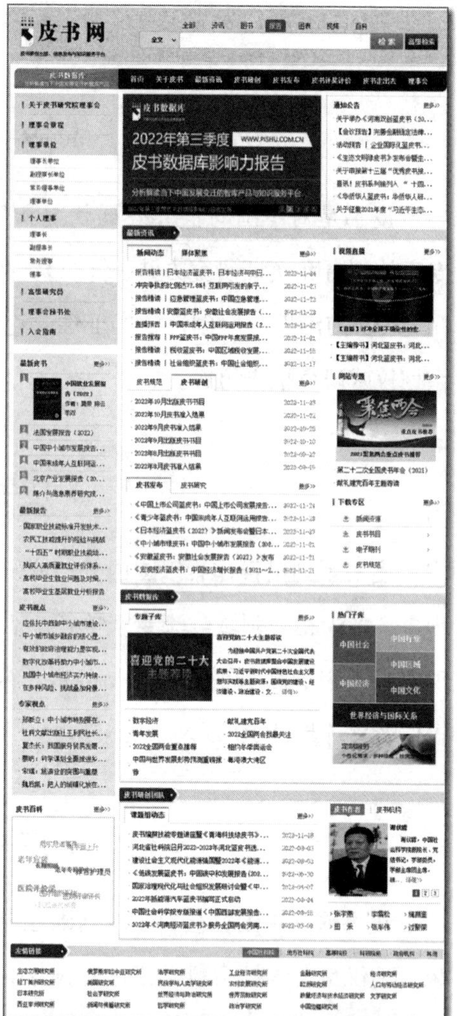

◆ **关于皮书**

何谓皮书、皮书分类、皮书大事记、
皮书荣誉、皮书出版第一人、皮书编辑部

◆ **最新资讯**

通知公告、新闻动态、媒体聚焦、
网站专题、视频直播、下载专区

◆ **皮书研创**

皮书规范、皮书选题、皮书出版、
皮书研究、研创团队

◆ **皮书评奖评价**

指标体系、皮书评价、皮书评奖

◆ **皮书研究院理事会**

理事会章程、理事单位、个人理事、高级研究员、理事会秘书处、入会指南

所获荣誉

◆2008 年、2011 年、2014 年，皮书网均在全国新闻出版业网站荣誉评选中获得“最具商业价值网站”称号；

◆2012 年，获得“出版业网站百强”称号。

网库合一

2014年，皮书网与皮书数据库端口合一，实现资源共享，搭建智库成果融合创新平台。

皮书网

“皮书说”
微信公众号

皮书微博

S 基本子库
UB DATABASE

中国社会发展数据库（下设 12 个专题子库）

紧扣人口、政治、外交、法律、教育、医疗卫生、资源环境等 12 个社会发展领域的前沿和热点，全面整合专业著作、智库报告、学术资讯、调研数据等类型资源，帮助用户追踪中国社会发展动态、研究社会发展战略与政策、了解社会热点问题、分析社会发展趋势。

中国经济发展数据库（下设 12 专题子库）

内容涵盖宏观经济、产业经济、工业经济、农业经济、财政金融、房地产经济、城市经济、商业贸易等12个重点经济领域，为把握经济运行态势、洞察经济发展规律、研判经济发展趋势、进行经济调控决策提供参考和依据。

中国行业发展数据库（下设 17 个专题子库）

以中国国民经济行业分类为依据，覆盖金融业、旅游业、交通运输业、能源矿产业、制造业等 100 多个行业，跟踪分析国民经济相关行业市场运行状况和政策导向，汇集行业发展前沿资讯，为投资、从业及各种经济决策提供理论支撑和实践指导。

中国区域发展数据库（下设 4 个专题子库）

对中国特定区域内的经济、社会、文化等领域现状与发展情况进行深度分析和预测，涉及省级行政区、城市群、城市、农村等不同维度，研究层级至县及县以下行政区，为学者研究地方经济社会宏观态势、经验模式、发展案例提供支撑，为地方政府决策提供参考。

中国文化传媒数据库（下设 18 个专题子库）

内容覆盖文化产业、新闻传播、电影娱乐、文学艺术、群众文化、图书情报等 18 个重点研究领域，聚焦文化传媒领域发展前沿、热点话题、行业实践，服务用户的教学科研、文化投资、企业规划等需要。

世界经济与国际关系数据库（下设 6 个专题子库）

整合世界经济、国际政治、世界文化与科技、全球性问题、国际组织与国际法、区域研究 6 大领域研究成果，对世界经济形势、国际形势进行连续性深度分析，对年度热点问题进行专题解读，为研判全球发展趋势提供事实和数据支持。

法律声明

“皮书系列”（含蓝皮书、绿皮书、黄皮书）之品牌由社会科学文献出版社最早使用并持续至今，现已被中国图书行业所熟知。“皮书系列”的相关商标已在国家商标管理部门商标局注册，包括但不限于LOGO（）、皮书、Pishu、经济蓝皮书、社会蓝皮书等。“皮书系列”图书的注册商标专用权及封面设计、版式设计的著作权均为社会科学文献出版社所有。未经社会科学文献出版社书面授权许可，任何使用与“皮书系列”图书注册商标、封面设计、版式设计相同或者近似的文字、图形或其组合的行为均系侵权行为。

经作者授权，本书的专有出版权及信息网络传播权等为社会科学文献出版社享有。未经社会科学文献出版社书面授权许可，任何就本书内容的复制、发行或以数字形式进行网络传播的行为均系侵权行为。

社会科学文献出版社将通过法律途径追究上述侵权行为的法律责任，维护自身合法权益。

欢迎社会各界人士对侵犯社会科学文献出版社上述权利的侵权行为进行举报。电话：010-59367121，电子邮箱：fawubu@ssap.cn。

社会科学文献出版社